# 基于应力分析的装备寿命预测与维修决策建模研究

白永生　段静波　著
程中华　温　亮

哈尔滨工程大学出版社
Harbin Engineering University Press

## 内 容 简 介

本书针对烧蚀、疲劳、磨损、冲击等典型故障模式,从应力分析的角度研究关重件发生故障的基本过程及原理,对其寿命进行预测,并进一步分析其在不同影响因素下平均寿命随影响因素的变化规律;基于所得出的寿命分布规律,结合常见的定期更换、功能检测等预防性维修策略,从故障风险、可用度、维修费用等角度,对预防性维修工作的维修周期进行优化研究;在此基础上,针对关重件具有多种故障模式的情况,区分采取一种或多种维修工作的差异,建立多故障模式下维修周期优化模型;最后,通过给水泵维修决策案例,对所研究方法和建立模型开展应用研究。

本书既可供工程技术院校相关专业本科生和研究生学习使用,也可作为工程技术人员、生产管理或维修人员的参考用书。

**图书在版编目(CIP)数据**

基于应力分析的装备寿命预测与维修决策建模研究 /
白永生等著. -- 哈尔滨 : 哈尔滨工程大学出版社,
2025. 1. -- ISBN 978-7-5661-3731-9

Ⅰ. F273.2

中国国家版本馆 CIP 数据核字第 2025GN1509 号

基于应力分析的装备寿命预测与维修决策建模研究
JIYU YINGLI FENXI DE ZHUANGBEI SHOUMING YUCE YU WEIXIU JUECE JIANMO YANJIU

选题策划　田　婧
责任编辑　秦　悦
封面设计　李海波

出　　版　哈尔滨工程大学出版社
社　　址　哈尔滨市南岗区南通大街 145 号
邮政编码　150001
发行电话　0451-82519328
传　　真　0451-82519699
经　　销　新华书店
印　　刷　哈尔滨市海德利商务印刷有限公司
开　　本　787 mm×1 092 mm　1/16
印　　张　10.25
字　　数　264 千字
版　　次　2025 年 1 月第 1 版
印　　次　2025 年 1 月第 1 次印刷
书　　号　ISBN 978-7-5661-3731-9
定　　价　49.80 元

http://www.hrbeupress.com
E-mail:heupress@ hrbeu.edu.cn

# 前　言

作为控制故障发生的有效手段,预防性维修在保持设备持续高效运行、降低使用保障成本、提高顾客满意度等方面发挥着不可或缺的作用。寿命预测是开展预防性维修的重要前提,也是实现维修保障科学化决策和精确化管理的重要保证。传统维修决策很少从应力分析的角度,基于故障机理对关重件的寿命和故障规律进行分析预测,这就导致很难采取针对性的维修保障措施。因此,亟须针对典型故障模式,分析其应力变化的特点与规律,从故障机理出发研究其寿命分布与特征,并依此开展后续维修决策。

全书共分 7 章。第 1 章阐述故障模式、应力分析等基本概念,介绍本书进行寿命预测和维修周期优化的基本思路与方法。第 2 章至第 5 章分别针对烧蚀、疲劳、磨损、冲击等故障模式,从应力分析的角度研究故障发生的基本过程原理,进行关重件寿命预测,并进一步分析其在不同影响因素下平均寿命随影响因素的变化规律。第 6 章基于寿命分布规律,结合常见的定期更换、功能检测等预防性维修策略,从故障风险、可用度、维修费用等角度,进行维修周期优化研究;在此基础上,针对关重件具有多种故障模式的情况,建立多故障模式下维修周期优化模型。第 7 章以某设备给水泵系统为研究对象,建立给水泵系统维修周期决策模型,给出应用本书研究内容进行维修决策的具体应用方法和步骤,同时验证本书所建立方法模型的可行性与有效性。

本书著者针对寿命预测与维修决策优化问题,结合自己近年来在数学建模方面的一些研究成果,发表了一些粗浅见解,希望能起到抛砖引玉的作用,使读者有所启发和借鉴。受著者学术水平所限,本书不妥之处在所难免,敬请广大读者批评指正。

著　者

2024 年 11 月

# 目　　录

# 第1章
# 绪　论

　　寿命预测是开展维修保障的重要基础,也是实现维修保障科学化决策和精确化管理的重要保证。目前,无论是应力分析、寿命预测还是维修决策,都有大量相关研究。然而,这些研究往往是独立开展的,很少系统集成进行综合考虑。因此,本书从应力分析的角度,针对常见故障模式探索其故障机理与寿命预测方法,并在此基础上结合典型预防性维修工作,研究如何将其运用于维修决策。本章主要阐述相关概念、考虑故障机理的寿命预测方法和开展预防性维修周期优化的基本思路。

## 1.1　基于应力分析的故障模式研究

　　故障模式,指故障的表现形式,一般是对产品所发生的、能被观察或测量到的故障现象的规范描述。在分析产品故障时,一般从产品故障的现象入手,通过故障现象(故障模式)找出原因和故障机理。尤其对于机械产品,故障模式的识别是进行故障分析的基础之一。

　　烧蚀、疲劳、磨损、冲击等是常见的典型故障模式,要进行寿命分析与维修决策,需要针对上述故障模式研究寿命分布规律,进行维修决策。其中,烧蚀是指速度极高的运动物体在炽热气体作用下,表面材料熔解、消失和变形的现象,是弹头、卫星、飞船等设备中的一种典型故障模式;疲劳是指材料的某点或某些点承受扰动应力,且在足够多的循环扰动作用之后形成裂纹或完全断裂,由此所发生的局部永久结构变化的发展过程,是动力机械和工程机械等主要零件和构件的重要故障模式;磨损是指相互接触的物体在相对运动过程中表层材料不断损伤的现象,是摩擦作用的结果,一般发生在两个接触的构件或零部件表面;冲击是指因力、位置、速度、加速度等参量急剧变化而激起的瞬态运动,在物体碰撞、炸药爆炸、地震等过程中较为常见,通常会对寿命造成不同程度的影响。

　　应力分析是指分析和求解机械零件与构件等物体内各点的应力及应力分布的方法。显然,针对以上典型故障模式,应力分析是一种适用的有效手段。机械零件与构件的应力分布和应力大小同其承受的载荷和温度有关,也与零件的形状、尺寸和材料性质等有关。通过应力分析,可确定与机械零件和构件失效有关的危险点的应力集中、应变集中部位的峰值应力和应变,因此可基于应力分析从故障机理的角度研究关重件发生故障的基本原理与过程,对其进行寿命预测和故障规律探索,并进一步开展维修保障科学化决策和精确化管理。

## 1.2　考虑故障机理的寿命预测方法

与传统从统计学角度进行寿命预测的方法不同,本书根据烧蚀、疲劳、磨损、冲击等典型故障模式下不同的故障机理,探索其故障原因及故障规律。

针对烧蚀故障模式,需要分析烧蚀与载荷次数间的规律,根据烧蚀临界值确定烧蚀寿命,建立反映烧蚀与载荷次数之间关系的数学模型,并分析得出其烧蚀寿命。在这一过程中,以装药量、连发次数及关重件行程为自变量,以发射的次数为因变量,通过对最大发射次数进行分析,得到寿命变化规律。

针对疲劳故障模式,需要分析疲劳断裂与载荷循环次数间的规律,根据材料 $S-N$ 曲线确定疲劳寿命,应用累计损伤法则建立反映疲劳断裂与载荷循环次数之间关系的数学模型,并分析得出其疲劳寿命分布规律。在这一过程中,以路面等级、挡位速度等作为自变量,把最大行驶里程作为因变量,通过对最大行驶里程变化的分析得到寿命变化规律。

针对磨损故障模式,通常需要分析磨损量与载荷循环次数间的规律,根据临界磨损量确定磨损寿命,建立反映磨损量与载荷循环次数之间关系的数学模型,并分析得出其磨损寿命。在这一过程中,以牵引力、行驶速度等为自变量,以最大行驶里程为因变量,通过对最大行驶里程变化的分析得出寿命变化规律。

针对冲击故障模式,在冲击应力响应基础上,通过雨流计数处理获得循环应力和频次统计结果,再利用循环应力应变曲线方程,获得应变幅-循环数关系曲线,计算出相应应变幅对应的疲劳寿命循环次数;进而应用累计损伤法则,建立反映疲劳与冲击次数之间关系的数学模型,并分析得出其冲击断裂寿命。在这一过程中,以材料的屈服强度、拉伸极限为自变量,以材料承受冲击的次数为因变量,通过对承受冲击的次数进行分析,得出寿命变化规律。

## 1.3　预防性维修工作及其周期优化

要排除或预防故障,就要开展维修决策,实施维修保障活动。维修总体上可以分为两类活动:一类是为恢复产品规定的状态而进行的活动,称为修复性维修,也叫事后维修或修理,它是在产品发生故障后采取的恢复性措施,如在查明故障原因后的故障诊断、原件修复、换件修复、应急抢修等都属于修复性维修的范畴;另一类是为保持产品规定的状态而进行的活动,称为预防性维修,它是为防止产品发生故障而在故障发生之前采取的措施,如润滑保养、定期检查、定期更换易损件等。

本书重点考虑预防性维修工作,研究如何基于故障规律开展预防性维修决策。按照以可靠性为中心的维修思想,预防性维修工作可进一步划分为保养、操作人员监控、使用检查、功能检测、定期拆修、定期更换、综合工作七种工作类型。其中,功能检测、定期更换等工作通常需要进行维修间隔期优化。定期更换又可分为工龄更换和成组更换。工龄更换是指按每个产品的实际使用时间(工龄)进行的定时更换策略;与工龄更换不同,成组更换是指系统在等间隔时间点进行周期预防更换,系统发生故障而导致的故障后更换不影响周期预防更换计划。功能检测是指通过对系统或装备进行状态监测和诊断,并评估系统劣化状况和"健康"水平,从而根据分析和诊断结果对维修时间和维修项目做出安排。

在进行维修决策时,产品的故障影响一般可分为安全性、任务性、经济性三种,可通过以下三个方面来衡量,即故障风险、可用度、维修费用。因此,需结合故障规律进行分析与建模,最终确定预防性维修工作的间隔期。

1. 安全性故障影响下的维修决策优化

如果某个故障模式的发生,会导致类似机毁人亡的后果,那么认为它具有安全性影响,就需要采取预防性维修措施,尽量降低该故障发生的概率。在进行维修决策时,通常以发生故障的概率,即故障风险来评估某项预防性维修工作的效果。

2. 任务性故障影响下的维修决策优化

如果某个故障模式的发生,会导致类似设备停机从而影响任务的完成,那么认为它具有任务性影响,就需要采取预防性维修措施,尽量提高它的可工作可运行时间比例。在进行维修决策时,通常以一定时间内可工作时间所占的比例,即可用度来评估某项预防性维修工作的效果。

3. 经济性故障影响下的维修决策优化

如果某个故障模式的发生,不会造成机毁人亡或严重停机,但是对其进行的维修需要投入较大的成本,那么认为它具有经济性影响,就需要采取预防性维修措施,尽量降低单位时间内的平均维修费用。在进行维修决策时,通常以单位时间内的维修保障成本,即维修费用来评估某项预防性维修工作的效果。

因此,本书针对烧蚀、疲劳、磨损、冲击等典型故障模式,研究其故障发生的基本过程与原理,开展寿命预测,并进一步分析其在不同影响因素下平均寿命随影响因素的变化规律;基于所得出的寿命分布规律,结合常见的定期更换、功能检测等预防性维修策略,从故障风险、可用度、维修费用等角度,对预防性维修工作的维修周期进行优化研究。

# 第2章
# 烧蚀模式下寿命预测与故障规律研究

针对烧蚀故障模式，主要采用热化学理论分析其故障机理，通过探索其使用次数与烧蚀量的关系，开展该模式下的寿命预测；在此基础上，以装药量、连发次数等不同影响因素为变量开展寿命规律分析与研究，进一步分析平均寿命随影响因素的变化规律，从而为开展后续维修决策奠定基础。

## 2.1 烧蚀模式下寿命预测基本思路

目前，关于烧蚀故障机理的相关理论和方法很多。根据现有研究结果，影响烧蚀的因素一般包括热因素、化学因素和机械磨损因素，这三个因素通常相互作用、互为因果，共同导致关重件的烧蚀磨损。

一般情况下，机械磨损相比热因素、化学因素的影响较小，可以忽略。因此，这里将烧蚀机理分为两类：一是若关重件内所达到的最高表面温度低于其材料的熔点，关重件内膛的高温火药气体与表面材料进行化学反应而形成脆性的氧化层，并在高速气流的冲刷下剥离脱落；二是若关重件内所达到的最高表面温度高于其材料的熔点，关重件受热形成的软化层或者熔化层在高速火药气体的冲刷下会被直接吹除。结合实际，本书主要研究关重件内所达到的最高表面温度低于其材料熔点的情况，采用热化学相关理论方法来计算使用过程中关重件的烧蚀量。

随着烧蚀量的增大，发射速度会受到影响。根据任务需求或使用规定，当速度的下降量达到一定比例时，关重件无法完成规定的任务，即寿命终止，因此可得出关重件最大允许磨损量。

有了最大允许磨损量，结合烧蚀量关于使用次数的函数关系，即可得到关重件的寿命；而其寿命又与装药量、连发次数等变量有关，因此可得出关重件的故障规律。

## | 2.2 关重件热传导分析 |

首先,对关重件进行热传导分析,建立关重件传热计算模型,利用编程软件计算腔内火药气体与关重件内腔之间的传热过程,获得发射过程中关重件的温度分布,为下一步计算烧蚀量提供必要参数。

关重件的温度分布情况随射弹数目的增加而不断变化,且在单发射击和连发射击时所造成的烧蚀磨损程度有很大的不同。因此需要研究其在不同工作情况下的温度分布,从而估算烧蚀量。

气动加热通过对流换热和热传导使飞行器温度升高,飞行器蒙皮的温度分布会随着气动参数和时间的变化而变化,形成瞬态温度场。在瞬态温度场中,材料的弹性模量、泊松比以及线膨胀系数也发生非稳态变化,进而影响结构的弹性应力应变和热应力应变。

本节所研究关重件的横截面如图 2-1 所示,考虑沿坐标轴 $x$ 方向的传导。极坐标下关重件的一维传热控制方程为

$$\rho c \frac{\partial T}{\partial t} = k \frac{\partial^2 T}{\partial x^2} \tag{2-1}$$

式中,$\rho$ 为材料密度;$c$ 为材料比热容;$k$ 为材料沿 $x$ 方向的导热系数。

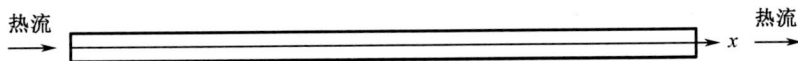

**图 2-1 关重件横截面示意图**

关重件的左右两端都与外部环境进行对流换热。关重件两端的边界条件为

$$k \frac{\partial T(x,t)}{\partial x} = Q(t) \tag{2-2}$$

式中,$Q(t)$ 为关重件两端与外界环境对流换热时产生的热量。

采用显式有限差分法来计算温度场,把研究对象在时间和空间上离散化,将微分方程变为代数方程,最后得出一组精度较高的近似解。

关重件的一维传热控制方程的显示差分形式可表示为

$$\rho c \frac{T_j^{n+1} - T_j^n}{\Delta t} = k \left[ \frac{T_{j+1}^n - 2T_j^n + T_{j-1}^n}{(\Delta x)^2} \right] \tag{2-3}$$

整理成一般形式为

$$T_j^{n+1} = T_j^n + \frac{k \Delta t}{\rho c (\Delta x)^2} (T_{j+1}^n - 2T_j^n + T_{j-1}^n) \tag{2-4}$$

将边界条件离散后差分形式可表示为

$$k \frac{T_{j+1}^n - T_{j-1}^n}{2(\Delta x)} = Q(t) \tag{2-5}$$

由于外边界存在虚节点,所以需要根据边界条件将虚节点转化成存在的节点,代入控

制方程即可得到边界点的差分形式。左端和右端的控制方程差分形式可分别表示为

$$T_j^{n+1} = T_j^n + \frac{k\Delta t}{\rho c (\Delta x)^2} \left[ 2T_{j+1}^n - 2T_j^n - \frac{2Q^n(t)(\Delta x)}{k} \right] \tag{2-6}$$

$$T_j^{n+1} = T_j^n + \frac{k\Delta t}{\rho c (\Delta x)^2} \left[ 2T_{j-1}^n - 2T_j^n + \frac{2Q^n(t)(\Delta x)}{k} \right] \tag{2-7}$$

为了保证 $T_j^{n+1}$ 为非负值,必须保证计算的时间步长 $\Delta t$ 为充分小值,所得结果才会是正确的。由差分形式可得收敛条件为

$$1 - \frac{2k\Delta t}{\rho c (\Delta x)^2} \geq 0 \tag{2-8}$$

从而得到

$$\Delta t \leq \frac{(\Delta x)^2 \rho c}{2k} \tag{2-9}$$

图 2-2 为不同时刻沿关重件长度方向的温度分布趋势。从图中可以看出温度的分布趋势与热流的分布一致,先急剧减小而后趋于平缓。由曲线可得,随着时间推进,温度高的范围也逐渐加大。

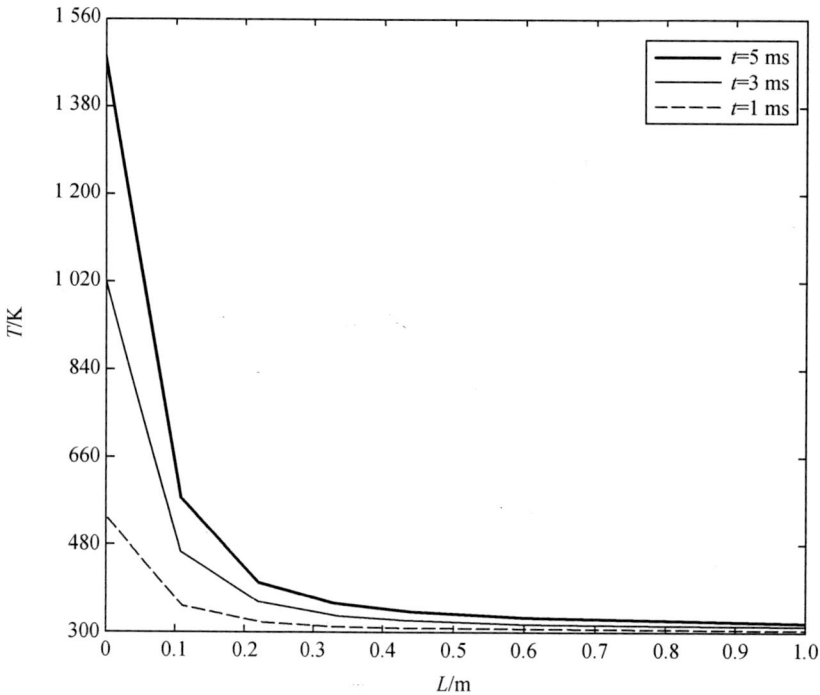

图 2-2　不同时刻沿关重件长度方向的温度分布趋势

## | 2.3　关重件烧蚀量计算 |

### 2.3.1　热化学烧蚀模型

由于只考虑关重件径向的烧蚀磨损,即只沿 $x$ 方向,且气体浓度不仅与时间有关,还与位置有关,随着关重件的不断烧蚀磨损,关重件的烧蚀面是移动的,因此,质量扩散方程可写为

$$\frac{\partial C}{\partial t} + v\frac{\partial C}{\partial x} = k\frac{\partial^2 C}{\partial x^2} \tag{2-10}$$

将上式两边对时间积分,并根据阿伦尼乌斯扩散方程,可得到

$$\int_0^t \frac{\partial C}{\partial t}\mathrm{d}t + \int_0^t v\frac{\partial C}{\partial x}\mathrm{d}t = \int_0^t B\exp\left(-\frac{\Delta E}{R_0 T}\right)\frac{\partial^2 C}{\partial x^2}\mathrm{d}t \tag{2-11}$$

随着发射过程的进行,火药气体成分的浓度值也呈周期性波动,但是最终还是回到初始的浓度状态,因此上式左边第一项为零。将烧蚀速度 $v$ 用关重件的烧蚀磨损量 $w$ 的时间导数 $\dot{w}$ 表示,则上式可写为

$$w = At_0\sqrt{\frac{T_i}{T_a}}\exp\left(-\frac{\Delta E}{R_0 T_{\max}}\right) \tag{2.12}$$

根据经验公式可知,如果已知最大允许磨损量 $\Delta d_{\max}$,则可得到关重件的寿命为

$$N = \frac{\Delta d_{\max}}{2w}$$

如果采用连发,则上式不再适用。因为随着射击发数的增大,每次发射造成的磨损量不断扩大,这里主要采取仿真求解计算。

### 2.3.2　关重件烧蚀寿命分析

1. 单发射击情况下烧蚀寿命分析

以正态分布作为参数的分布类型,针对火药质量参数选取 0.05 的变异系数,采用蒙特卡洛仿真,抽样次数为 600 次。图 2-3 为关重件单发射击烧蚀磨损量结果;图 2-4 为关重件单发射击寿命统计结果。

从图 2-5 可以看出,这些点基本呈一条直线,所以采用两参数威布尔分布进行拟合,可得此数据下关重件寿命分布函数为

$$F(s) = 1 - \exp\left[-\left(\frac{s}{1\,665.589}\right)^{3.607\,6}\right]$$

关重件的温度分布情况随着射弹数目的增加而不断变化,在单发射击时和连发射击时,所造成的关重件烧蚀磨损程度有很大的不同。因此有必要计算连发射击时的温度分布,从而估算关重件的烧蚀量。

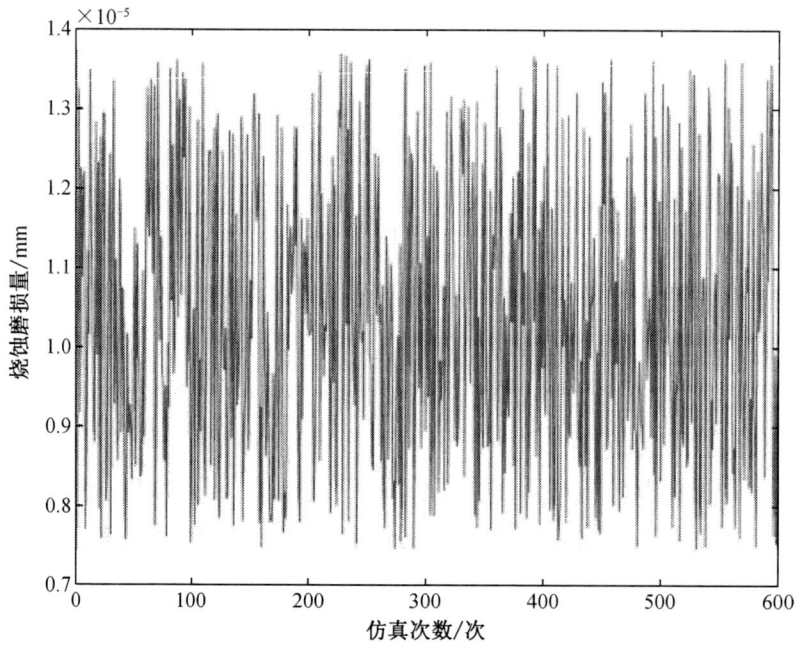

图 2-3　关重件单发射击烧蚀磨损量结果

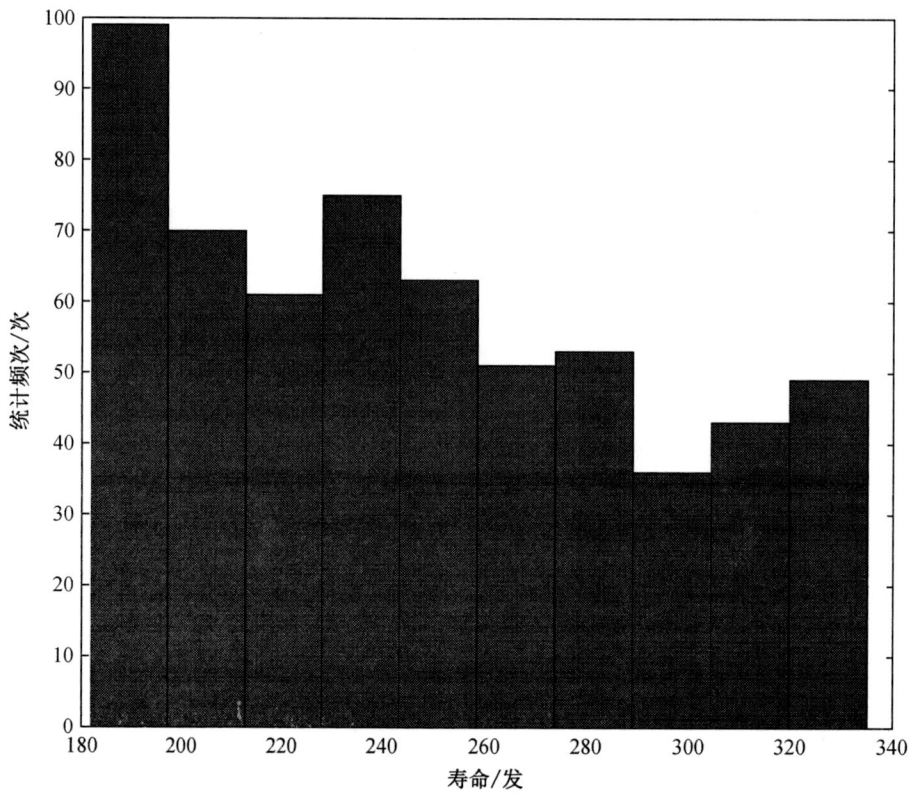

图 2-4　关重件单发射击寿命统计结果

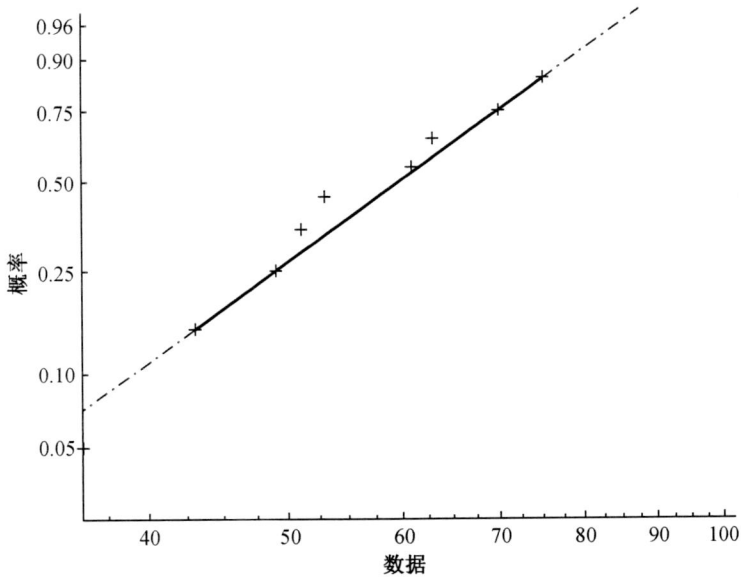

图 2-5　关重件单发射击威布尔概率纸图

2. 三连发射击情况下烧蚀寿命分析

仍然采取以正态分布为参数的分布类型,针对火药质量参数选取 0.05 的变异系数,采用蒙特卡洛仿真,抽样次数为 600 次。图 2-6 为关重件三连发射击烧蚀磨损量结果;图 2-7 为关重件三连发射击寿命统计结果。

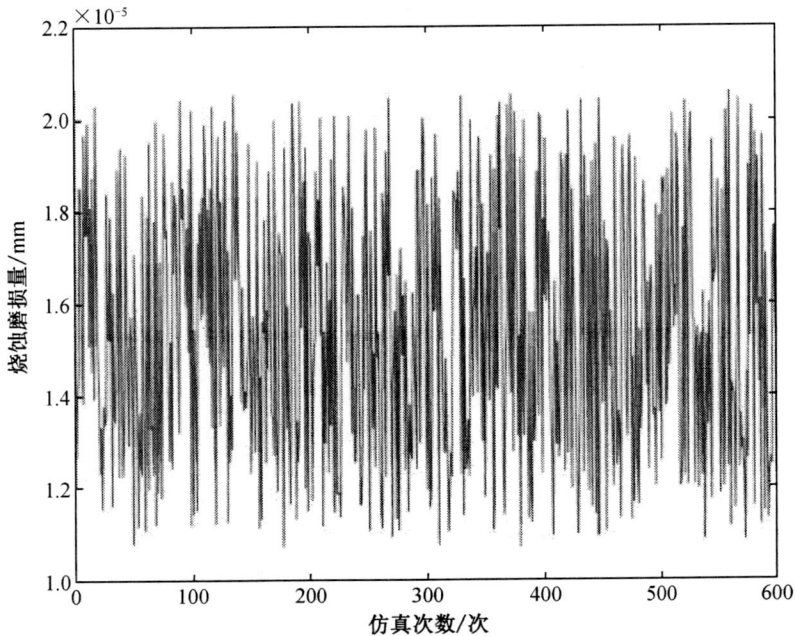

图 2-6　关重件三连发射击烧蚀磨损量结果

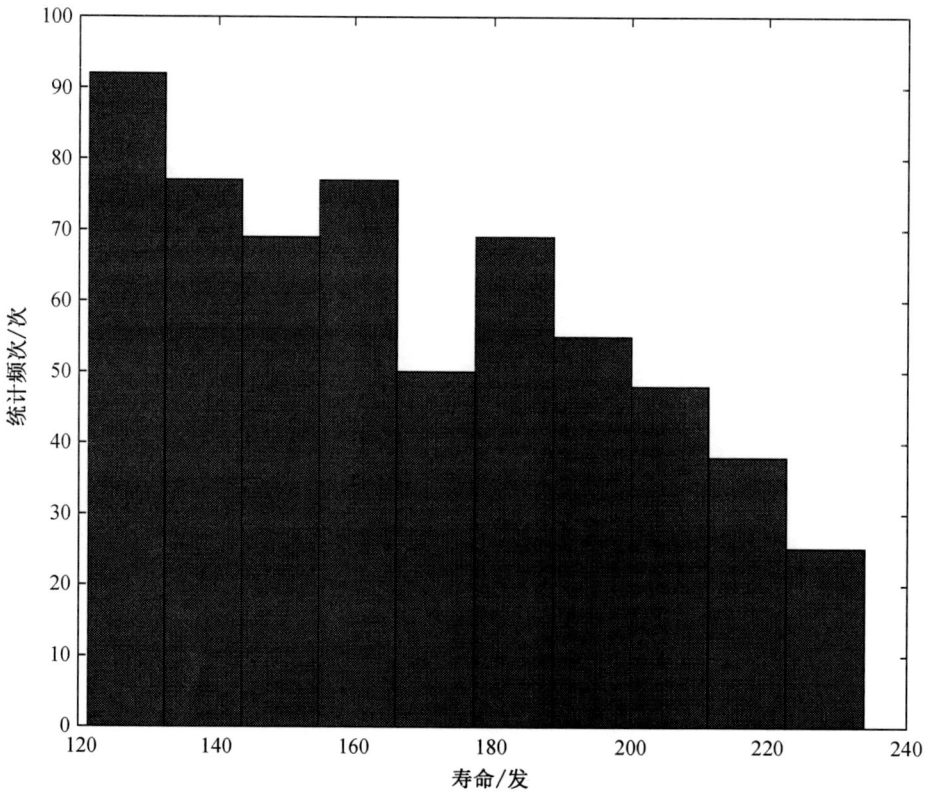

图 2-7　关重件三连发射击寿命统计结果

从图 2-8 可以看出,这些点基本呈一条直线,所以采用两参数威布尔分布进行拟合,可得寿命分布函数为

$$F(s) = 1 - \exp\left[-\left(\frac{s}{1\,466.799\,5}\right)^{3.545\,1}\right]$$

3. 四连发射击情况下烧蚀寿命分析

仍然采取以正态分布为参数的分布类型,针对火药质量参数选取 0.05 的变异系数,采用蒙特卡洛仿真,抽样次数为 600 次。图 2-9 为关重件四连发射击烧蚀磨损量结果;图 2-10 为关重件四连发射击寿命统计结果。

从图 2-11 可以看出,这些点基本呈一条直线,所以采用两参数威布尔分布进行拟合,可得寿命分布函数为

$$F(s) = 1 - \exp\left[-\left(\frac{s}{1\,075.734\,1}\right)^{3.324\,1}\right]$$

4. 五连发射击情况下烧蚀寿命分析

仍然采取以正态分布为参数的分布类型,针对火药质量参数选取 0.05 的变异系数,采用蒙特卡洛仿真,抽样次数为 600 次。图 2-12 为关重件五连发射击烧蚀磨损量结果;图 2-13 为关重件五连发射击寿命统计结果。

从图 2-14 可以看出,这些点基本呈一条直线,所以采用两参数威布尔分布进行拟合,可得寿命分布函数为

$$F(s) = 1 - \exp\left[ -\left( \frac{s}{879.626\,0} \right)^{3.649\,0} \right]$$

综上所述,单发、三连发、四连发、五连发射击关重件烧蚀寿命与载荷次数间的规律如表 2-1 所示。

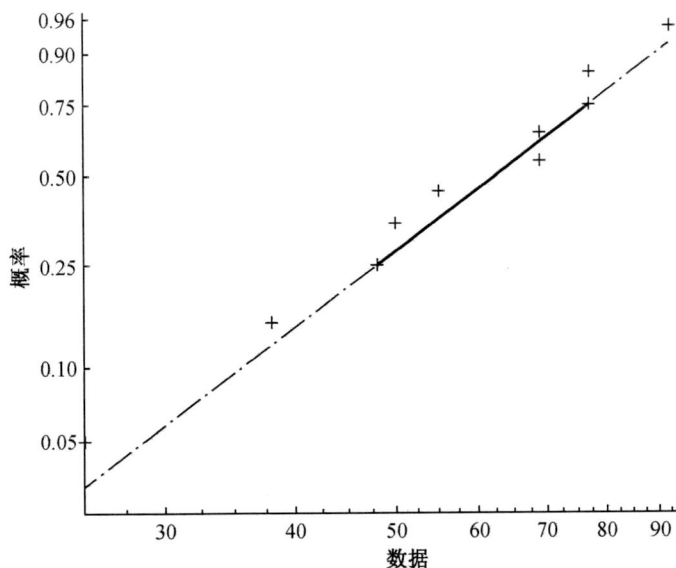

图 2-8　关重件三连发射击威布尔概率纸图

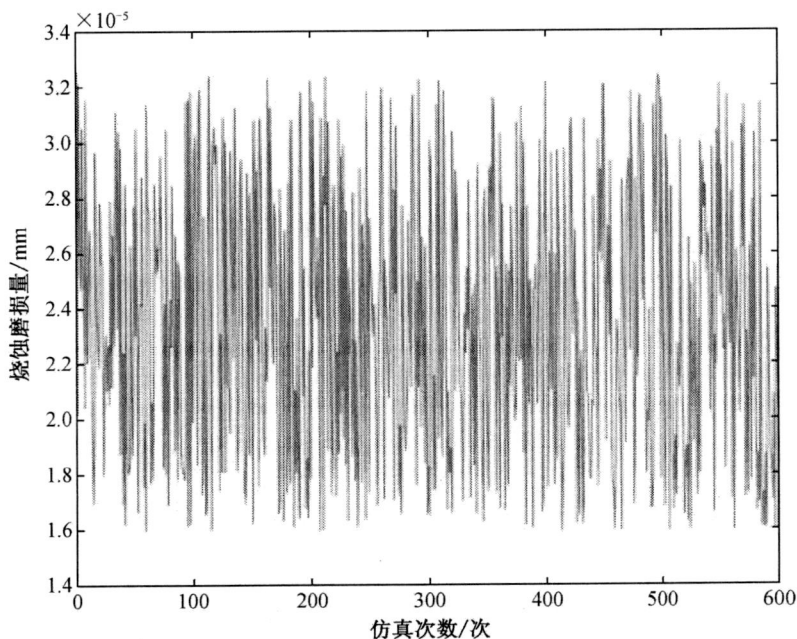

图 2-9　关重件四连发射击烧蚀磨损量结果

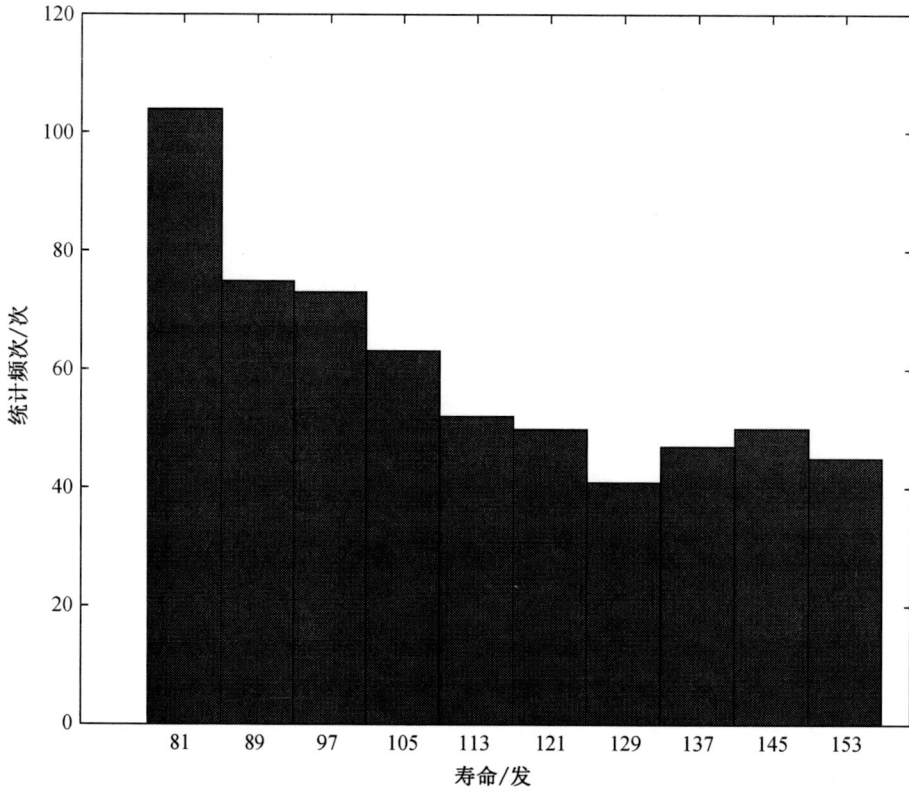

图 2-10　关重件四连发射击寿命统计结果

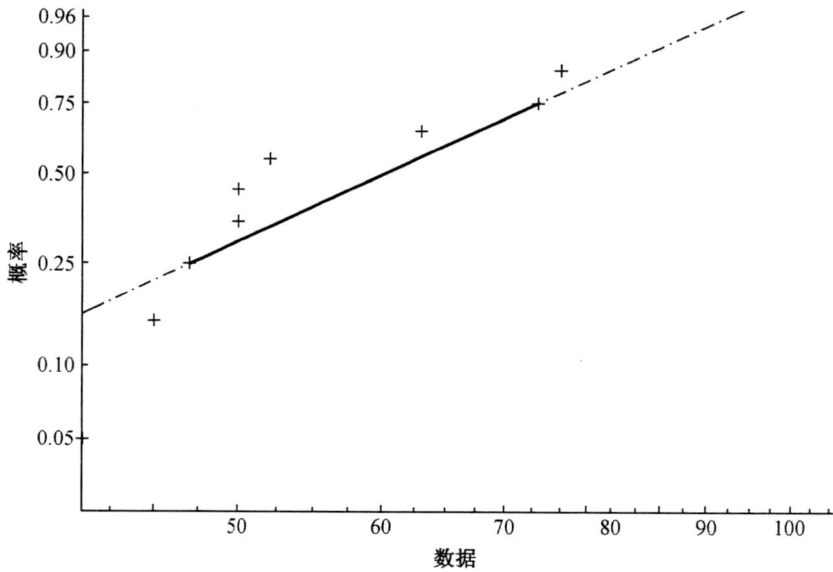

图 2-11　关重件四连发射击威布尔概率纸图

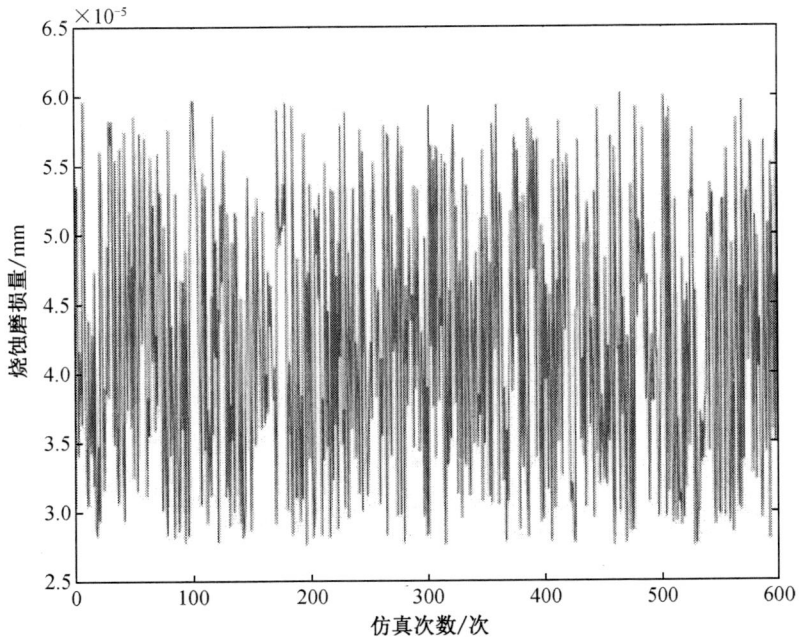

图 2-12　关重件五连发射击烧蚀磨损量结果

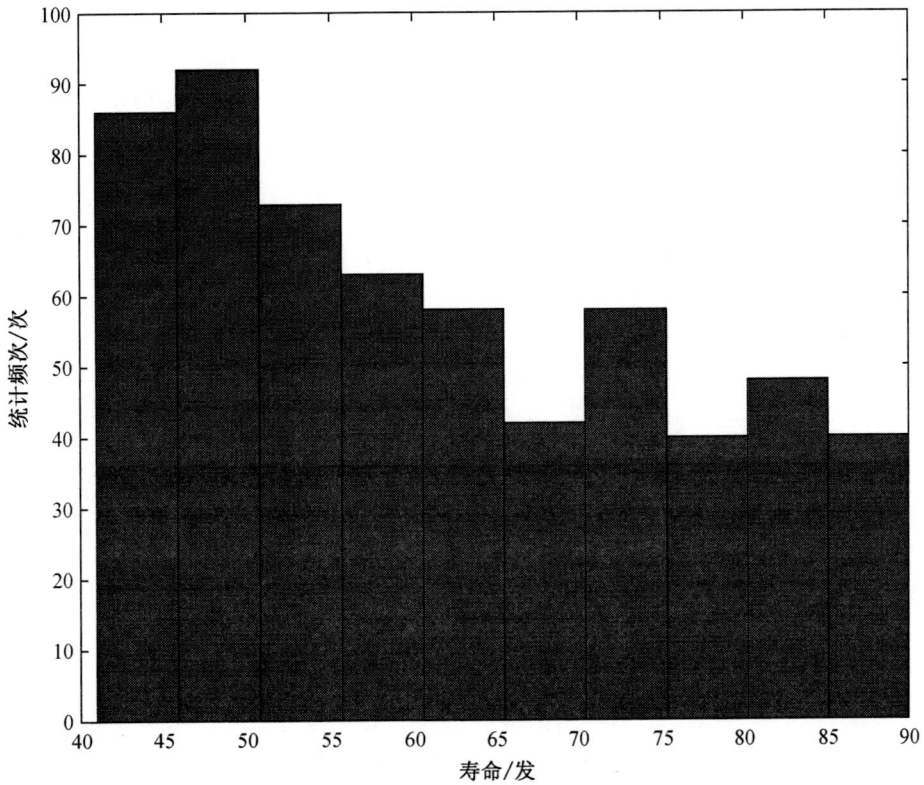

图 2-13　关重件五连发射击寿命统计结果

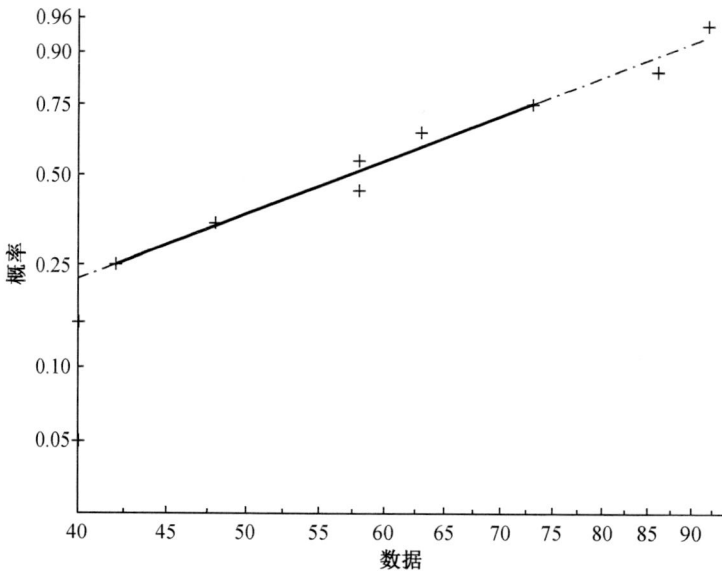

图 2-14  关重件五连发射击威布尔概率纸图

表 2-1  关重件烧蚀寿命与载荷次数关系

| 射击模式 | 寿命概率密度函数 | 寿命分布函数 |
|---|---|---|
| 单发 | $f(s)=\dfrac{3.607\,6}{1\,665.589\,8}\left(\dfrac{s}{1\,665.589\,8}\right)^{-2.607\,6}\exp\left[-\left(\dfrac{s}{1\,665.589\,8}\right)^{3.607\,6}\right]$ | $F(s)=1-\exp\left[-\left(\dfrac{s}{1\,665.589}\right)^{3.607\,6}\right]$ |
| 三连发 | $f(s)=\dfrac{3.545\,1}{1\,466.799\,5}\left(\dfrac{s}{1\,466.799\,5}\right)^{-2.545\,1}\exp\left[-\left(\dfrac{s}{1\,466.799\,5}\right)^{3.545\,1}\right]$ | $F(s)=1-\exp\left[-\left(\dfrac{s}{1\,466.799\,5}\right)^{3.545\,1}\right]$ |
| 四连发 | $f(s)=\dfrac{3.324\,1}{1\,075.734\,1}\left(\dfrac{s}{1\,075.734\,1}\right)^{-2.324\,1}\exp\left[-\left(\dfrac{s}{1\,075.734\,1}\right)^{3.324\,1}\right]$ | $F(s)=1-\exp\left[-\left(\dfrac{s}{1\,075.734\,1}\right)^{3.324\,1}\right]$ |
| 五连发 | $f(s)=\dfrac{3.649\,0}{879.626\,0}\left(\dfrac{s}{879.626\,0}\right)^{-2.649\,0}\exp\left[-\left(\dfrac{s}{879.626\,0}\right)^{3.649\,0}\right]$ | $F(s)=1-\exp\left[-\left(\dfrac{s}{879.626\,0}\right)^{3.649\,0}\right]$ |

# 2.4　烧蚀模式下故障规律分析

　　烧蚀模式下故障规律分析基本思路是:针对装药量、连发次数以及行程进行寿命研究,得到不同条件下寿命分布模型,然后进行平均寿命计算,并分析不同条件下的平均寿命分布规律,最终得到变量对寿命的影响。

　　在这一过程中,以装药量、连发次数以及关重件的行程为变量,以发射次数为因变量,通过对最大发射次数进行分析,得到寿命变化规律。

## 2.4.1　以装药量为变量

　　当以装药量为变量时,可得到关重件寿命分布模型图。

　　经计算可得装药量为 0.8 kg 时关重件的寿命分布规律(图 2-15);进一步计算,可得此时关重件平均寿命为 2 039 发。

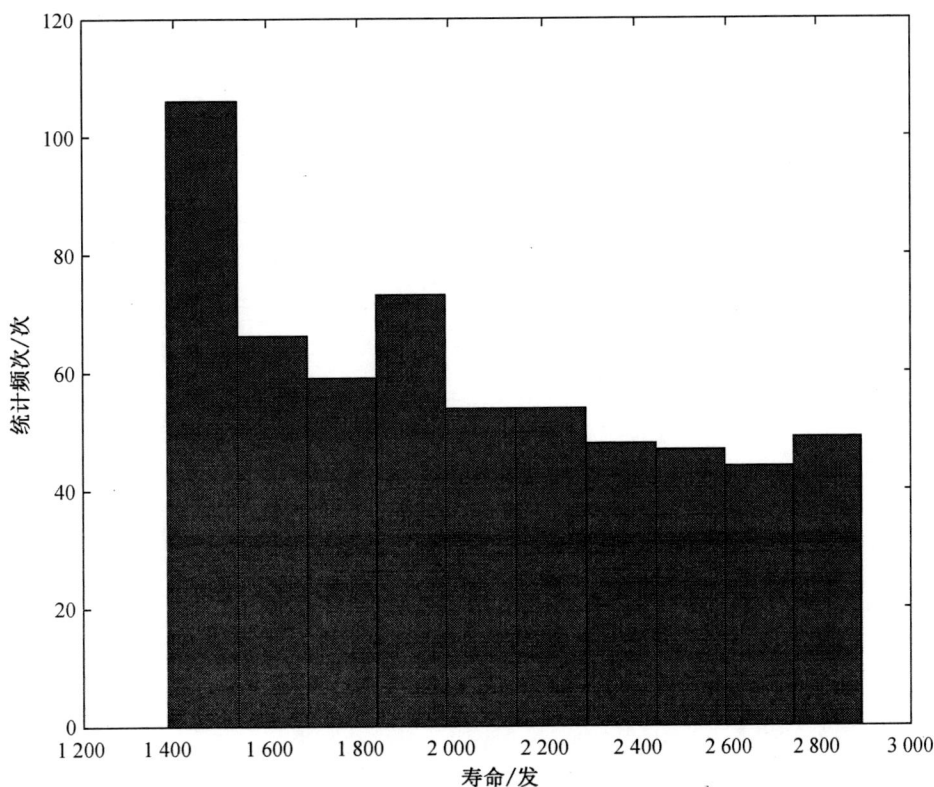

图 2-15　关重件寿命分布模型图(0.8 kg)

　　进一步改变装药量,可得出装药量与关重件平均寿命之间的关系,如表 2-2 所示,具体分析结果见附录 A。

表 2-2　装药量与关重件平均寿命关系表

| 序号 | 装药量/kg | 平均寿命/发 | 序号 | 装药量/kg | 平均寿命/发 |
|---|---|---|---|---|---|
| 1 | 0.8 | 2 039 | 6 | 1.8 | 310 |
| 2 | 1.0 | 1 343 | 7 | 2.0 | 252 |
| 3 | 1.2 | 849 | 8 | 2.2 | 222 |
| 4 | 1.4 | 571 | 9 | 2.4 | 213 |
| 5 | 1.6 | 408 | 10 | 2.6 | 253 |

为进一步研究烧蚀故障模式下的寿命分布规律,对不同条件下关重件平均寿命进行数据处理,所得图像如图 2-16 所示。

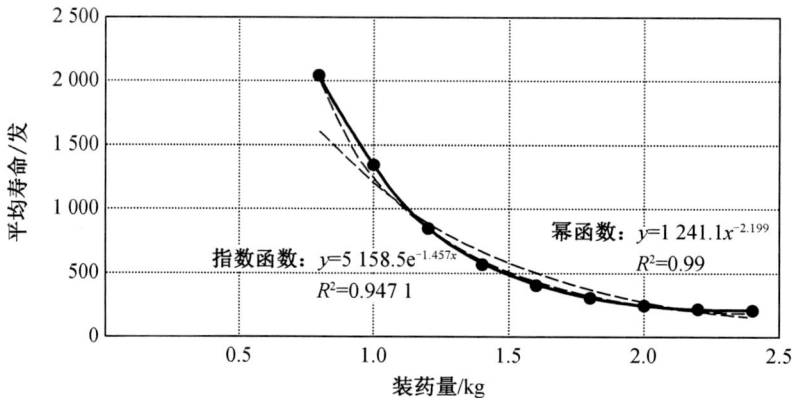

图 2-16　关重件平均寿命与装药量关系图

由图 2-16 可知,随着装药量的增加,关重件平均寿命减小,且寿命减小趋势变缓。通过函数拟合,比较指数函数与幂函数的相似性,可知幂函数更能表达两者之间的关系,因此分布函数为幂函数,基本符合 $y = 1 241.1x^{-2.199}$。

## 2.4.2　以连发次数为变量

当以连发次数为变量时,可得到关重件寿命分布模型。

经计算可得连发次数为 2 次时关重件的寿命分布规律(图 2-17);进一步计算,可得此时关重件平均寿命为 221 发。

进一步改变连发次数,可得出连发次数与关重件平均寿命之间的关系,如表 2-3 所示,具体分析结果见附录 B。

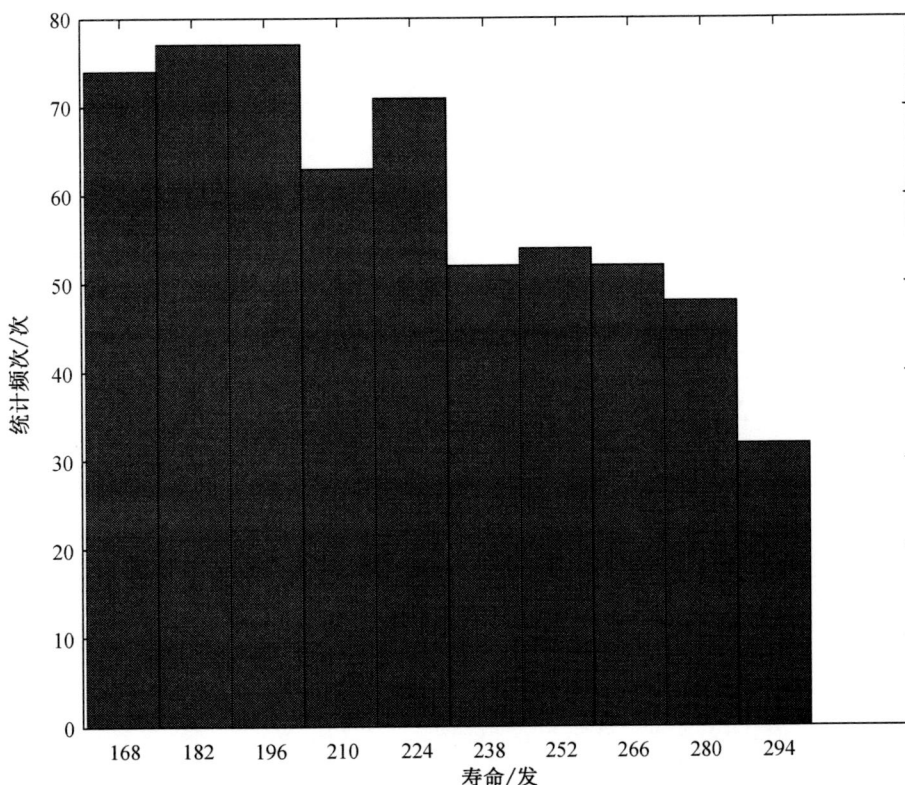

图 2-17　关重件寿命分布模型图(2 次)

表 2-3　连发次数与关重件平均寿命关系表

| 序号 | 连发次数/次 | 平均寿命/发 | 序号 | 连发次数/次 | 平均寿命/发 |
|---|---|---|---|---|---|
| 1 | 2 | 221 | 4 | 5 | 62 |
| 2 | 3 | 167 | 5 | 6 | 30 |
| 3 | 4 | 110 | 6 | 7 | 12 |

为进一步研究烧蚀故障模式下的寿命分布规律,对不同条件下关重件平均寿命进行数据处理,所得图像如图 2-18 所示。

由图 2-18 可知,随着连发次数的增加,关重件平均寿命减小,且寿命减小趋势变缓。通过函数拟合,比较指数函数与幂函数的相似性,可知指数函数更能表达两者之间的关系,因此分布函数为指数函数,基本符合 $y = 1\ 259.3e^{-0.668x}$。

## 2.4.3　以关重件的长度为变量

当以关重件的长度为变量时,可得到关重件寿命分布模型。

经计算可得关重件长度为 28 dm 时关重件的寿命分布规律(图 2-19);进一步计算,可得此时关重件平均寿命为 132 发。

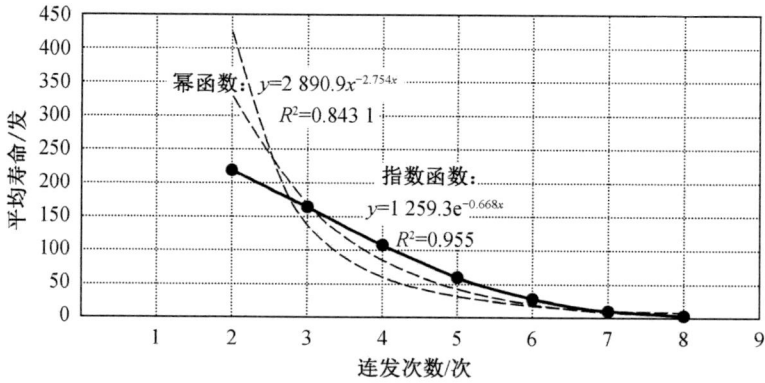

图 2-18 关重件平均寿命与连发次数关系图

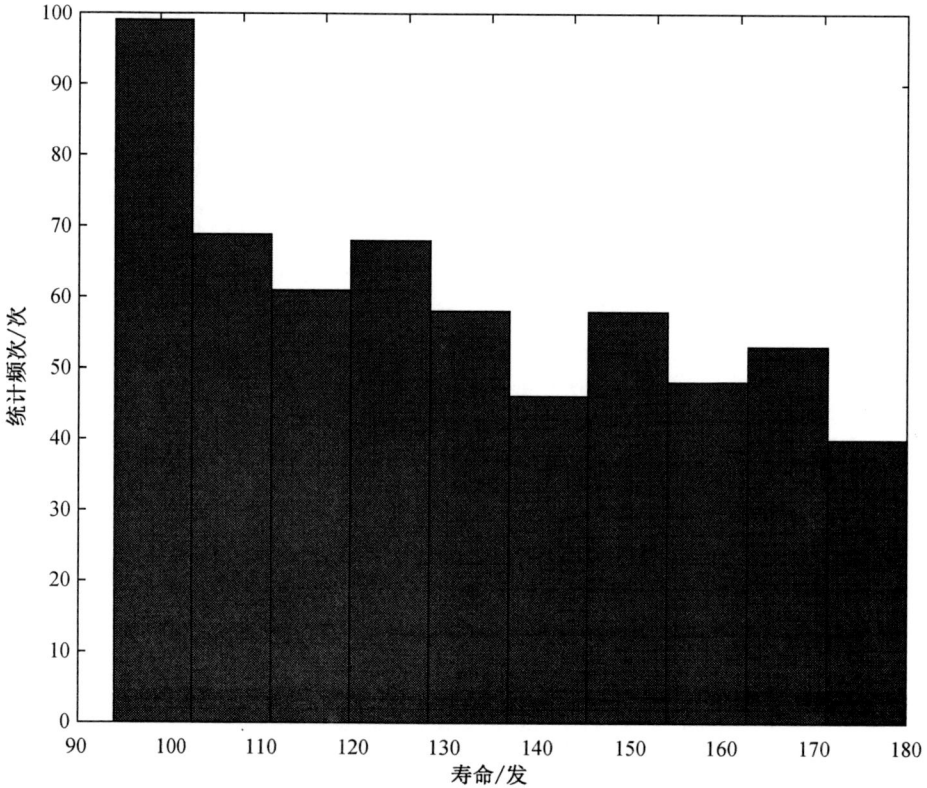

图 2-19 关重件寿命分布模型图(28 dm)

进一步改变关重件的长度,可得出关重件长度与关重件平均寿命之间的关系,如表 2-4 所示,具体分析结果见附录 C。

表 2-4　关重件长度与关重件平均寿命关系表

| 序号 | 关重件长度/dm | 平均寿命/发 | 序号 | 关重件长度/dm | 平均寿命/发 |
|---|---|---|---|---|---|
| 1 | 28 | 132 | 6 | 18 | 351 |
| 2 | 26 | 155 | 7 | 16 | 477 |
| 3 | 24 | 189 | 8 | 14 | 676 |
| 4 | 22 | 227 | 9 | 12 | 1 007 |
| 5 | 20 | 282 | | | |

为进一步研究烧蚀故障模式下的寿命分布规律,对不同条件下关重件平均寿命进行数据处理,所得图像如图 2-20 所示。

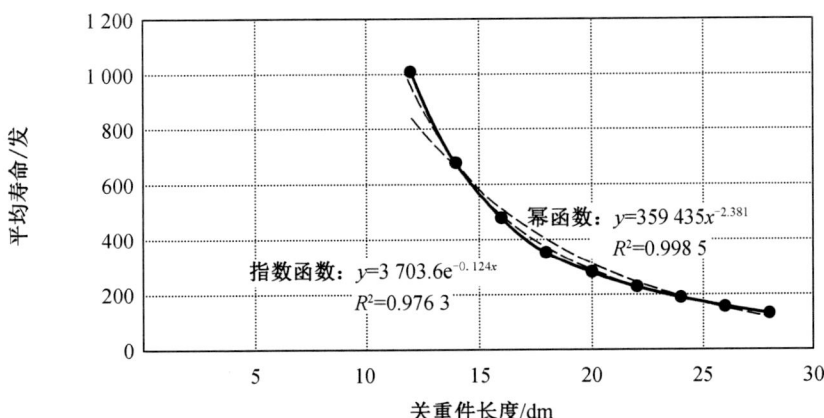

图 2-20　平均寿命与关重件长度关系图

由图 2-20 可知,随着关重件长度的增加,关重件平均寿命减小,且寿命减小趋势变缓。通过函数拟合,比较指数函数与幂函数的相似性,可知幂函数更能表达两者之间的关系,因此分布函数为幂函数,基本符合 $y=359\ 435x^{-2.381}$。

综合来看,可以得出以下结论:关重件的平均寿命与装药量、炮弹连发次数以及关重件长度有关。随着装药量的增大,平均寿命逐渐下降;随着连发次数的增大,平均寿命逐渐下降;随着关重件长度的增大,平均寿命逐渐下降。且三种变化的趋势相似,均随着变量的增加而变缓。

## 2.5　本章小结

本章针对烧蚀故障模式,首先建立了内弹道性能分析模型,并进行了仿真分析,获得了关重件压力、燃速、温度等变化规律。进一步进行关重件热传导分析,获得了关重件内表面热流分布以及关重件瞬态温度场分布。然后,考虑关重件热化学烧蚀因素,建立了反映烧蚀与载荷次数之间关系的数学模型,根据烧蚀临界值确定产品烧蚀寿命。最后,考虑火药质量的随机性,分析关重件烧蚀寿命与载荷次数间的规律,并分析得出其烧蚀寿命分布规律。

# 第3章
# 疲劳模式下寿命预测与故障规律研究

针对疲劳故障模式,通过有限元模型与仿真分析获取其故障机理,并采用公开实测数据进行应力修正;在此基础上,以路面等级、行驶挡位等不同影响因素为变量开展寿命规律分析与研究,进一步分析平均寿命随影响因素的变化规律,从而为开展后续维修决策奠定基础。

## 3.1 疲劳模式下寿命预测基本思路

疲劳模式下寿命预测基本思路:车辆悬挂系统通常采用扭力轴作为弹性元件,借助它扭转过程中产生的弹性扭转变化来吸收能量、缓和冲击与振动,以保证车辆在不平路面上高速行驶时的平稳性和乘员舒适性。扭力轴作为悬挂系统的关键部件,主要承受各方向的弯曲、扭力和扭矩,其寿命决定着悬挂系统的寿命。

本章针对疲劳故障模式,以扭力轴为例首先进行有限元分析,建立其三维有限元模型,并进行仿真分析,获得扭力轴应力应变变化规律。然后,根据中国兵器集团某研究所测定的坦克在随机路面上行驶 6 000 m 的实测值,应用蒙特卡洛方法生成一个随机载荷历程,并通过雨流计数处理获得循环应力统计结果,对结果进行 Goodman 平均应力修正。在此基础上,基于载荷获得的疲劳应力循环次数和应力水平,结合不同存活率下的材料 $S\text{-}N$ 曲线,应用累计损伤法则——Miner 线性累计损伤法则,获得疲劳寿命值,建立反映疲劳与载荷循环次数之间关系的数学模型,并分析得出其疲劳寿命的分布规律。

## 3.2 扭力轴结构有限元分析

### 3.2.1 模型建立

某扭力轴的主要尺寸:花键处的直径 $D_1 = 132$ mm,扭力轴中部直径 $D_2 = 75$ mm,总长度 $L = 2\ 570$ mm。应用大型商用有限元软件 MSC. Patran 建立扭力轴三维有限元模型。

建立一个部件有限元模型的首要工作是对其进行网格划分。网格划分需要考虑边界条件、载荷条件和期望的结果精度等。扭力轴一般由三部分组成,即工作轴直杆部分、过渡部分和两端花键连接部分。首先依据设计图纸对扭力轴进行三维建模,如图 3-1 所示。为避免有限元分析的规模过大,在保证不影响模型分析精度的前提下对三维模型进行简化,如对花键、扭力轴端点处倒角等对应力影响不大的部分进行简化。由于杆身与两端花键连接部分的过渡区容易产生应力集中,应作为重点部位精确建模。在建立有限元模型时,采用八节点六面体单元对扭力轴进行网格划分,单元尺寸为 0.01 m,整个扭力轴共生成 34 680 个四面体单元、38 178 个节点。划分后的网格如图 3-2 所示。

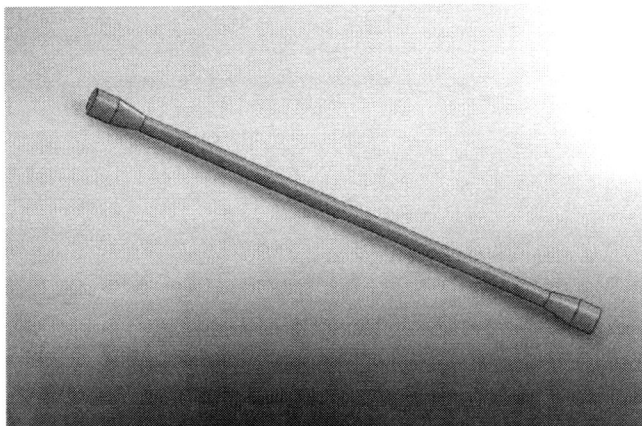

图 3-1　扭力轴三维几何模型

图 3-2　扭力轴三维有限元模型

### 3.2.2　单位载荷下的应力应变分析

为了后续获得载荷谱作用下的应力谱,需要对扭力轴进行单位载荷作用下的应力应变分析。采用软件 MSC.Nastran 对扭力轴进行单位扭矩作用下的扭转静力分析,单位扭矩取 1 N·m,扭力轴左端固定,扭矩施加在扭力轴右端,如图 3-3 所示。

通过计算可得到扭力轴的 Von Mises 应力应变分布云图。从图 3-4 的扭力轴变形图中可以看到,从左端向右端,轴的扭转角逐渐增大。从图 3-5、图 3-6 的扭力轴 Von Mises 应力应变分布云图中可以看到,扭力轴的最大 Von Mises 应力应变发生在轴的直径细段。

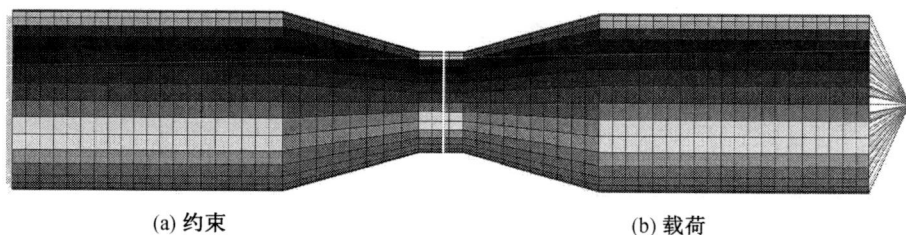

(a) 约束                              (b) 载荷

图 3-3   扭力轴约束与载荷示意图

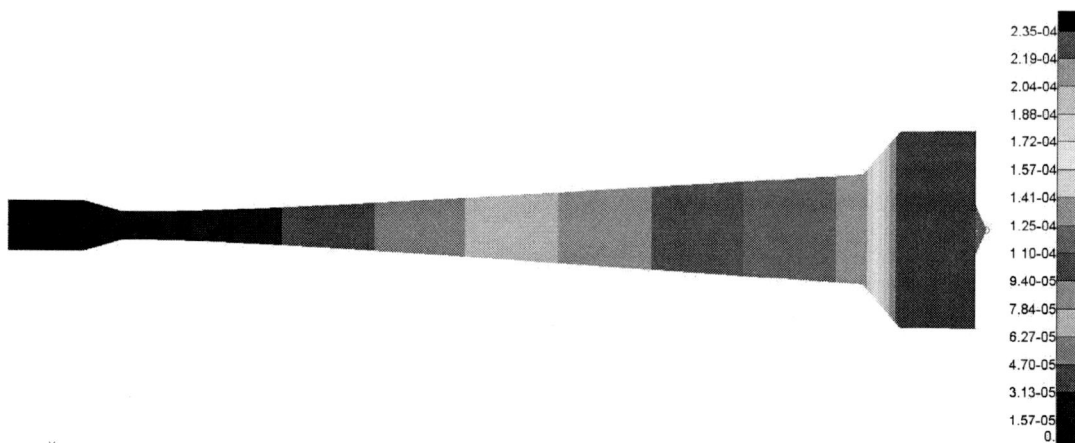

图 3-4   单位扭矩作用下扭力轴的变形

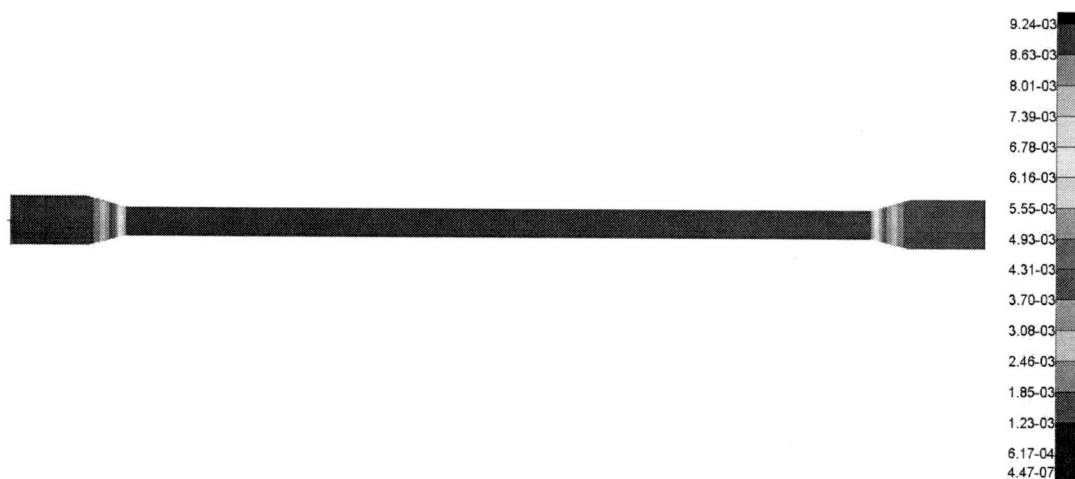

图 3-5   单位扭矩作用下扭力轴的应力

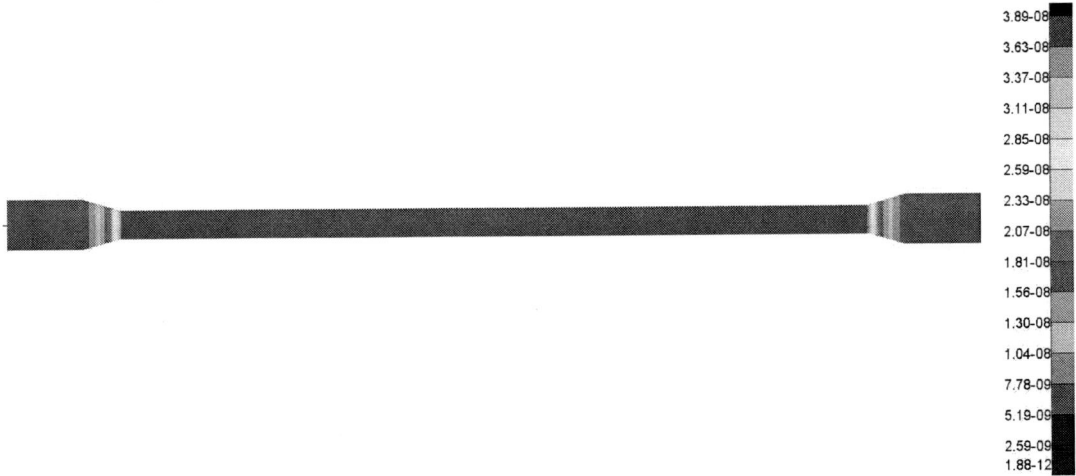

3.89-08
3.63-08
3.37-08
3.11-08
2.85-08
2.59-08
2.33-08
2.07-08
1.81-08
1.56-08
1.30-08
1.04-08
7.78-09
5.19-09
2.59-09
1.88-12

图 3-6　单位扭矩作用下扭力轴的应变

## 3.3　扭力轴等效应力幅概率密度函数构建

### 3.3.1　扭矩载荷及危险部位应力

中国兵器集团某研究所测定了坦克在随机路面上行驶 6 000 m 的扭矩载荷实测值。经过统计分析,获得了扭力轴 12 级扭转载荷谱,如表 3-1 所示。

表 3-1　扭力轴 12 级扭转载荷谱

| 载荷级 | 剪切应力范围/MPa | 剪切应力统计次数 |
|---|---|---|
| 1 | 0~53 | — |
| 2 | 54~106 | 1 577 |
| 3 | 107~159 | 979 |
| 4 | 160~212 | 564 |
| 5 | 213~265 | 306 |
| 6 | 266~318 | 208 |
| 7 | 319~371 | 202 |
| 8 | 372~424 | 71 |
| 9 | 425~477 | 30 |
| 10 | 478~530 | 13 |
| 11 | 531~587 | 10 |
| 12 | 588~636 | 5 |

根据表 3-1 中每级载荷所在区间的次数占总统计次数的概率,应用蒙特卡洛方法生成一个随机载荷历程,如图 3-7 所示。

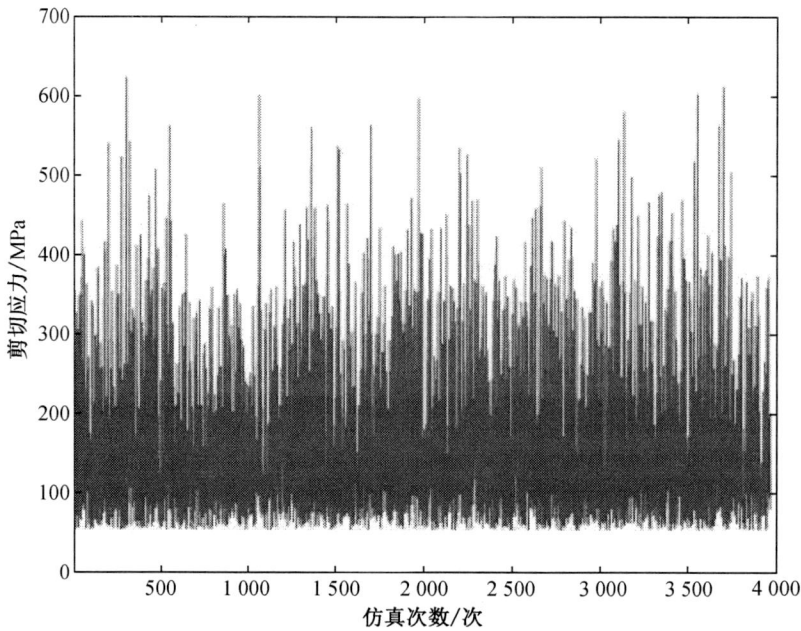

**图 3-7　随机载荷历程**

将扭力轴近似为等直圆截面轴,根据材料力学,对于承受扭转载荷的圆轴,切应变 $\gamma$ 与扭转角 $\varphi$、扭转角 $\varphi$ 与扭矩 $T$ 之间存在如下关系:

$$\gamma = \rho \frac{\mathrm{d}\varphi}{\mathrm{d}x} \tag{3-1}$$

$$\frac{\mathrm{d}\varphi}{\mathrm{d}x} = \frac{T}{GI_{\mathrm{p}}} \tag{3-2}$$

式中,$\rho$ 为轴线距所求剪切应力位置的距离;$G$ 为剪切弹性模量;$T$ 为扭矩;$I_{\mathrm{p}}$ 为轴的极惯性矩。

根据剪切胡克定律 $\tau = G\gamma$,将上面两式代入可以得到切应力与扭矩的关系为

$$\tau = \frac{T\rho}{I_{\mathrm{p}}} \tag{3-3}$$

进而可得到最大切应力与扭矩的关系:

$$\tau_{\max} = \frac{D/2}{I_{\mathrm{p}}} T \tag{3-4}$$

根据扭力轴的主要尺寸参数,可以计算得到

$$I_{\mathrm{p}} = \frac{\pi d^4}{32} \tag{3-5}$$

根据式(3-5),可以得到扭力轴扭矩的随机载荷历程,如图 3-8 所示。

结合 3.1 节中单位载荷作用下的扭力轴应力应变结果,可以得出扭力轴危险部位的 Von Mises 应力谱,如图 3-9 所示。

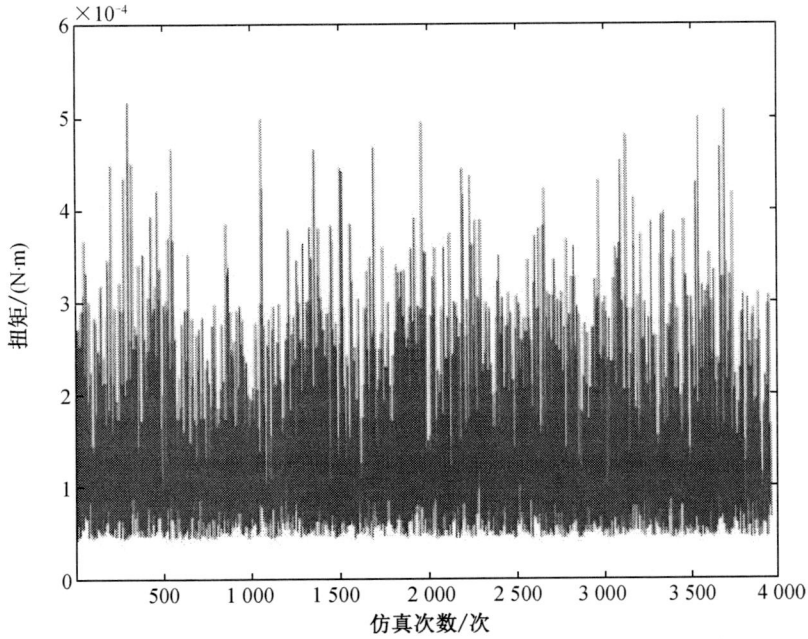

图 3-8　扭矩随机载荷历程

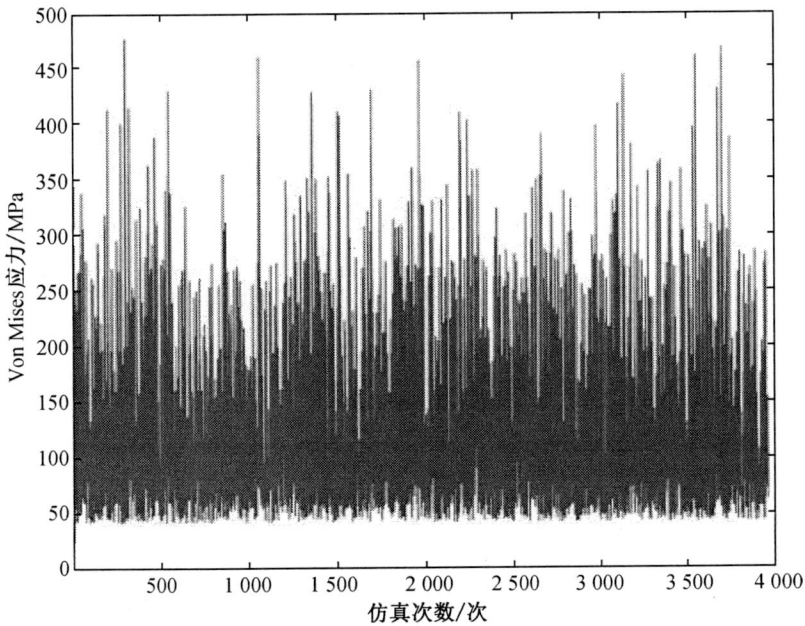

图 3-9　Von Mises 应力随机载荷历程

### 3.3.2　雨流计数处理

由上述获得的 Von Mises 应力随机载荷历程是模拟按时间顺序记录的扭力轴工作过程中的应力−时间历程,在实际计算损伤时,只有载荷峰谷点起作用,为此,应将中间点去掉,只保留应力历程的局部峰谷点,处理后的曲线是一个由很多点组成的数列。

采用以均值和幅值为参数的双参数雨流计数法进行计数,在对应力载荷有效峰谷历程曲线进行雨流计数时,通常分为三个步骤:一次雨流计数、数据对接、二次雨流计数。

下面以图 3-10 的过载有效峰谷历程曲线为例,对雨流计数过程进行说明。

1. 一次雨流计数

一次雨流计数是指将循环从处理后的过载数据中提取出来,并将应力幅值和过载均值记录下来。完成了第一次雨流计数之后,剩余的数据点按照原有顺序组合,形成一条发散-收敛型的标准曲线,如图 3-10 所示。

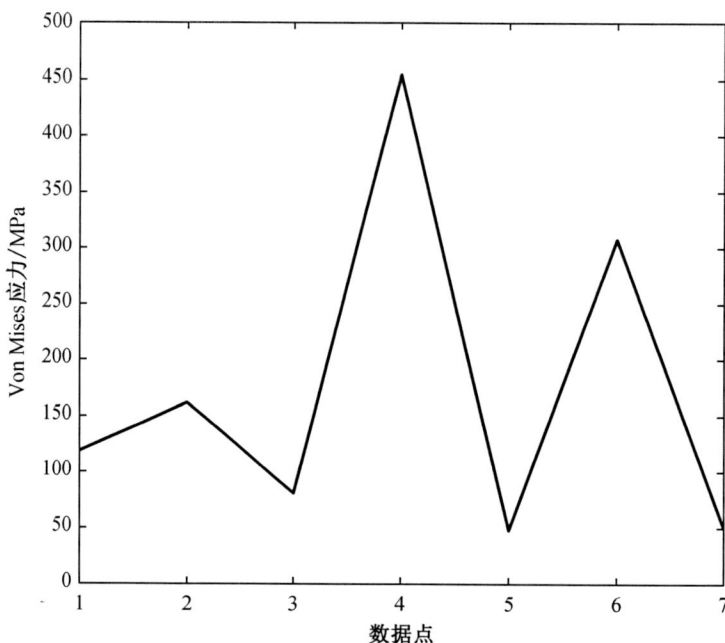

图 3-10　一次雨流计数后的发散-收敛波

2. 数据对接

对于上述过程得到的曲线,首尾无法对接,即不能组成循环。因此,可对首尾的四个峰谷值取最大值和最小值,去除另外两数据,然后将其首尾对接。对接后,标准的发散-收敛型曲线会变成一个标准的收敛-发散型曲线,如图 3-11 所示。

3. 二次雨流计数

在提取循环的时候依然使用与第一步相同的方法,最后剩余的过载数据点就只有三个,即整个数列中最大值数据组成的一个整循环。

根据雨流计数结果,将应力载荷按应力均值 $S_m$ 划分为 25 MPa、75 MPa、125 MPa、175 MPa、225 MPa、275 MPa、325 MPa、375 MPa、425 MPa、475 MPa 共 10 级,当均值属于(0,50]时,统一归纳到应力均值为 25 MPa 的等级中去,依此类推归纳应力均值。同时,将应力载荷按应力幅值 $S_a$ 划分为 25 MPa、75 MPa、125 MPa、175 MPa、225 MPa、275 MPa、325 MPa、375 MPa、425 MPa、475 MPa 共 10 级,当应力幅值属于(0,50]时,统一归纳到应力幅值为 25 MPa 的等级中去,依此类推归纳应力幅值。得到的扭力轴应力载荷出频数分布情况如表 3-2 所示。

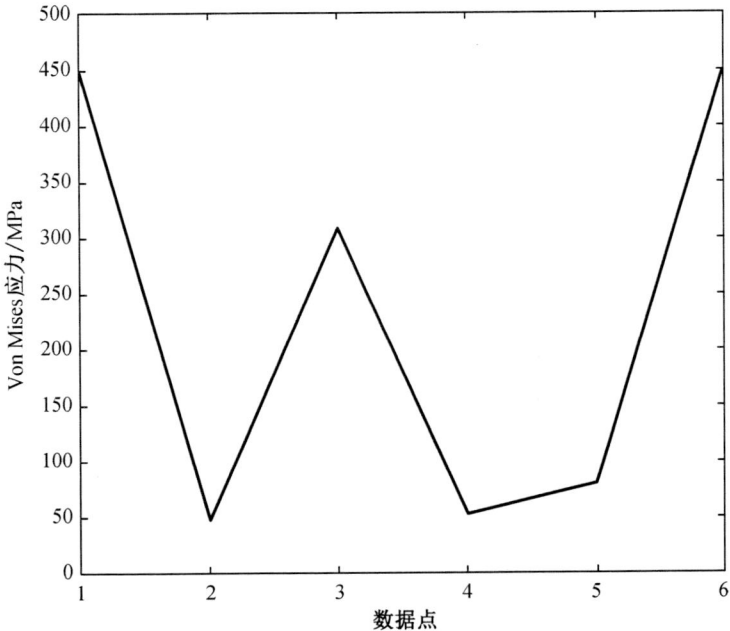

图 3-11 对接后的收敛-发散波

表 3-2 扭力轴应力载荷频数分布

| $S_m$ | $S_a$ | | | | | | | | | |
|---|---|---|---|---|---|---|---|---|---|---|
| | 25 | 75 | 125 | 175 | 225 | 275 | 325 | 375 | 425 | 475 |
| 25 | 16 | 0 | 0 | 0 | 0 | 0 | 0 | 0 | 0 | 0 |
| 75 | 1 163 | 27 | 0 | 0 | 0 | 0 | 0 | 0 | 0 | 0 |
| 125 | 699 | 674 | 23 | 0 | 0 | 0 | 0 | 0 | 0 | 0 |
| 175 | 146 | 482 | 281 | 4 | 0 | 0 | 0 | 0 | 0 | 0 |
| 225 | 50 | 150 | 69 | 43 | 6 | 0 | 0 | 0 | 0 | 0 |
| 275 | 19 | 23 | 24 | 27 | 8 | 0 | 0 | 0 | 0 | 0 |
| 325 | 2 | 7 | 11 | 4 | 0 | 0 | 0 | 0 | 0 | 0 |
| 375 | 0 | 2 | 2 | 0 | 0 | 0 | 0 | 0 | 0 | 0 |
| 425 | 0 | 0 | 0 | 0 | 0 | 0 | 0 | 0 | 0 | 0 |
| 475 | 0 | 0 | 0 | 0 | 0 | 0 | 0 | 0 | 0 | 0 |

从表 3-2 中可以看到,首次统计得到应力均值高于 375 MPa 的载荷循环频数已经很少,应力幅值高于 275 MPa 的载荷循环频数也已经很少。图 3-12 给出了经雨流计数法处理后的循环应力统计结果。

为了进一步提高载荷谱统计精度,将应力均值和应力幅值以 10 MPa 为一个等级划分,进行雨流计数法循环应力统计,经雨流计数法处理后的循环应力统计结果如图 3-13 所示。

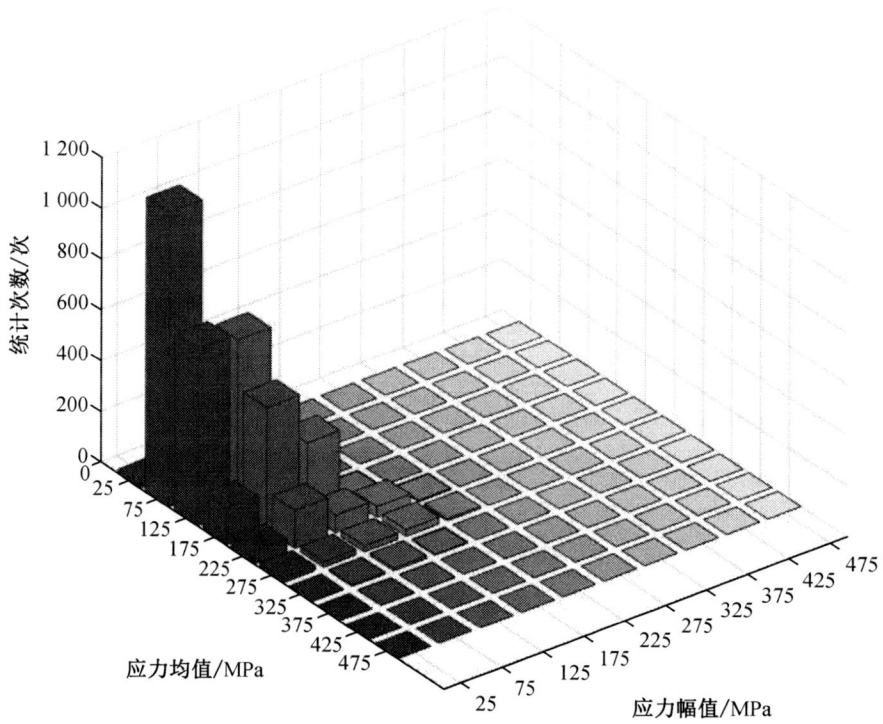

图 3-12　经雨流计数法处理后的循环应力统计结果(划分等级 50 MPa)

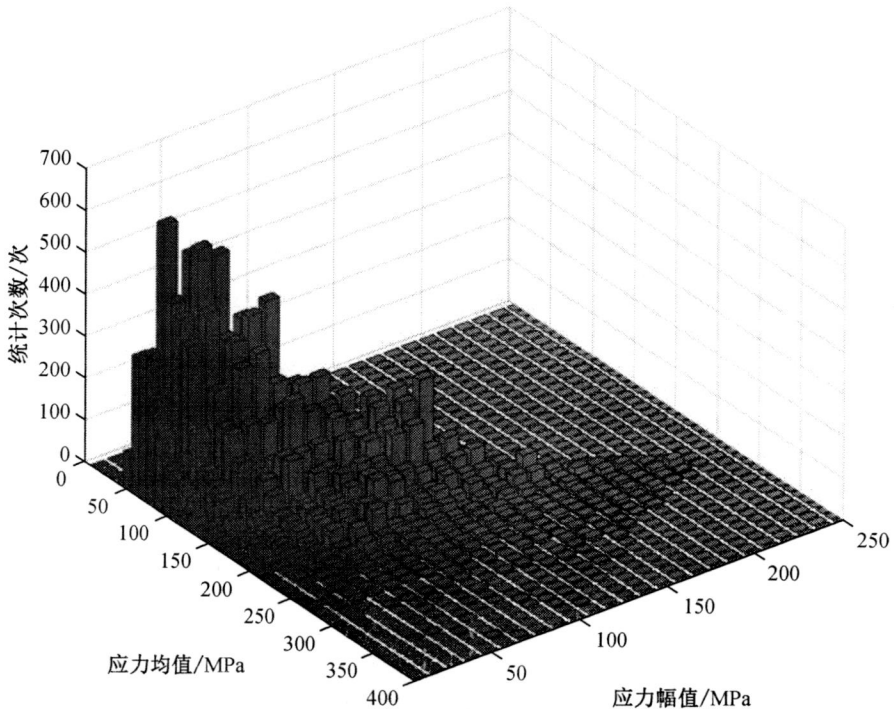

图 3-13　经雨流计数法处理后的循环应力统计结果(划分等级 10 MPa)

### 3.3.3　Goodman 平均应力修正

由于雨流计数法得到的循环应力是非对称循环应力,得到的实际循环中平均应力并不为零,因此采用 Goodman 平均应力修正公式转化为对称循环应力。Goodman 平均应力修正公式如下:

$$\frac{S_a}{S_{a(-1)}} + \frac{S_m}{S_u} = 1 \tag{3-6}$$

式中,$S_a$ 为应力幅值;$S_m$ 为应力均值;$S_{a(-1)}$ 为对称循环的当量应力;$S_u$ 为材料极限强度,本书中扭力轴材料为 45CrNiMoVA,材料极限强度为 1 553 MPa。

将表 3-2 中的应力均值和应力幅值代入式(3-6)中,可以得到零均值应力的等效应力值,如表 3-3 所示。

表 3-3　扭力轴零均值应力等效应力载荷频数分布

| $S_a$ | 25.41 | 26.27 | 27.19 | 28.17 | 29.23 | 30.38 | 31.62 |
|---|---|---|---|---|---|---|---|
| $N$ | 16 | 1163 | 699 | 146 | 50 | 19 | 2 |
| $S_a$ | 78.81 | 81.57 | 84.52 | 87.71 | 91.14 | 94.85 | 98.88 |
| $N$ | 27 | 674 | 482 | 150 | 23 | 7 | 2 |
| $S_a$ | 135.94 | 140.87 | 146.18 | 151.90 | 158.08 | 164.79 | — |
| $N$ | 23 | 281 | 69 | 24 | 11 | 2 | — |
| $S_a$ | 197.22 | 204.65 | 212.66 | 221.32 | 263.12 | 273.42 | |
| $N$ | 4 | 43 | 27 | 4 | 6 | 8 | |

针对应力均值和应力幅值以 10 MPa 为一个等级划分,基于经雨流计数法处理后的循环应力统计结果,利用 Goodman 理论将非对称循环应力转化为对称循环应力,并进一步分级处理后可得到应力-循环分布直方图(图 3-14)。

### 3.3.4　等效应力幅概率密度分析

图 3-14 符合典型的威布尔分布。假设该统计结果概率密度函数为

$$f(s) = \frac{m}{\eta}\left(\frac{s}{\eta}\right)^{m-1} \exp\left[-\left(\frac{s}{\eta}\right)^m\right] \tag{3-7}$$

则等效应力幅分布函数为

$$F(s) = 1 - \exp\left[-\left(\frac{s}{\eta}\right)^m\right] \tag{3-8}$$

一般采用概率图的方法来求解参数。采用 Matlab 绘制威布尔概率纸图,如图 3-15 所示。

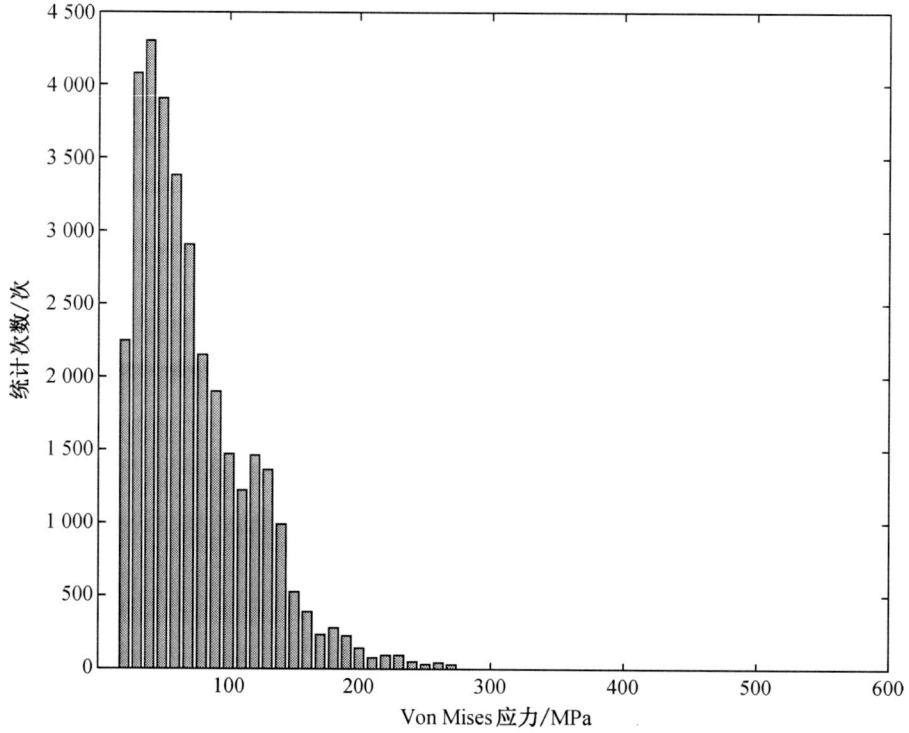

图 3-14　经雨流计数法处理后的循环应力统计结果

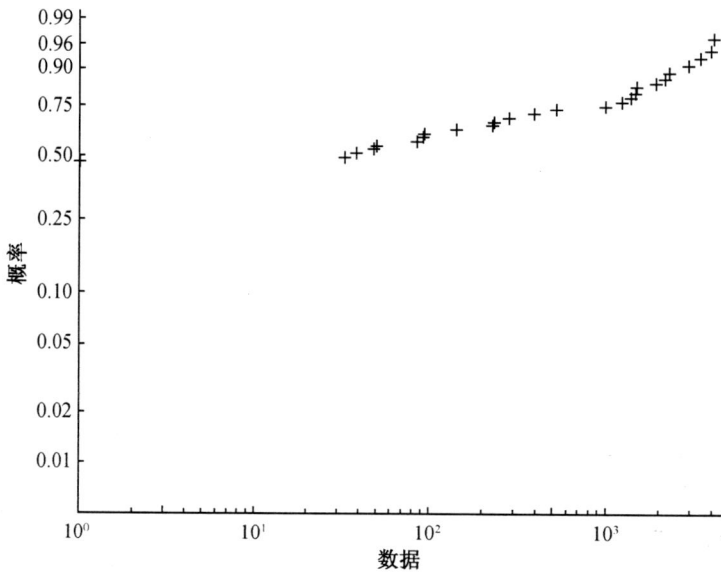

图 3-15　威布尔概率纸图

由图 3-15 可见,这些点基本呈一条直线,所以采用两参数威布尔分布进行拟合,可得 $m = 0.675\ 5, \eta = 984.650\ 1$。所以,此数据下等效应力幅的概率密度函数和分布函数为

$$f(s) = \frac{0.675\,5}{984.650\,1} \left(\frac{s-\gamma}{984.650\,1}\right)^{-0.324\,5} \exp\left[-\left(\frac{s-\gamma}{984.650\,1}\right)^{0.675\,5}\right] \tag{3-9}$$

等效应力幅分布函数为

$$F(s) = 1 - \exp\left[-\left(\frac{s-\gamma}{984.650\,1}\right)^{0.675\,5}\right] \tag{3-10}$$

## 3.4　材料疲劳寿命的连续概率密度函数

### 3.4.1　材料疲劳寿命的数学期望和标准差

目前国内扭力轴使用的材料为 45CrNiMoVA，属于低合金超高强度钢。表 3-4 为材料 45CrNiMoVA 在四个应力水平下具有指定存活率 $P$ 的疲劳寿命。

表 3-4　材料 45CrNiMoVA 在四个应力水平下具有指定存活率的疲劳寿命($10^4$ km)

| 应力水平/MPa | $P=50\%$ | $P=90\%$ | $P=95\%$ | $P=99\%$ | $P=99.9\%$ |
|---|---|---|---|---|---|
| 810 | 2.97 | 2.02 | 1.81 | 1.48 | 1.18 |
| 750 | 6.20 | 3.72 | 3.22 | 2.45 | 1.81 |
| 670 | 1.83 | 9.10 | 7.45 | 5.13 | 3.39 |
| 600 | 52.70 | 21.8 | 17.00 | 10.60 | 62.60 |

在各应力水平下，计算材料 45CrNiMoVA 疲劳寿命的数学期望 $E(N)$ 和标准差 $S(N)$ 如表 3-5 所示，进而可得其在对数坐标系下拟合疲劳寿命与应力的关系，如图 3-16 所示。从图中可以看到，材料 45CrNiMoVA 疲劳寿命的数学期望 $E(N)$ 和标准差 $S(N)$ 在对数坐标系下与应力水平呈线性关系。

表 3-5　材料 45CrNiMoVA 在不同应力水平疲劳寿命的数学期望和标准差

| 应力水平/MPa | 期望 | 标准差 |
|---|---|---|
| 810 | 2.925 6 | 0.150 6 |
| 750 | 3.126 8 | 0.200 9 |
| 670 | 3.422 4 | 0.275 2 |
| 600 | 3.711 3 | 0.347 5 |

### 3.4.2 任意应力水平下材料疲劳寿命概率密度函数

假设材料 $S$-$N$ 曲线服从对数正态分布,其对数正态分布的数学期望和方差如下式:

$$\begin{cases} E(N)=\exp(\mu+\sigma^2/2) \\ D(N)=[\exp(\sigma^2)-1]\exp(2\mu+\sigma^2) \end{cases} \quad (3\text{-}11)$$

将式(3-11)代入式(3-10)可得到任意应力下对数循环次数的均值和标准差:

$$\begin{cases} \mu=\ln[E(N)]-\dfrac{1}{2}\ln\left[1+\dfrac{S^2(N)}{E^2(N)}\right] \\ \sigma=\sqrt{\ln\left[1+\dfrac{S^2(N)}{E^2(N)}\right]} \end{cases} \quad (3\text{-}12)$$

进而,可获得任意应力水平下对数正态分布的材料疲劳寿命概率密度函数:

$$g(n|s)=\frac{1}{\sqrt{2\pi}n\sigma}\exp\left[-\frac{(\ln n-\mu)^2}{2\sigma^2}\right] \quad (3\text{-}13)$$

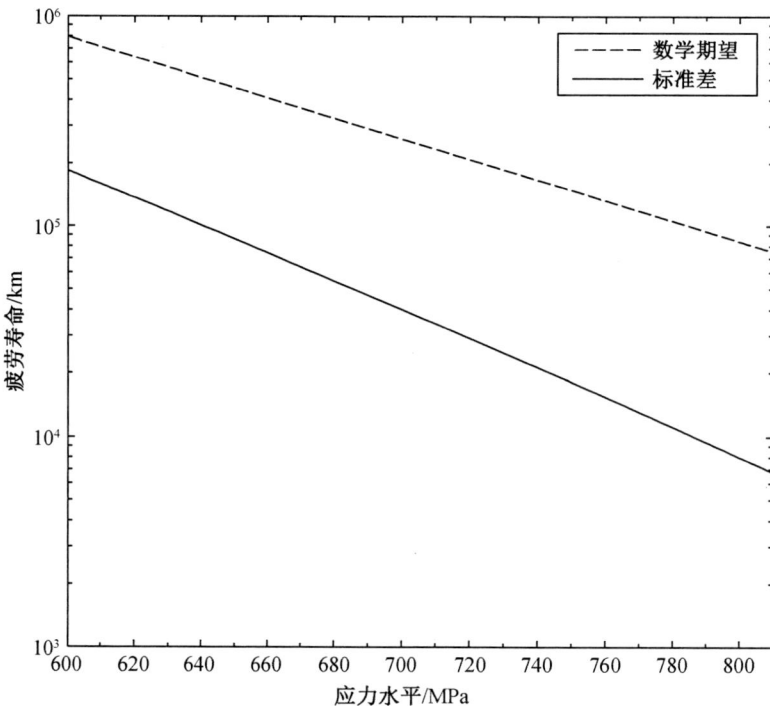

图 3-16  材料 45CrNiMoVA 疲劳寿命的数学期望和标准差与应力的关系

下面给出了 600 MPa、700 MPa、800 MPa 等三个应力水平下的材料疲劳寿命概率密度函数曲线,如图 3-17 至图 3-19 所示。

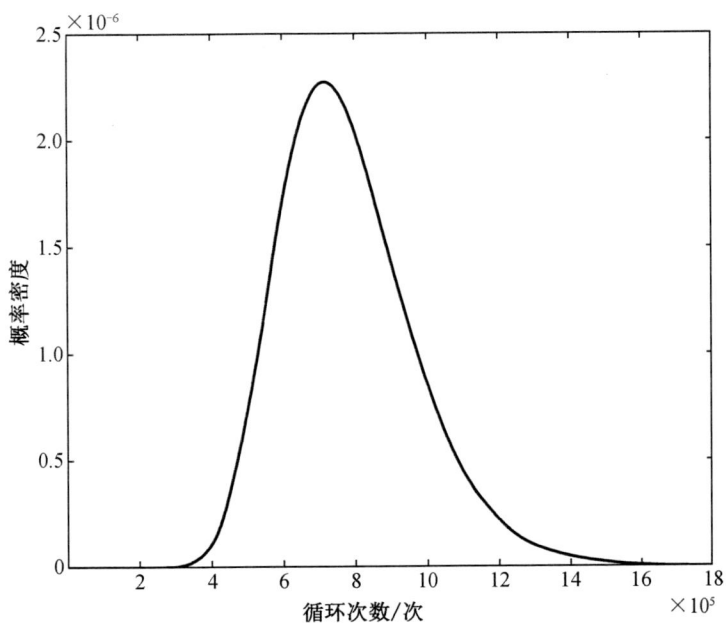

图 3-17　600 MPa 应力下的材料疲劳寿命概率密度函数曲线

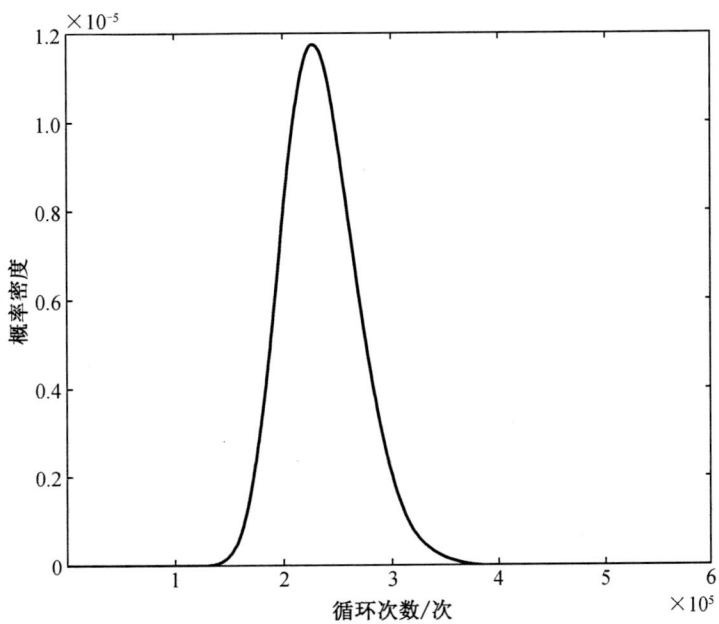

图 3-18　700 MPa 应力下的材料疲劳寿命概率密度函数曲线

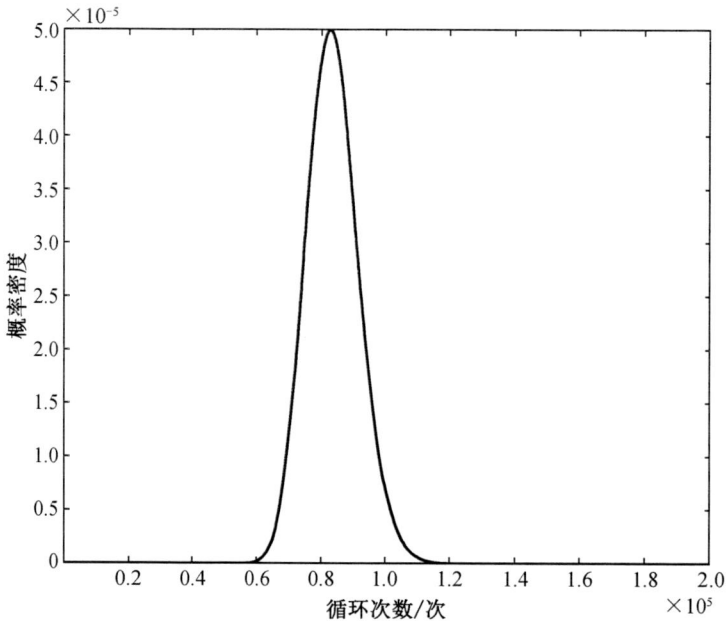

图 3-19　800 MPa 应力下的材料疲劳寿命概率密度函数曲线

## | 3.5　扭力轴疲劳寿命分析 |

### 3.5.1　扭力轴疲劳寿命的计算

基于载荷获得的疲劳应力循环次数和应力水平,结合不同存活率下的材料 $S-N$ 曲线,应用累计损伤法则——Miner 线性累计损伤法则,获得疲劳细节的寿命值,得到寿命分布规律。

根据表 3-6 可拟合得到存活率为 50%、90%、95%、99%、99.9% 的材料 $S-N$ 曲线,如图 3-20 所示。

表 3-6　材料 45CrNiMoVA 指定存活率的 $S-N$ 曲线

| 存活率 | $P=50\%$ | $P=90\%$ |
|---|---|---|
| $S-N$ 曲线 | $\log S=-0.104\,3\log N+3.375\,1$ | $\log S=-0.126\,2\log N+3.451\,6$ |
| 存活率 | $P=95\%$ | $P=99\%$ |
| $S-N$ 曲线 | $\log S=-0.134\,0\log N+3.479\,2$ | $\log S=-0.152\,4\log N+3.544\,2$ |
| 存活率 | $P=99.9\%$ | — |
| $S-N$ 曲线 | $\log S=-0.179\,8\log N+3.640\,8$ | — |

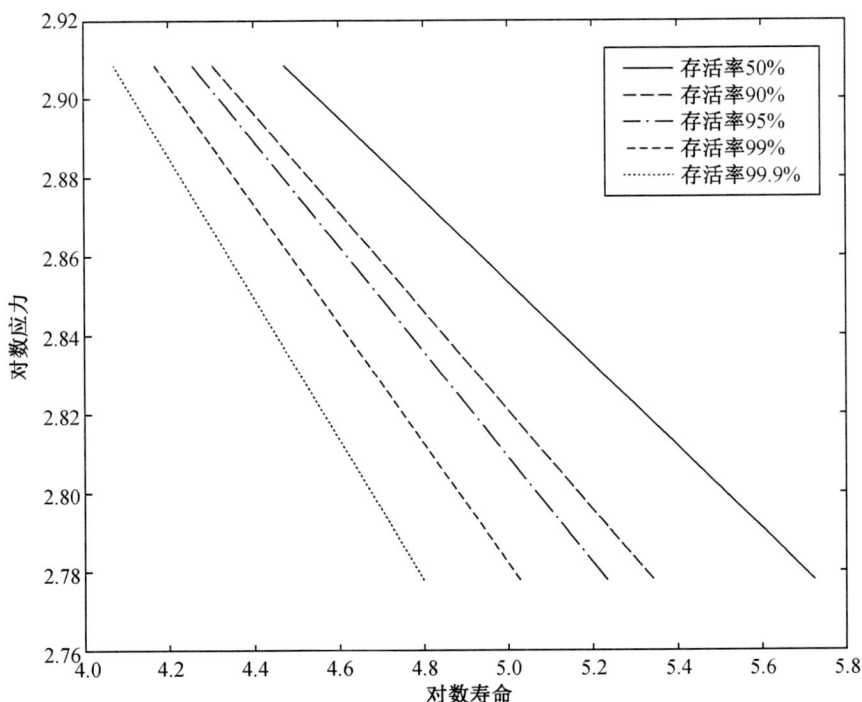

**图 3-20　不同存活率下材料 S-N 曲线**

利用扭力轴经过 Goodman 平均应力修正的应力-循环数结果,采用 Miner 线性累计损伤法,计算可得到不同存活率下扭力轴的循环数,进而转换为疲劳寿命,如表 3-7 所示。

**表 3-7　扭力轴指定存活率的疲劳寿命**

| 存活率 | $P=50\%$ | $P=90\%$ | $P=95\%$ | $P=99\%$ | $P=99.9\%$ |
|---|---|---|---|---|---|
| 疲劳损伤/m | $3.0767\times10^{-7}$ | $3.7496\times10^{-6}$ | $7.4459\times10^{-6}$ | $2.9832\times10^{-5}$ | $1.4851\times10^{-4}$ |
| 疲劳寿命/km | $6.5365\times10^{4}$ | $5.3389\times10^{4}$ | $2.5848\times10^{4}$ | $6.2311\times10^{3}$ | $1.2076\times10^{3}$ |

根据 Rosenblatt 方法,扭力轴低周疲劳寿命的概率密度函数图近似服从对数正态分布,其对数正态分布的数学期望和方差如下:

$$\begin{cases} E(N)=\exp(\mu+\sigma^2/2) \\ D(N)=\left[\exp(\sigma^2)-1\right]\exp(2\mu+\sigma^2) \end{cases} \qquad (3-14)$$

进而可计算出对数循环次数的均值和标准差:

$$\mu=\ln\left[E(N)\right]-\frac{1}{2}\ln\left[1+\frac{S^2(N)}{E^2(N)}\right]$$

$$\sigma=\sqrt{\ln\left[1+\frac{S^2(N)}{E^2(N)}\right]} \qquad (3-15)$$

将数据代入式(3-14)和式(3-15),可以得到

$$\mu = 10.372\ 5$$
$$\sigma = 0.645\ 7$$

因此,扭力轴的疲劳寿命概率密度函数为

$$g(N) = \frac{1}{\sqrt{2\pi} \times 0.645\ 7N} \exp\left[-\frac{(\ln N - 10.372\ 5)^2}{2 \times 0.645\ 7^2}\right]$$

图 3-21 和图 3-22 分别给出了扭力轴疲劳寿命分布和存活率曲线。

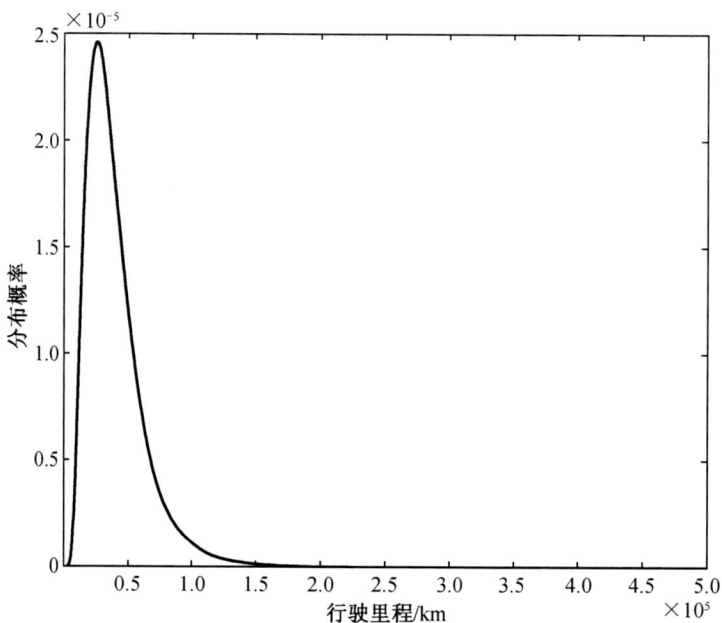

图 3-21　扭力轴疲劳寿命分布

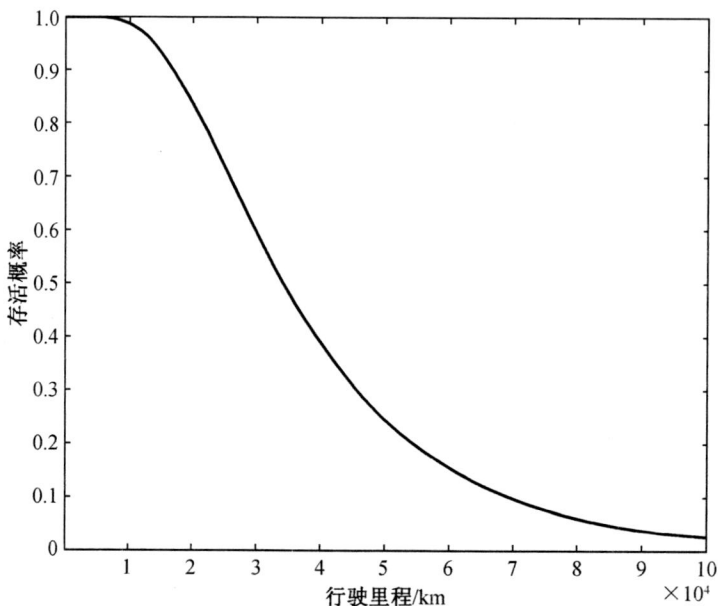

图 3-22　扭力轴存活率曲线

## 3.5.2　不同工况下扭力轴疲劳寿命分析

在前面综合分析的基础上,考虑不同路面不同挡位下的扭力轴疲劳寿命。各工况及相应的扭力轴应力分布如表 3-8 所示。

表 3-8　各工况二维载荷分布

| 路面 | E 级路面 | | | F 级路面 | | G 级路面 | |
|---|---|---|---|---|---|---|---|
| 挡速 | 二挡 | 三挡 | 四挡 | 二挡 | 三挡 | 二挡 | 三挡 |
| 均值统计(正态分布) | | | | | | | |
| $\mu$/MPa | 287.92 | 291.40 | 299.47 | 296.95 | 313.82 | 303.47 | 386.44 |
| $\sigma$/MPa | 47.98 | 56.76 | 46.80 | 72.93 | 98.31 | 107.39 | 110.99 |
| 幅值统计(对数正态分布) | | | | | | | |
| $u_{lg}$/lg(MPa) | 1.582 2 | 1.696 9 | 1.707 3 | 1.914 1 | 1.919 9 | 1.954 7 | 1.969 2 |
| $\sigma_{lg}$/lg(MPa) | 0.389 8 | 0.349 3 | 0.357 3 | 0.356 9 | 0.408 2 | 0.375 7 | 0.408 8 |

表 3-8 中 $\mu$ 为正态分布均值;$\sigma$ 为正态分布标准差;$u_{lg}$ 为对数均值;$\sigma_{lg}$ 为对数标准差。

对各工况的应力均值与应力幅值进行分级,然后计算各级循环次数,可得到各种单一工况下的二维应力谱。

图 3-23 为 E 级路面二挡车速扭力轴随机生成的载荷历程。通过雨流计数法得到不同均值与幅值的循环次数,均值与幅值的单位为 MPa,如图 3-24 所示。利用 Goodman 理论将非对称循环应力转化为对称循环应力,并进一步分级处理后可得到应力-循环分布直方图,如图 3-25 所示。

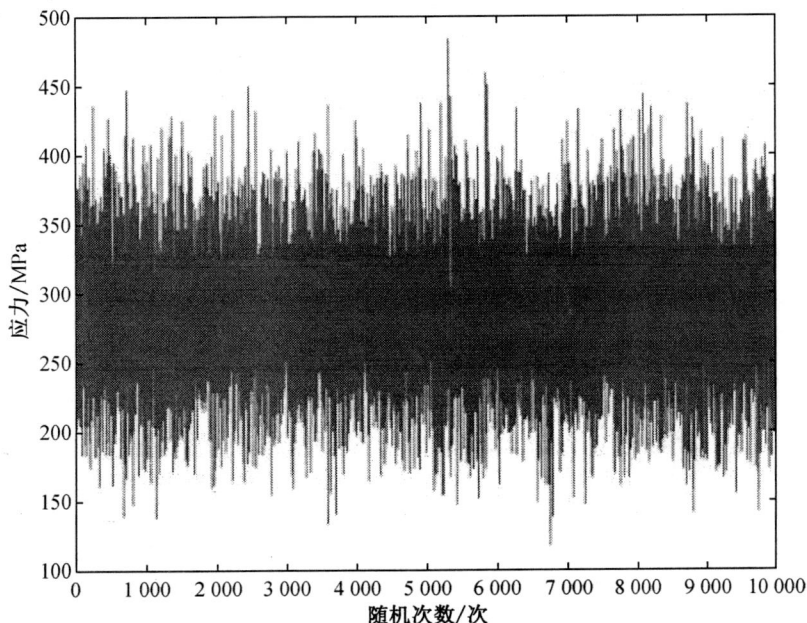

图 3-23　E 级路面二挡车速扭力轴随机载荷历程

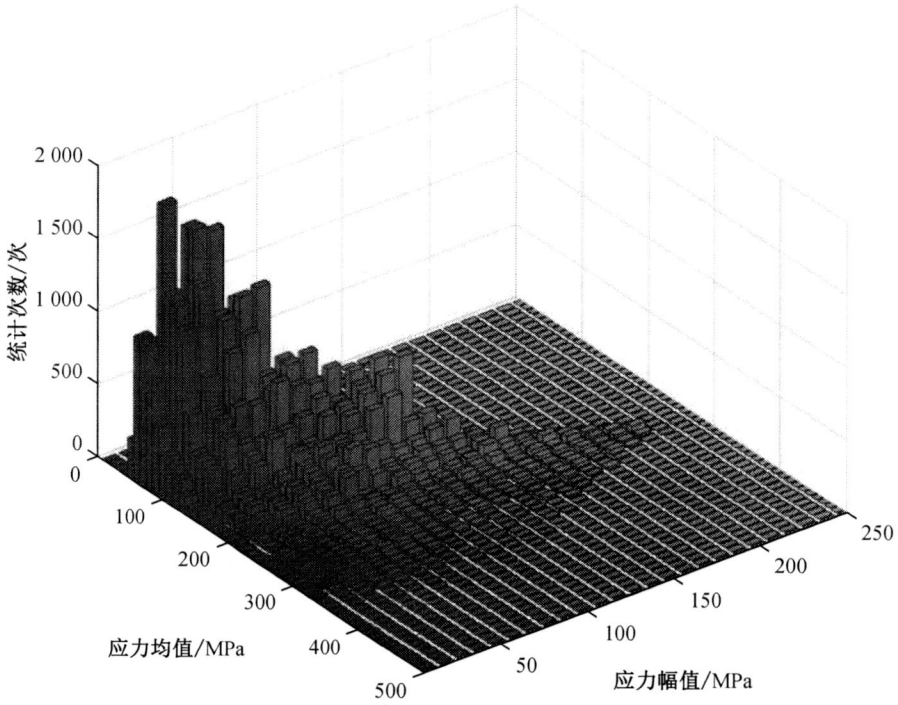

图 3-24　经雨流计数法处理后的循环应力统计结果(划分等级 10 MPa)

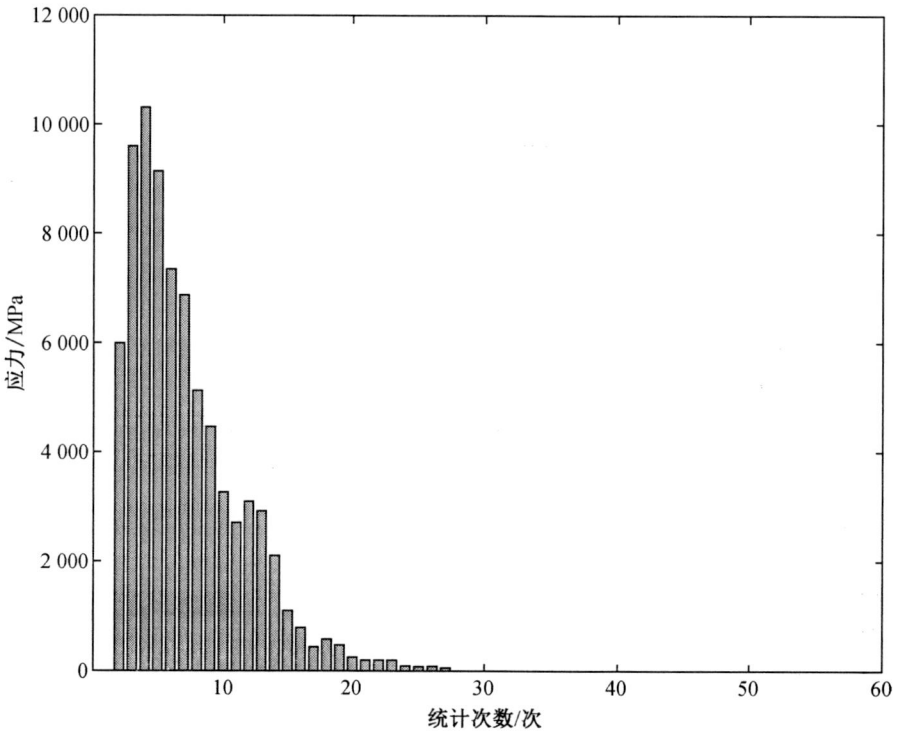

图 3-25　利用 Goodman 理论处理后的循环应力统计结果

综上所述,可得到扭力轴在不同路面等级不同挡速下的寿命,如表 3-9 所示。

表 3-9　各工况扭力轴寿命　　　　　　单位:$10^4$ km

| 路面 | E 级路面 | | | F 级路面 | | G 级路面 | |
|---|---|---|---|---|---|---|---|
| 挡速 | 二挡 | 三挡 | 四挡 | 二挡 | 三挡 | 二挡 | 三挡 |
| 寿命 | 3.088 6 | 3.063 4 | 3.055 1 | 2.844 2 | 1.413 5 | 0.599 5 | 0.258 3 |

# 3.6　本章小结

本章针对扭力轴疲劳故障模式,建立了扭力轴有限元分析模型,并进行了仿真分析,获得了扭力轴应力应变变化规律。进一步根据中国兵器集团某研究所测定的坦克在随机路面上行驶 6 000 m 的实测值,应用蒙特卡洛方法生成一个随机载荷历程,并通过雨流计数处理获得循环应力统计结果,对结果进行 Goodman 平均应力修正。然后,基于载荷获得的疲劳应力循环次数和应力水平,结合不同存活率下的材料 S-N 曲线,应用累计损伤法则——Miner 线性累计损伤法则,获得疲劳寿命值,建立反映疲劳与载荷循环次数之间关系的数学模型,并分析得出其疲劳寿命分布规律。

# 第4章
# 磨损模式下寿命预测与故障规律研究

针对磨损故障模式,通过应力分析建立磨损量计算模型,通过探索其行驶里程与磨损量之间的关系,开展该模式下的寿命预测;在此基础上,以牵引力、行驶速度等不同影响因素为变量开展寿命规律分析与研究,进一步分析平均寿命随影响因素的变化规律,从而为开展后续维修决策奠定基础。

## 4.1 磨损模式下寿命预测基本思路

履带作为推进装置的主要部件之一,作用是支撑负重轮并为其提供一条连续滚动的轨道,通过与地面的相互作用,将地面牵引力、附着力及制动力传递给车体,保证车辆在各种复杂路面上的行驶通过性。一条完整的履带环系统由多块履带板通过销轴连接而成。履带销连接两块相邻的履带板,是推进装置中重要的传力元件。

本章针对磨损故障模式,结合履带销主要作用和基本结构,首先通过计算履带销孔接触压力、履带销孔相对运动速度等,建立履带销磨损分析模型,给出履带销磨损量计算方法;然后,进行磨损寿命计算;进一步考虑尺寸参数的随机性,假设履带销直径为随机变量,采用蒙特卡洛仿真,分析履带销磨损量与载荷循环次数之间的规律,根据临界磨损量确定磨损寿命,建立反映磨损量与载荷循环次数之间关系的数学模型,并分析得出其寿命分布规律。

## 4.2 履带销基本结构

履带销安装在相邻两块履带板[图4-1(a)]的销孔中。在研究中发现,履带销磨损后其横截面不再保持圆形,只在与履带板的被动销孔接触面上发生磨损,且由于磨损而削去一个"月牙",而磨损后的圆弧面同初始磨损时对比基本不变,如图4-1(b)所示。

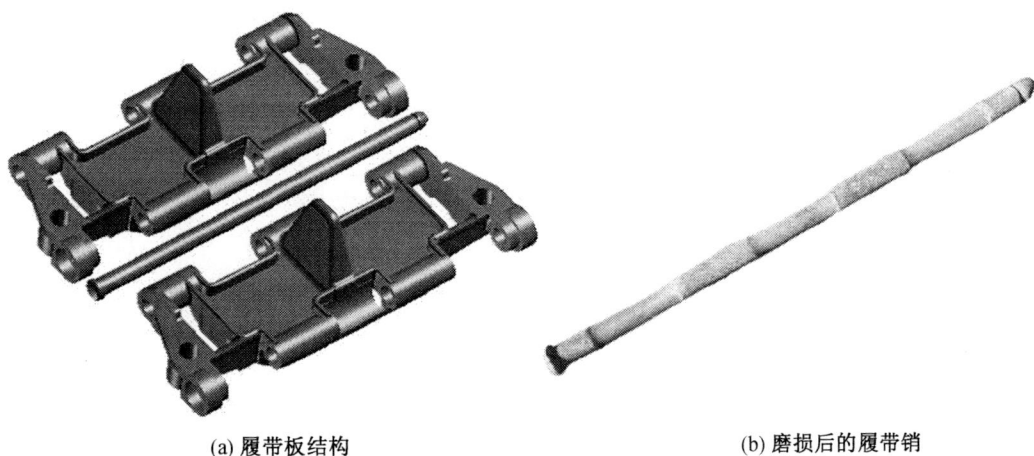

(a) 履带板结构　　　　　　　　　　(b) 磨损后的履带销

图 4-1　履带板与履带销

## 4.3　履带销磨损量计算方法

由于履带销磨损后其横截面不再保持圆形,只在与履带板的被动销孔接触面上发生磨损,且由于磨损而削去一个"月牙",而磨损后的圆弧面同初始磨损时对比基本不变,考虑到履带板销孔与履带销的联结运动特点,履带销的磨损属于低速磨损。因此,计算履带销磨损时认为:履带板销孔的磨损与履带销的磨损相比很小,可以忽略不计;接触点上的发热现象可以忽略不计。

干摩擦较为通用的材料磨损率表达式为

$$W = K_W P^m V^n \tag{4-1}$$

式中,$W$ 为磨损率,其意义为特定压力、特定相对运动速度下的单位接触面积、单位时间内的磨损质量损失;$P$ 为接触压力;$V$ 为相对运动速度;$K_W$、$m$、$n$ 为与材料硬度相关的参量。

对选取的一个接触点,假设其在确定的一段极短时间 $\Delta t$ 内的磨损深度为 $\Delta h$,在这个时间间隔内,可认为接触压力、相对运动速度都是不变的,则在 $\Delta t$ 时间内的磨损量为

$$\Delta h = W \Delta t = K_W P^m V^n \Delta t \tag{4-2}$$

对该接触点,$n$ 次磨损的磨损量为

$$\Delta h_n = \sum_{i=1}^{n} K_W P^m V^n \Delta t_i \tag{4-3}$$

### 4.3.1　接触压力计算方法

履带销与履带板销孔属于圆柱体和圆柱凹面圆弧接触受力形式,如图 4-2 所示。由赫兹(Hertz)接触压力公式可得载荷 $Q$ 与最大接触压力 $P_{max}$ 的关系为

$$P_{\max} = \sqrt{\frac{Q(R_2 - R_1)}{\pi L R_2 R_1} \frac{1}{\frac{1-\mu_1^2}{E_1} + \frac{1-\mu_2^2}{E_2}}} \qquad (4-4)$$

式中，$P_{\max}$ 为最大接触压力；$Q$ 为载荷；$L$ 为履带销在履带板销孔内的有效长度；$R_1$ 与 $R_2$、$\mu_1$ 与 $\mu_2$、$E_1$ 与 $E_2$ 依次分别为履带销和履带板销孔的半径、泊松比与弹性模量。

轴线平行的两圆柱体接触时，变形前，二者沿一条直线接触；受力后，接触处发生了弹性变形，接触线变成宽度为 $2b$ 的矩形面。其中接触半宽 $b$ 可由下式求出：

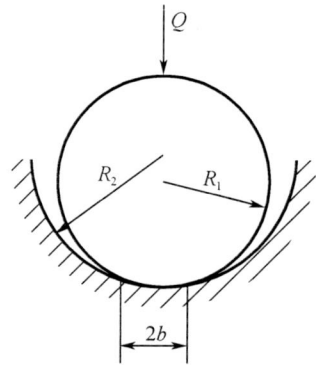

图 4-2 履带板孔与履带销接触示意图

$$b = \sqrt{\frac{4QR_1R_2}{\pi L(R_2 - R_1)}\left(\frac{1-\mu_1^2}{E_1} + \frac{1-\mu_2^2}{E_2}\right)} \qquad (4-5)$$

接触面上的压力按椭圆柱规律分布。变形最大处压力最大，接触面上其余各点的压力 $P(x)$ 按半椭圆规律分布，其表达式为

$$P(x) = P_{\max}\sqrt{1 - \frac{x^2}{b^2}} \qquad (4-6)$$

### 4.3.2 相对运动速度计算

相对运动速度在履带板销孔与履带销的磨损过程中很难通过实验测得。经分析，考虑履带板与履带销在图 4-3 中标号 4 处的主要的相对转动。

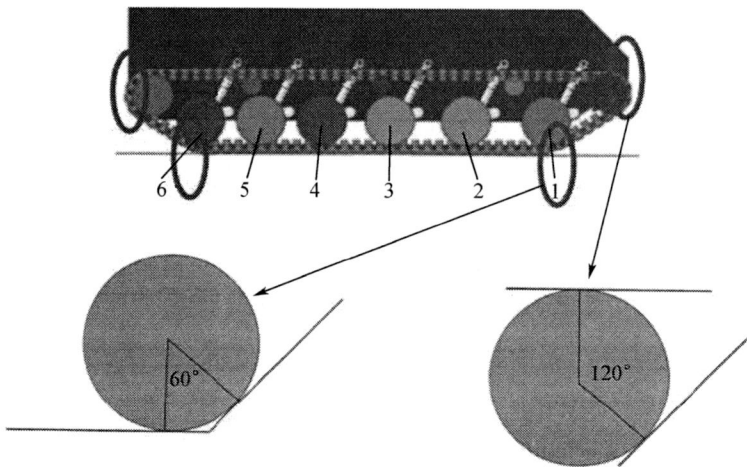

图 4-3 履带板与车轮接触示意图

以履带前端高低两处接触处为研究对象，假设车行进速度为 $V_0$，车轮半径为 $R_0$，履带销直径为 $R_1$，履带板与车轮接触角度分别为 60° 和 120°，可得到履带板相对销钉的线速度为

$$V = \frac{R_1}{2}\frac{V_0}{R_0} \qquad\qquad (4-7)$$

履带板与车轮接触时间为

$$\begin{cases} t_1 = \dfrac{\pi}{3}\dfrac{R_0}{V_0} \\[3mm] t_2 = \dfrac{2\pi}{3}\dfrac{R_0}{V_0} \end{cases} \qquad\qquad (4-8)$$

通过上述分析,预测履带销的磨损寿命,预测流程如图 4-4 所示。

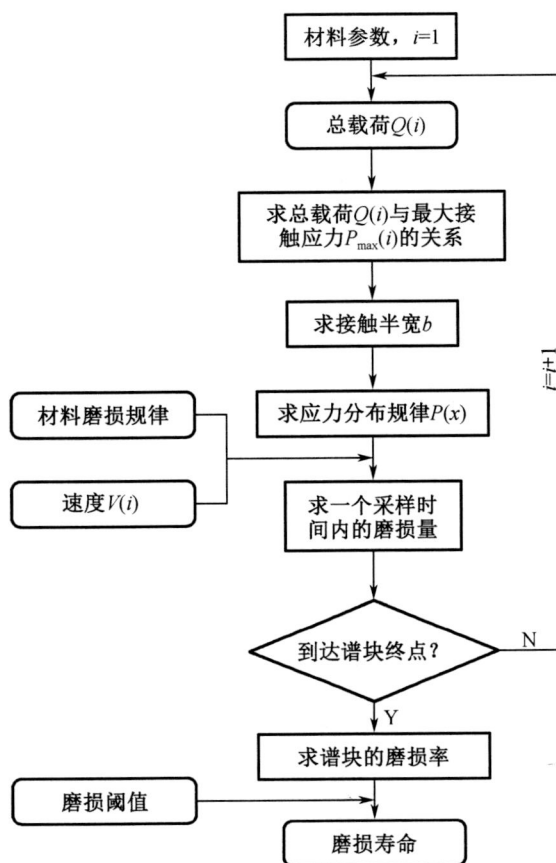

**图 4-4　履带销磨损寿命预测流程**

## |4.4 履带销磨损寿命分析|

### 4.4.1 履带销磨损寿命计算

假设某履带车总重为 30 t,履带销直径为 20 mm,履带板销钉孔直径为 21 mm,履带销长为 200 mm;车轮直径为 600 mm,行进速度为 60 km/h;材料为高强钢,弹性模量为 206 GPa,泊松比为 0.3;磨损系数取 $2.7 \times 10^{-16}/Pa$。

履带车辆的最大牵引力 $F_1$ 受到附着力的约束,与履带和地面间的附着系数有关,一般可由下述公式计算得到:

$$F_1 = 0.65 \, mg\sin\varphi \tag{4-9}$$

式中,$m$ 表示车辆总质量;$\varphi$ 表示履带与地面之间的附着系数,一般取值 $0.8 \sim 1.0$,在此处取 1.0 可使得牵引力 $F_1$ 最大。

由式(4-9)可得 $F_1 = 95\,550$ N。

根据式(4-4),可计算出履带销最大接触压力:

$$P_{\max} = \sqrt{\frac{95\,550 \times \dfrac{0.021 - 0.020}{2}}{3.14 \times \dfrac{0.021}{2} \times \dfrac{0.020}{2} \times 0.2} \times \frac{1}{\dfrac{1 - 0.3^2}{2.06 \times 10^{11}} + \dfrac{1 - 0.3^2}{2.06 \times 10^{11}}}} = 286.3 \; (\text{MPa})$$

根据式(4-7),可计算得到履带板相对销钉线速度为

$$V = \frac{0.02}{2} \times \frac{16.6}{0.3} = 0.553 \; (\text{m/s})$$

根据式(4-8),可计算得到履带板与车轮接触时间为

$$t_1 = \frac{\pi}{3} \times \frac{0.3}{16.6} = 0.018\,9 \,(\text{s})$$

$$t_2 = \frac{2\pi}{3} \times \frac{0.3}{16.6} = 0.037\,8 \,(\text{s})$$

以履带销最大接触压力点为研究对象,根据式(4-2),先计算履带行进一周的磨损量为

$$\Delta h = 2.7 \times 10^{-16} \times 286.3 \times 10^6 \times 0.553 \times 2 \times (0.018\,9 + 0.037\,8) = 4.8 \times 10^{-6} \,(\text{mm})$$

假设一条履带长度为 15 m,以履带销直径的 1/4,即 5 mm 作为磨损阈值,则履带销磨损寿命为

$$L = \frac{5}{4.8 \times 10^{-6}} \times 0.015 = 15\,625 \; (\text{km})$$

### 4.4.2 履带销磨损寿命分布

考虑参数的随机性,假设履带销直径为随机变量,且服从常见的正态分布;采用蒙特卡

洛仿真,抽样次数为 10 000 次。图 4-5 为履带销磨损寿命结果;图 4-6 为履带销磨损寿命分布结果。

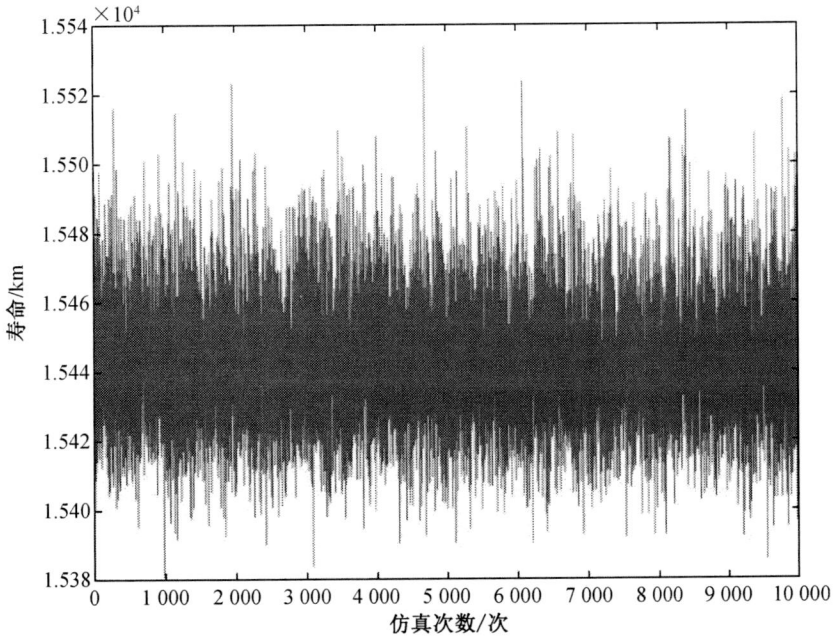

**图 4-5　履带销磨损寿命结果**

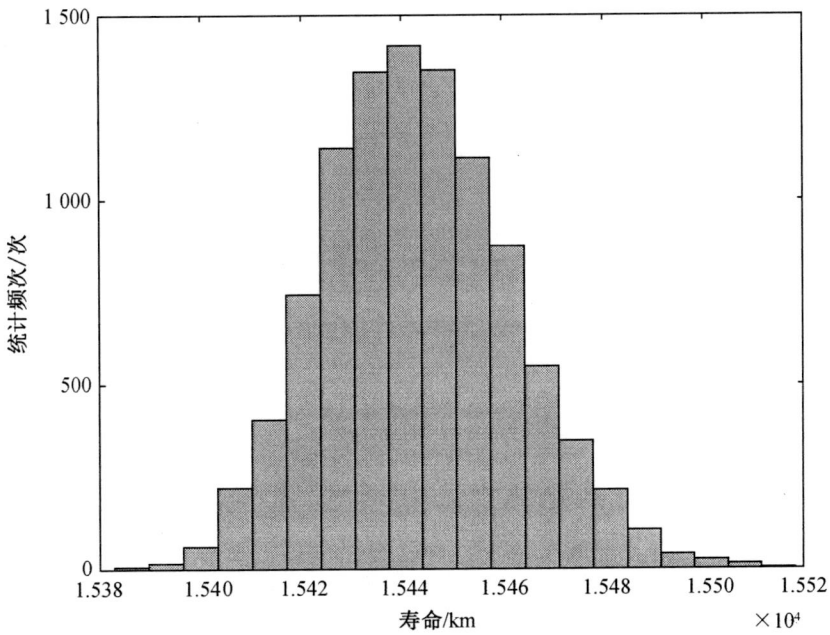

**图 4-6　履带销磨损寿命分布结果**

采用正态分布进行拟合(图 4-7),可以得到

$$\mu = 1.54 \times 10^4$$
$$\sigma = 18.57$$

因此,履带销的磨损寿命概率密度函数为

$$g(N) = \frac{1}{\sqrt{2\pi} \times 18.57} \exp\left[-\frac{1}{2}\left(\frac{N-1.54 \times 10^4}{18.57}\right)^2\right]$$

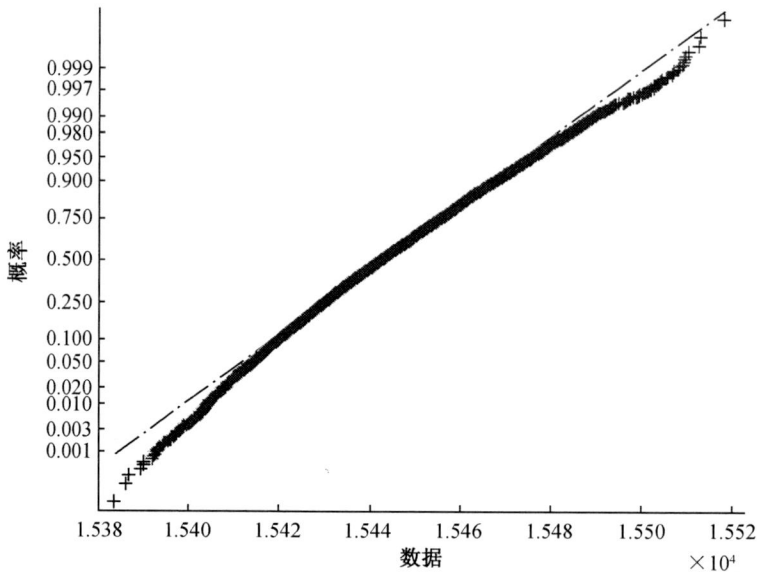

图 4-7　正态分布概率纸图

## 4.4.3　不同行进速度下履带销磨损寿命分析

考虑参数的随机性,假设履带销直径为随机变量,且服从常见的正态分布;采用蒙特卡洛仿真,抽样次数为 10 000 次,分别给出了不同行进速度下,履带销磨损寿命分布。

当车速为 10 m/s 时,图 4-8 为履带销磨损寿命结果;图 4-9 为履带销磨损寿命分布结果。

采用正态分布进行拟合(图 4-10),可以得到

$$\mu = 1.544\ 3 \times 10^4$$
$$\sigma = 18.63$$

因此,履带销的磨损寿命概率密度函数为

$$g(N) = \frac{1}{\sqrt{2\pi} \times 18.63} \exp\left[-\frac{1}{2}\left(\frac{N-1.544\ 3 \times 10^4}{18.63}\right)^2\right]$$

当车速为 20 m/s 时,图 4-11 为采用履带销磨损寿命结果;图 4-12 为履带销磨损寿命分布结果。

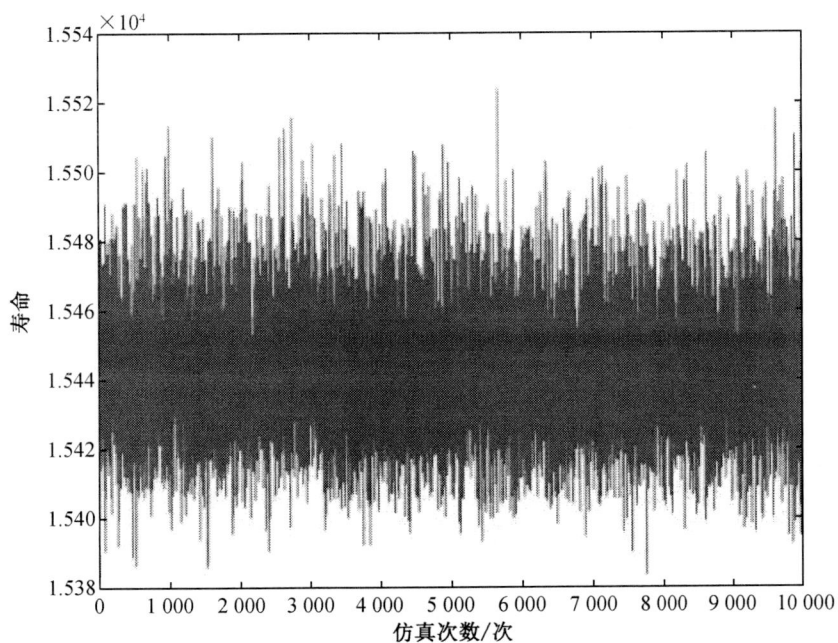

图 4-8　履带销磨损寿命结果

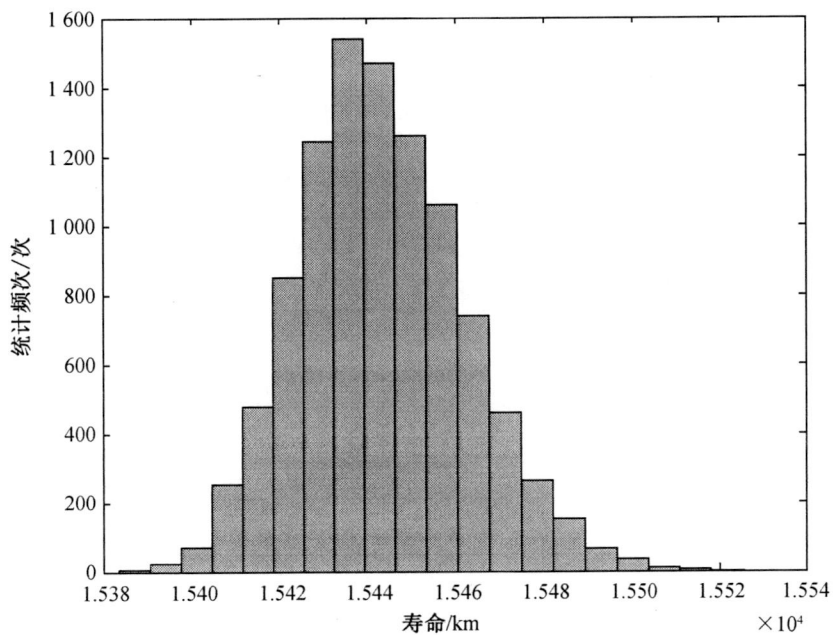

图 4-9　履带销磨损寿命分布结果

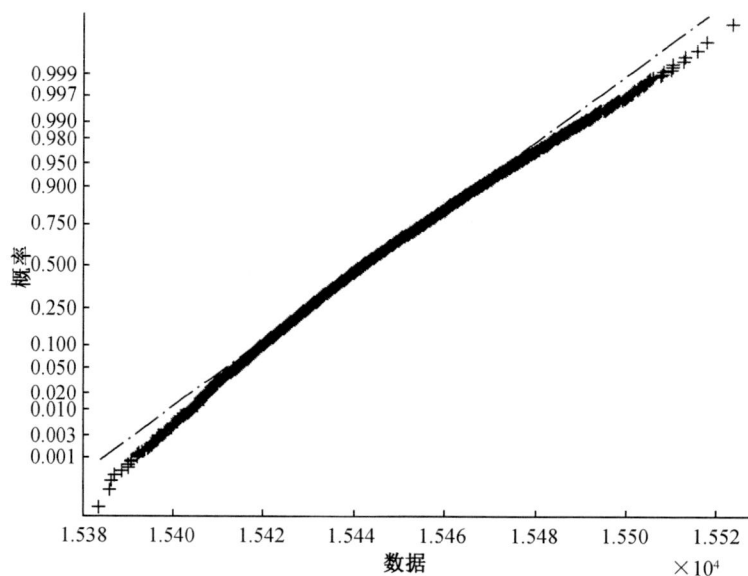

图 4-10　正态分布概率纸图

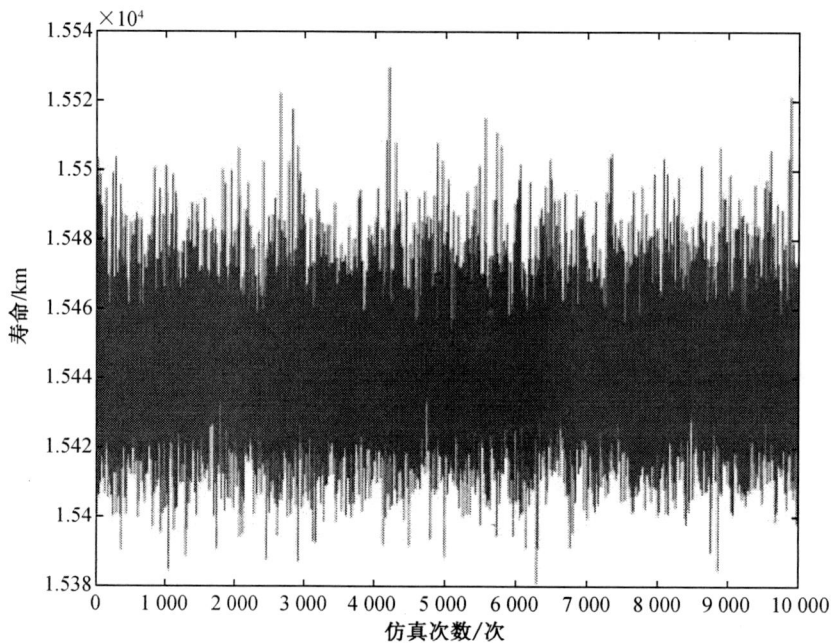

图 4-11　履带销磨损寿命结果

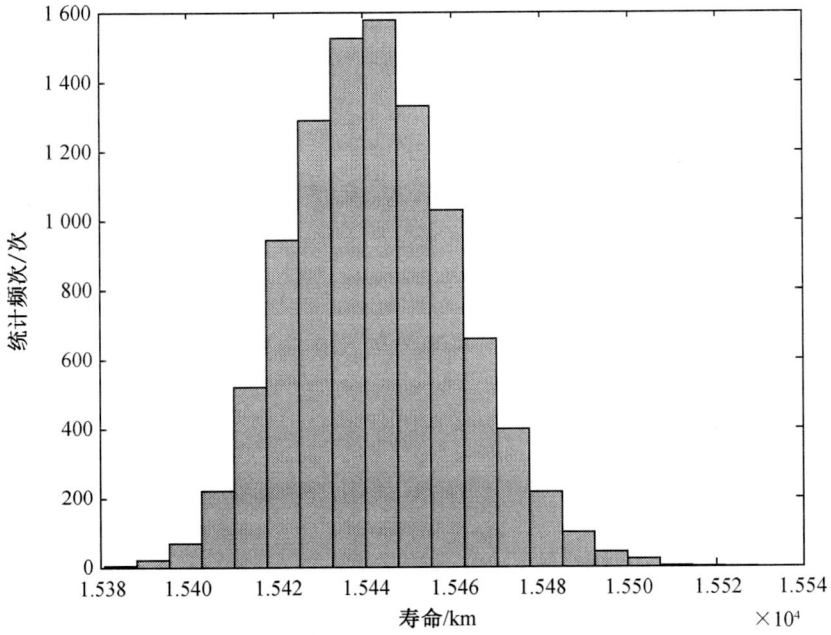

图 4-12　履带销磨损寿命分布结果

采用正态分布进行拟合(图 4-13),可以得到

$$\mu = 1.544\ 3 \times 10^4$$

$$\sigma = 18.74$$

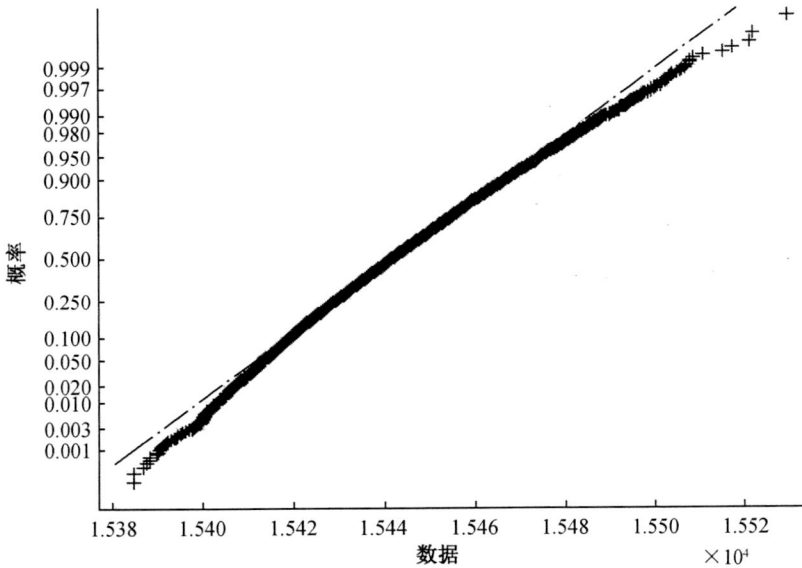

图 4-13　正态分布概率纸图

因此,履带销的磨损寿命概率密度函数为

$$g(N)=\frac{1}{\sqrt{2\pi}\times18.74}\exp\left[-\frac{1}{2}\left(\frac{N-1.544\ 3\times10^4}{18.74}\right)^2\right]$$

当车速为 30 m/s 时,图 4-14 为履带销磨损寿命结果;图 4-15 为履带销磨损寿命分布结果。

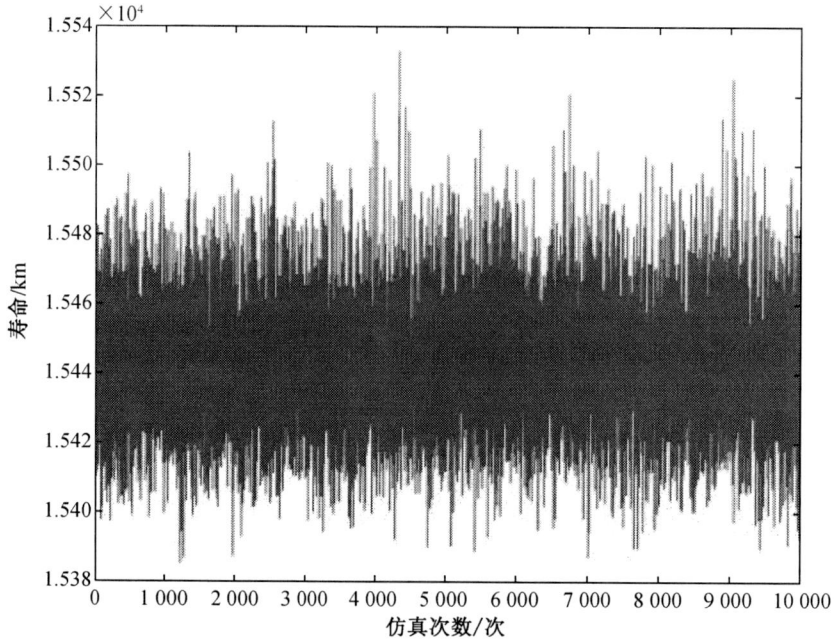

图 4-14　履带销磨损寿命结果

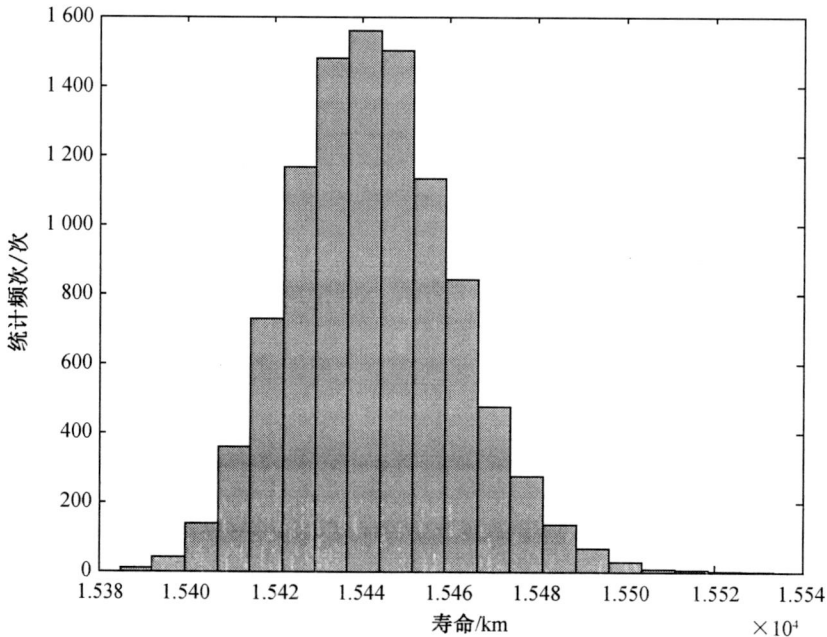

图 4-15　履带销磨损寿命分布结果

采用正态分布进行拟合（图 4-16），可以得到

$$\mu = 1.5443 \times 10^4$$

$$\sigma = 18.54$$

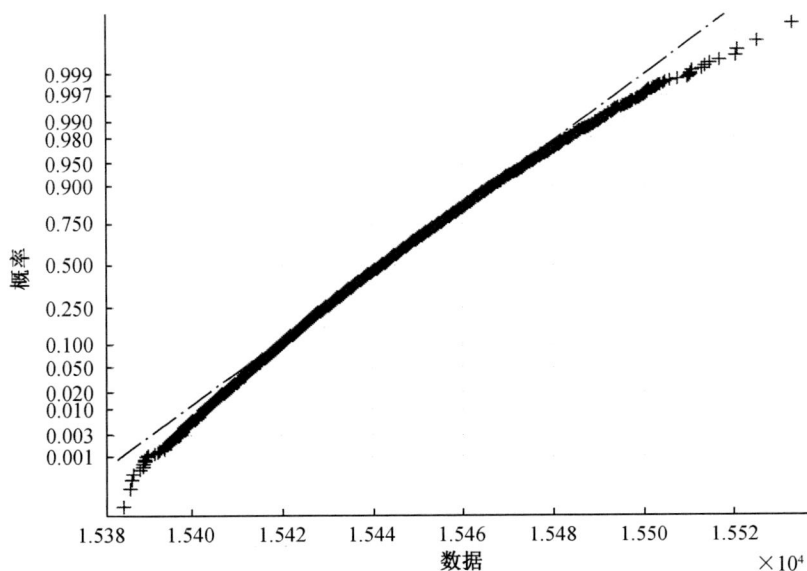

**图 4-16　正态分布概率纸图**

因此，履带销的磨损寿命概率密度函数为

$$g(N) = \frac{1}{\sqrt{2\pi} \times 18.54} \exp\left[ -\frac{1}{2}\left( \frac{N-1.544\ 3 \times 10^4}{18.54} \right)^2 \right]$$

综上所述，在行进速度为 10 m/s、20 m/s、30 m/s 下，履带销的磨损寿命分布如表 4-1
所示。

**表 4-1　不同行进速度下履带销的磨损寿命分布**

| 速度/($m \cdot s^{-1}$) | 寿命概率密度函数 |
| :---: | :---: |
| 10 | $g(N) = \dfrac{1}{\sqrt{2\pi} \times 18.63} \exp\left[ -\dfrac{1}{2}\left( \dfrac{N-1.544\ 3 \times 10^4}{18.63} \right)^2 \right]$ |
| 20 | $g(N) = \dfrac{1}{\sqrt{2\pi} \times 18.74} \exp\left[ -\dfrac{1}{2}\left( \dfrac{N-1.544\ 3 \times 10^4}{18.74} \right)^2 \right]$ |
| 30 | $g(N) = \dfrac{1}{\sqrt{2\pi} \times 18.54} \exp\left[ -\dfrac{1}{2}\left( \dfrac{N-1.544\ 3 \times 10^4}{18.54} \right)^2 \right]$ |

## 4.5　磨损模式下故障规律分析

基于磨损的寿命规律分析基本思路是:针对履带销所受牵引力和车辆行驶速度进行寿命研究,得到不同条件下寿命分布模型,然后进行平均寿命计算,并分析不同条件下的平均寿命分布规律,最终得到变量对寿命的影响。

在这一过程中,以履带销牵引力及车辆行驶速度为变量,以车辆最大行驶里程为因变量,通过对车辆最大行驶里程变化的分析得到寿命变化规律。

### 4.5.1　以履带销牵引力为变量

当以履带销牵引力为变量时,得到寿命分布模型如图4-17所示。它表示的是在履带销牵引力为 95 000 N 时,其最大行驶里程的分布规律。进一步计算,可得此时平均最大行驶里程为 22 395 km。

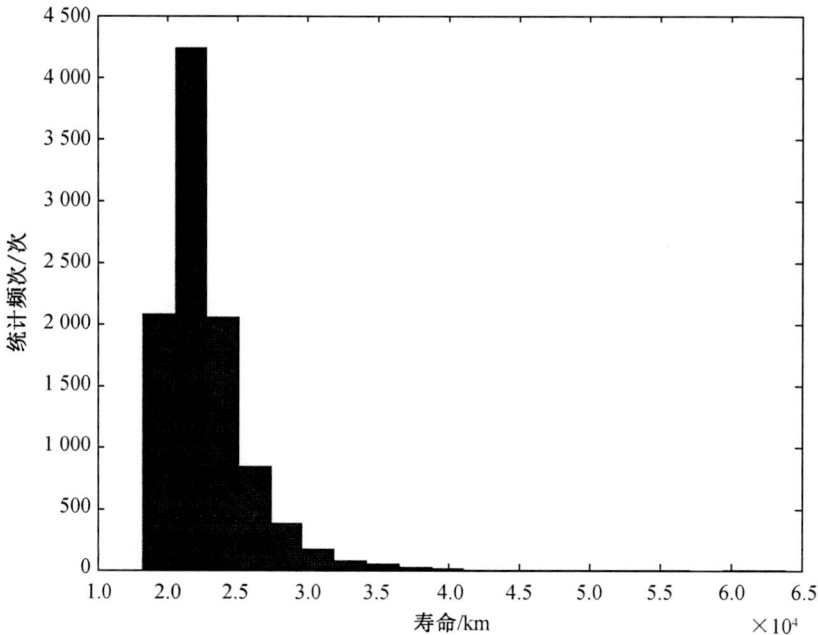

图 4-17　寿命分布模型图(95 000 N)

按照此步骤,改变履带销牵引力,可分别得出其最大行驶里程的分布规律和平均最大行驶里程。图4-18所示在履带销牵引力 90 000 N 下,其最大行驶里程的分布规律;经进一步计算,可得此时平均最大行驶里程为 22 976 km。

进一步改变履带销牵引力,可得出履带牵引力与平均行驶里程关系如表4-2所示,具体分析结果见附录 D。

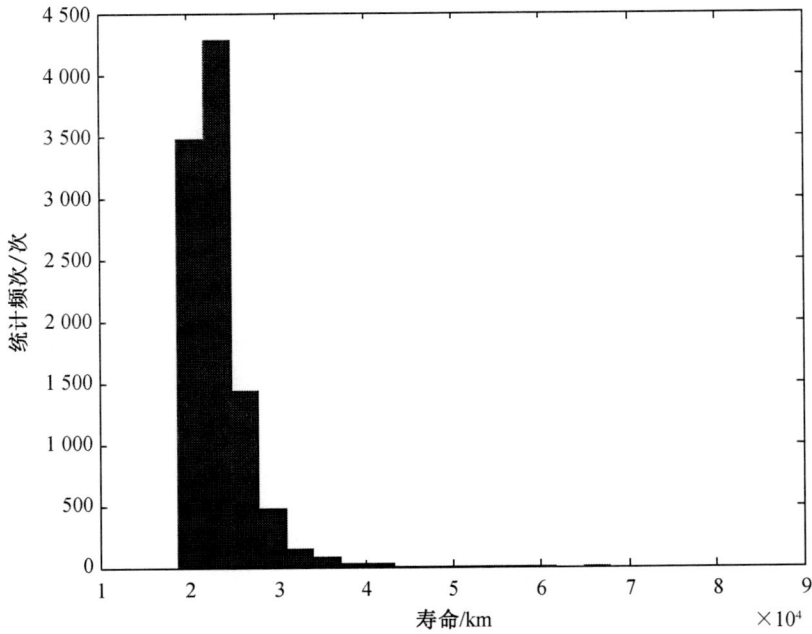

**图 4-18　寿命分布模型图(90 000 N)**

**表 4-2　履带牵引力与平均行驶里程关系表**

| 序号 | 牵引力/N | 行驶里程/km | 序号 | 牵引力/N | 行驶里程/km |
|---|---|---|---|---|---|
| 1 | 95 000 | 22 395 | 8 | 60 000 | 28 001 |
| 2 | 90 000 | 22 976 | 9 | 55 000 | 29 539 |
| 3 | 85 000 | 23 716 | 10 | 50 000 | 30 584 |
| 4 | 80 000 | 22 476 | 11 | 45 000 | 32 367 |
| 5 | 75 000 | 25 313 | 12 | 40 000 | 34 500 |
| 6 | 70 000 | 25 997 | 13 | 35 000 | 36 910 |
| 7 | 65 000 | 27 045 | 14 | 30 000 | 39 939 |

　　为进一步研究磨损故障模式下的寿命分布规律,对不同条件下平均行驶里程进行数据处理,所得图像如图 4-19 所示。

　　图 4-19 可知随着牵引力的增加,寿命逐渐减小,并且寿命减小趋势变缓。分布模式为幂函数,基本符合 $y = 7 \times 10^6 x^{-0.5}$。

　　在所有条件都相同时,材料的寿命分布符合威布尔分布。

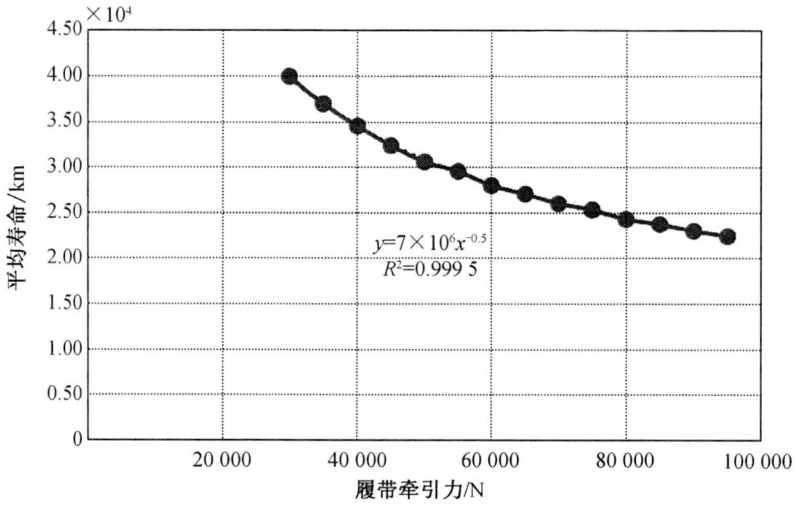

图 4-19　履带牵引力与平均行驶里程关系图

## 4.5.2　以车辆行驶速度为变量

当以车辆行驶速度为变量时,得到装备寿命分布模型如图 4-20 所示。它表示的是车速为 5 km/h 时,其平均最大行驶里程为 22 413 km。

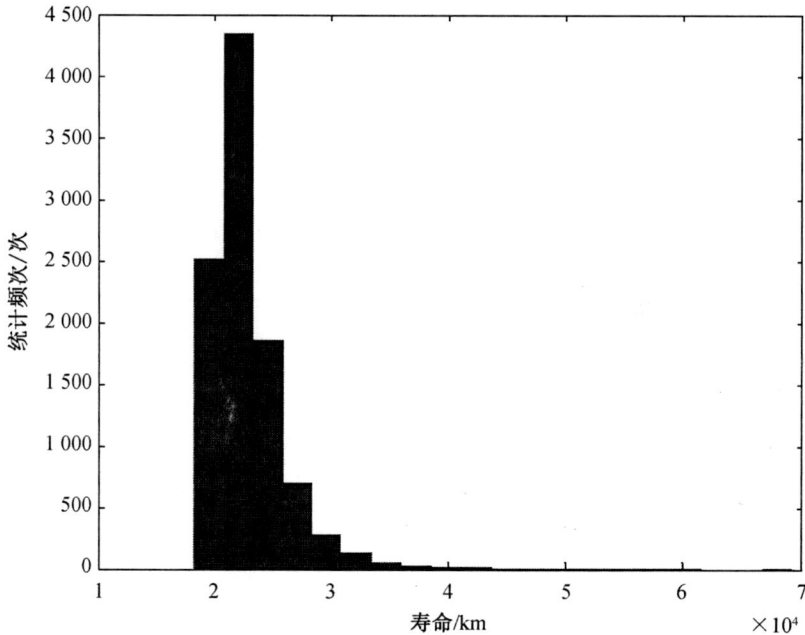

图 4-20　寿命分布模型图(5 km/h)

进一步改变车辆行驶速度,可得车速与平均行驶里程关系如表 4-3 所示,具体分析结果见附录 E。

表 4-3  车速与平均行驶里程关系表

| 序号 | 车速/(km·h⁻¹) | 行驶里程/km | 序号 | 车速/(km·h⁻¹) | 行驶里程/km |
|---|---|---|---|---|---|
| 1 | 5 | 22 413 | 9 | 45 | 22 449 |
| 2 | 10 | 22 482 | 10 | 50 | 22 390 |
| 3 | 15 | 22 327 | 11 | 55 | 22 135 |
| 4 | 20 | 22 483 | 12 | 60 | 22 308 |
| 5 | 25 | 22 471 | 13 | 65 | 22 390 |
| 6 | 30 | 22 346 | 14 | 70 | 22 403 |
| 7 | 35 | 22 165 | 15 | 75 | 22 298 |
| 8 | 40 | 22 163 | 16 | 80 | 22 407 |

为进一步研究磨损故障模式下的寿命分布规律,对不同条件下平均行驶里程进行数据处理,所得图像如图 4-21 所示。

由图 4-21 可知,履带的寿命与车速相关性不大,车速在 20 km/h 左右时,平均行驶里程最大。在所有条件都相同时,材料的寿命分布符合威布尔分布。

综上所述,可以得到以下结论:履带的寿命分布与履带销的牵引力及车辆的行驶速度有关,随着牵引力的增加,寿命逐渐减小,并且寿命减小趋势变缓;履带的寿命与车辆的行驶速度相关性不大,在车速为 20 km/h 左右时寿命最大。在日常使用时,可以通过控制牵引力和车速的方法延长使用寿命,最大程度地发挥训练效能。

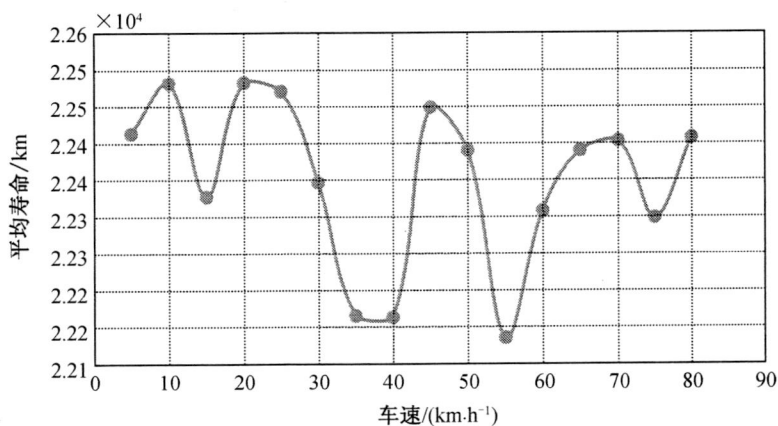

图 4-21  车速与平均行驶里程关系图

## 4.6　本章小结

　　本章针对履带销摩擦故障模式,推导了履带销孔接触压力计算方法和履带销孔相对运动速度计算方法,建立了履带销磨损分析模型,并进行了磨损寿命计算。进一步考虑尺寸参数的随机性,假设履带销直径为随机变量,采用蒙特卡洛仿真,分析履带销磨损量与载荷次数间的规律,根据临界磨损量确定磨损寿命,建立反映磨损量与载荷循环次数之间关系的数学模型,并分析得出其寿命分布规律。

# 第5章
# 冲击模式下寿命预测与故障规律研究

针对冲击故障模式,通过有限元建模仿真分析击针在冲击碰撞下的故障机理,并通过冲击次数与冲击疲劳的关系进行该模式下的寿命预测;在此基础上,以材料屈服强度、拉伸极限等不同影响因素为变量开展寿命规律分析与研究,进一步分析平均寿命随影响因素的变化规律,从而为开展后续维修决策奠定基础。

## 5.1 冲击模式下寿命预测基本思路

击针是击发机构的重要部分,在外力下撞击底火,击发药受到挤压而发火,通过传火孔引燃发射药,以实现发射。击针在射击过程中尾部承受巨大的瞬时撞击应力,在交变应力的长期作用下,击针可能由于疲劳而产生断裂,因此考虑疲劳强度对击针进行可靠性研究,可以为击针疲劳损伤预测和维修决策提供参考。

本章针对冲击断裂故障模式,首先建立击针撞击底火有限元分析模型,并进行仿真分析,获得击针应力应变变化规律;在冲击应力响应基础上,通过雨流计数处理获得循环应力和频次统计结果,再利用循环应力应变曲线方程,获得应变幅-循环数关系曲线,计算出相应应变幅对应的疲劳寿命循环次数,进而应用累计损伤法则——Miner线性累计损伤法则,获得疲劳细节的寿命值;在此基础上,进一步考虑击针材料弹性模量的随机性,建立反映疲劳与载荷循环次数之间关系的数学模型,并分析得出其疲劳寿命分布规律。

## 5.2 冲击碰撞仿真分析

### 5.2.1 击发原理及击发能量计算

某击发机构由阻铁、击锤体、叉套、击针、回针簧、击锤簧和回垂簧等组成,其中击锤簧作用在叉套上。待发状态,拨动子收回击锤,压缩击锤弹簧,储存击发能量。击发时,拨动子释放击锤,击锤簧释放能量加速击锤与叉套运动;由于阻铁的作用,击锤簧运动一段距离,叉套受到阻铁作用而停止运动,击锤由于惯性继续向前运动,并以一定的速度与击针撞击;同时由于击针所受的回针簧力和摩擦力相对于撞击力很小,击针的边界条件可以近似为一端受到撞击、一端自由,撞击端面产生的压缩波从撞击端传向自由端,在自由端反射形成拉伸波。击锤撞击击针后,击针以一定的速度向前运动,在向前运动的过程中,击针的前端与炮弹的底火接触,随着击针的位移增大,底火的变形也在不断地变大,对击针的反作用力也不断变大,方向与击针运动的方向相反,因此击针的速度不断变小,但是运动方向不变。在底火变形的同时,击针的撞击能转化为底火的变形能,底火壳产生变形,使底火内的击发药受到猛烈的挤压而点燃,并进而引燃发射药,发射出弹头。由于撞击力比回针簧力大得多,对击发效果影响不大,故可不予考虑。

撞击底火主要取决于击锤、击针条件和击锤簧的压缩力。为了可靠地撞击底火,必须知道击针在撞击底火瞬间的速度和撞击底火瞬间的能量,只要知道击锤撞击击针时的速度,就可以结合模型进行仿真。

设击针击发时工作行程为$s$,击针的初始抗力为$P_0$,终了抗力为$P_s$,则击发前击针簧存储的势能$W$为

$$W = \frac{1}{2}(P_0 + P_s)s \tag{5-1}$$

击发时,此势能传递给击针。由于摩擦损失,压缩弹簧的势能$W$与击针动能$E$之间的关系为

$$E = \mu W \tag{5-2}$$

式中,$\mu$为摩擦损耗系数。

在击发时,击针与击针簧共同运动,以$M$表示击针质量,$m$表示击针簧质量,则撞击底火瞬间击针的动能为

$$E = \frac{M + \frac{1}{3}m}{2}v_j^2 \tag{5-3}$$

式中,$v_j$为撞击底火瞬间击针的速度。

联合式(5-1)、式(5-2)、式(5-3),可得

$$\mu(P_0 + P_s)s = \left(M + \frac{1}{3}m\right)v_j^2 \tag{5-4}$$

因此,撞击瞬间击锤的速度为

$$v_j = \sqrt{\frac{\mu(P_0 + P_s)s}{M + \frac{1}{3}m}} \tag{5-5}$$

故击锤撞击击针时,击锤的动能为

$$E_M = \frac{\mu M(P_0 + P_s)s}{2\left(M + \frac{1}{3}m\right)} \tag{5-6}$$

### 5.2.2  冲击有限元模型建立

由于击锤的截面较大但长度较小,撞击时变形很小,因此把击锤当作刚体,击针则因为变形大为弹性。底火的材料是刚度较低的黄铜,受到击针头部撞击时会产生较大变形,因

此把底火材料当作随动塑性处理。其结构几何模型及数据标识如图 5-1 所示。

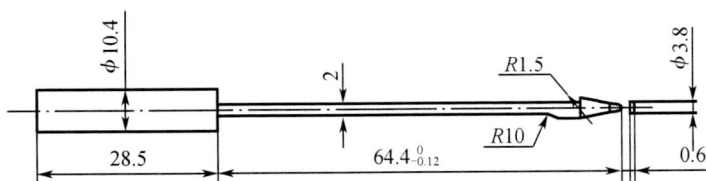

**图 5-1　结构几何模型及数据标识**

基于击锤、击针几何尺寸,在 MSC. Patran 中建立有限元模型,在建模时保持击锤、击针和底火三者同心,且击锤头部与击针尾部的距离为 5.5 mm,击针头部与底火的距离为 4.5 mm。由于击锤是不规则模型,击发机构中击针更容易断裂,为了便于划分网格和分析,进行击锤简化建模。在划分网格时,采用八节点六面体单元对扭力轴进行网格划分。根据对称性,建立四分之一模型,模型共生成 10 159 个四面体单元、14 474 个节点。划分后的网格如图 5-2 所示。

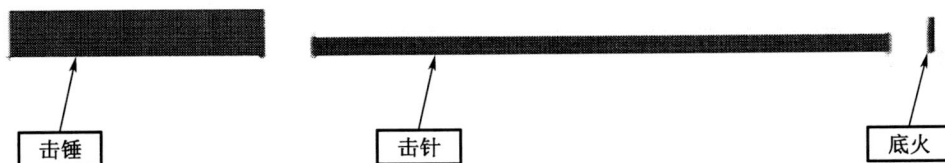

**图 5-2　四分之一撞击有限元模型**

击锤、击针和底火的材料模型如表 5-1 所示。

**表 5-1　材料模型**

| 部件 | 弹性模量/MPa | 泊松比 | 材料模型 |
|---|---|---|---|
| 击针 | 206 000 | 0.25 | 线弹性 |
| 击锤 | 217 000 | 0.27 | 刚性 |
| 底火 | 128 000 | 0.35 | 塑性 |

模型中有 2 个接触,即击锤与击针接触、击针与底火接触。它们都是端面之间的接触,故采用面-面(surface to surface)接触,主面选择网格划分较粗的一面,从面选择网格划分较细的一面。因此击锤与击针接触时选择击锤端面为主面,击针后端面为从面,击针与底火接触时选用底火端面为主面,击针端面为从面。如图 5-3 所示为接触面示意图。

由于击锤沿轴线方向撞击击针,故对击锤和击针施加边界条件约束时,释放轴线方向,施加在耦合点上,底火四周面施加全部的约束。如图 5-4 所示为约束示意图。

根据前面的公式,经过计算,击锤撞击击针时的速度为 5.3 m/s,击锤能量为 0.9 J。故对击锤施加一个沿轴线方向速度为 5.3 m/s 的速度场。由于回针簧的力和摩擦力与撞击力相比小得多,可忽略不计。如图 5-5 所示为初始速度施加示意图。

图 5-3  接触面示意图

图 5-4  约束示意图

图 5-5  初始速度施加示意图

## 5.2.3  冲击结果与分析

图 5-6 给出了击锤撞击击针、击针撞击底火的冲击过程。从图 5-6(a)中可以看到，在 $t=0.0003$ s 时，击锤还没有撞击到击针，此时各部件的应力为零。在 $t=0.0012$ s 时，击锤已经撞击到击针，可以看到击锤与击针碰撞在一起，击针受到撞击后，产生应力，分布如图 5-6(b)所示，在 $t=0.0012$ s 时，击针中的最大应力为 114 MPa。在 $t=0.0015$ s 时，可以看到击锤与击针碰撞在一起，继续前进，但此时击针还没有撞击底火，击针中应力分布如图 5-6(c)所示，最大应力为 76.8 MPa，相比击锤刚撞击击针时，击针应力有所降低。到 $t=0.0017$ s 时，可以看到击针碰撞底火，击针和底火中的应力分布如图 5-6(d)所示，最大应力出现在底火中，约为 344 MPa。然后，从 $t=0.0019$ s 可以看出，在击针碰撞底火后，击锤和击针开始反弹，底火中的最大应力也有所下降，约为 342 MPa，如图 5-6(e)所示。

图 5-8 给出了冲击过程击针几个特征位置处的应力时间响应历程。从击针右端往左依次选取，如图 5-7 所示。

从图 5-8 中可以看到，在 0.002 s 左右，击针撞击到底火，击针中出现明显的应力峰值。从击针不同位置上看，越靠近击针末端，应力峰值越明显，应力峰值越大；越靠近击针首端，应力峰值越不明显。

由于击针断裂主要是轴向交变应力以及拉应力比较大导致疲劳破坏，因此我们着重分析击针轴向交变应力变化较大且拉应力较高的危险截面位置。图 5-9 给出了击针相应特征点处的轴向应力曲线。从曲线中可以明显看到，击针受到了轴向拉压的交变应力。根据以往试验与仿真研究，可以得出击针的危险截面是在距离尾部 15 mm 左右。从图 5-9(c)中，可以看到节点 12734 轴向应力峰值相对较大，达到了 210 MPa，该节点正好处于击针距离尾部 15 mm 左右。

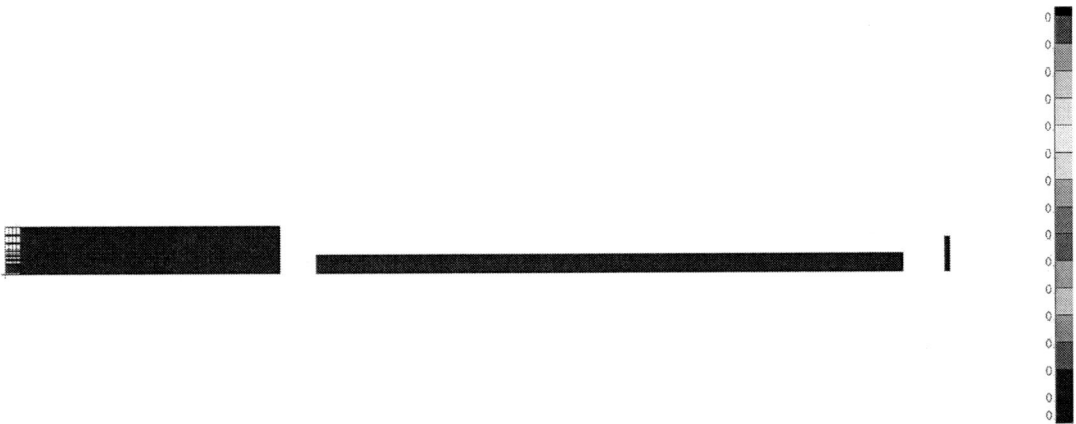

(a)$t$=0.000 3 s

(b)$t$=0.001 2 s

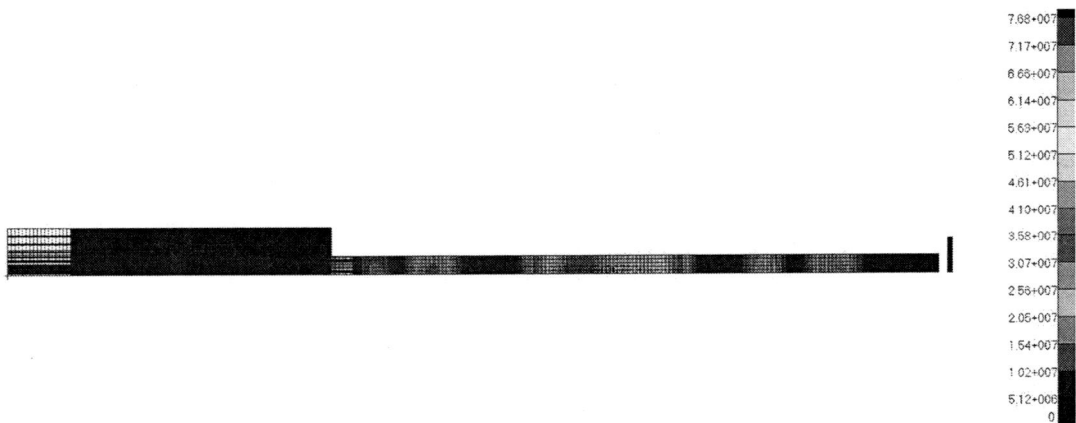

(c)$t$=0.001 5 s

图 5-6　冲击过程云图

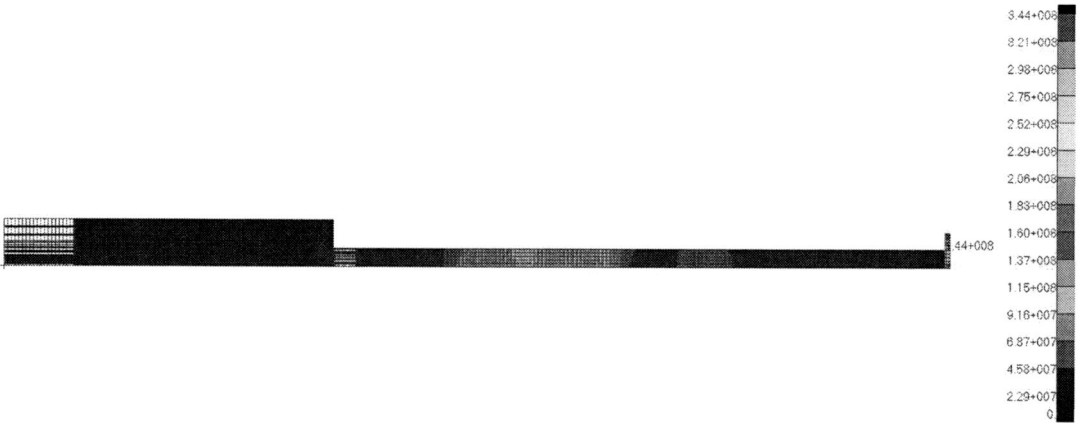

(d)*t*=0.001 7 s

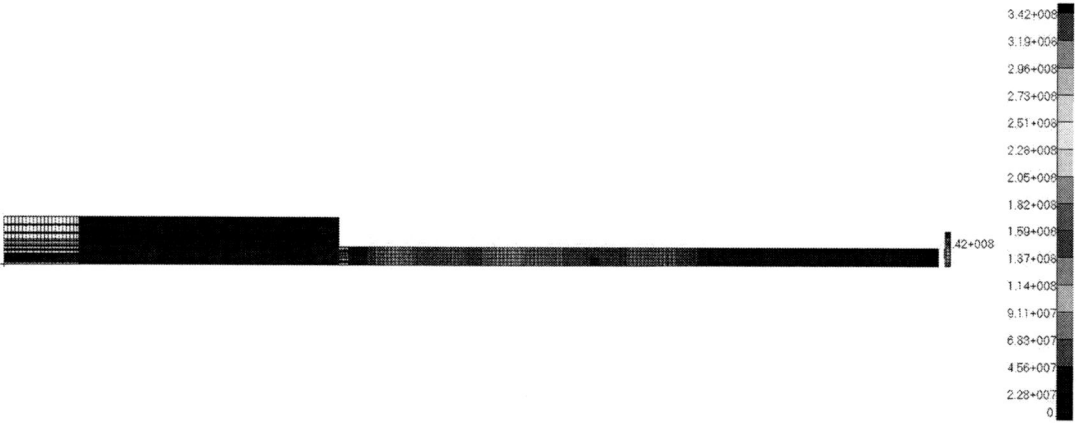

(e)*t*=0.001 9 s

图 5-6(续)

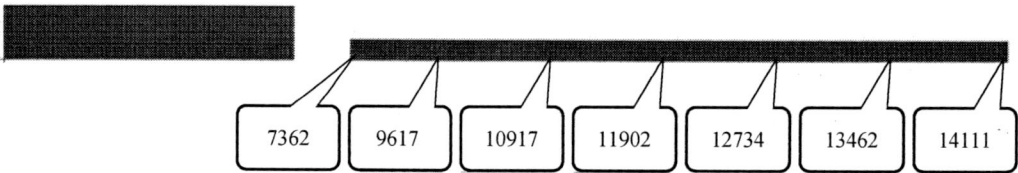

图 5-7　击针特征点示意图

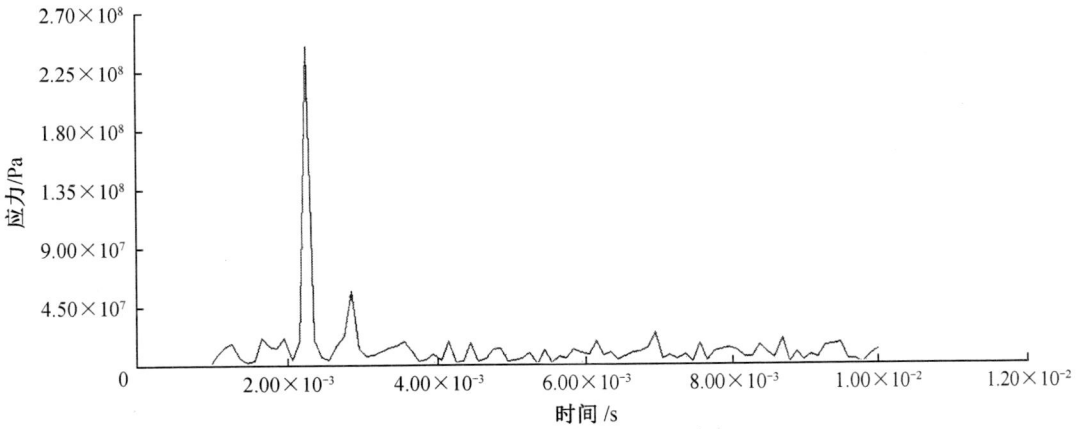

(a) 节点 14111 的 von mises 应力

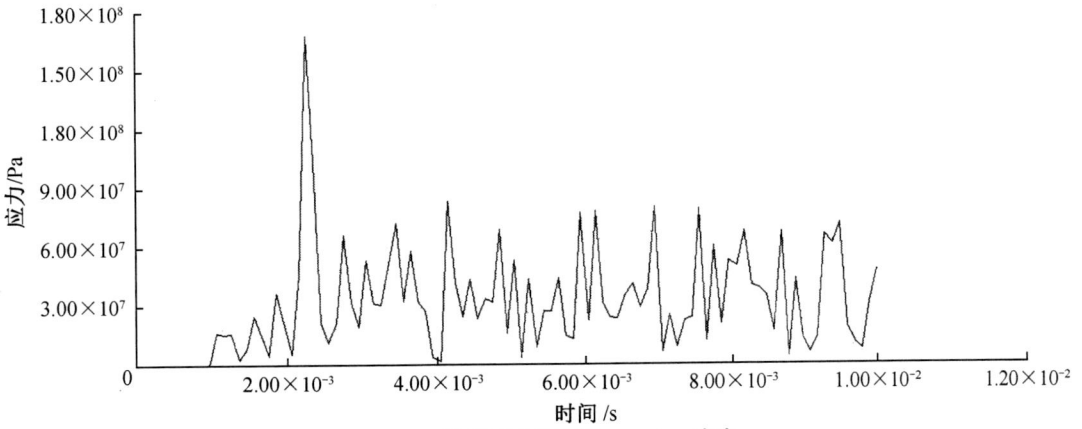

(b) 节点 13462 的 von mises 应力

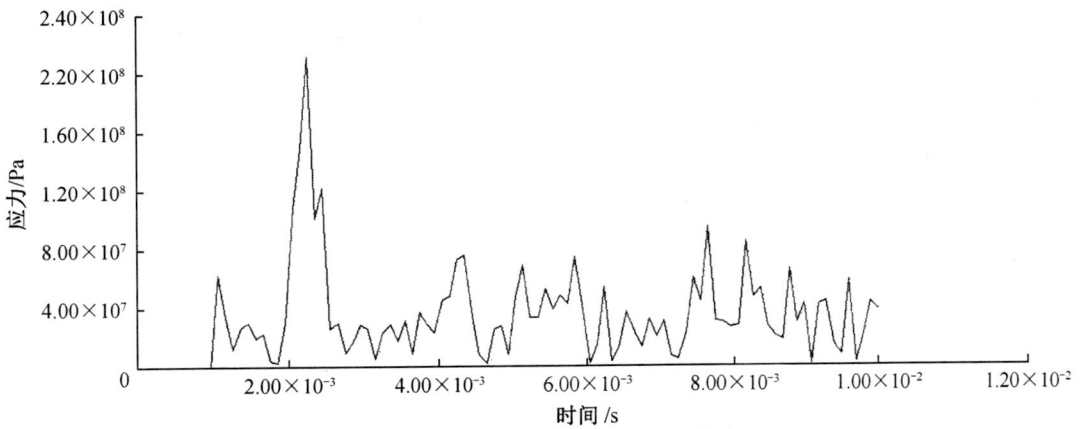

(c) 节点 12734 的 von mises 应力

图 5-8　特征点冲击过程 von mises 应力响应曲线

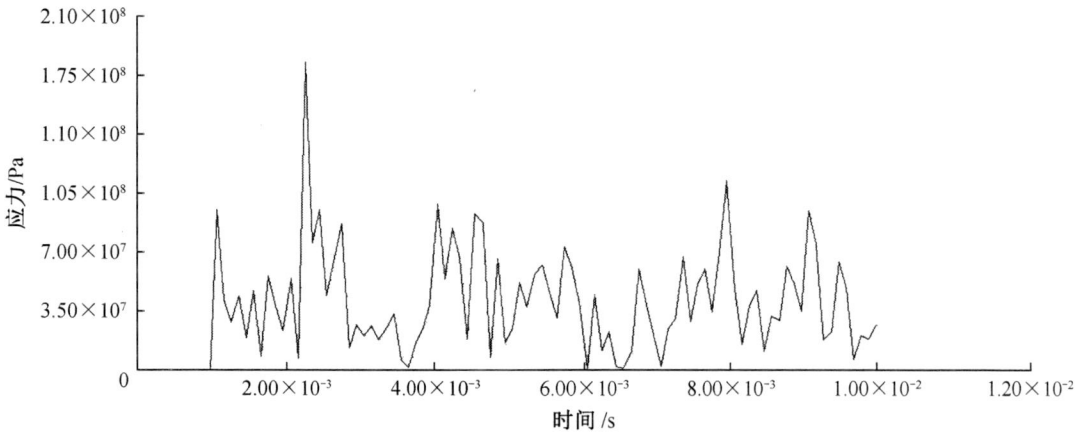

(d) 节点 11902 的 von mises 应力

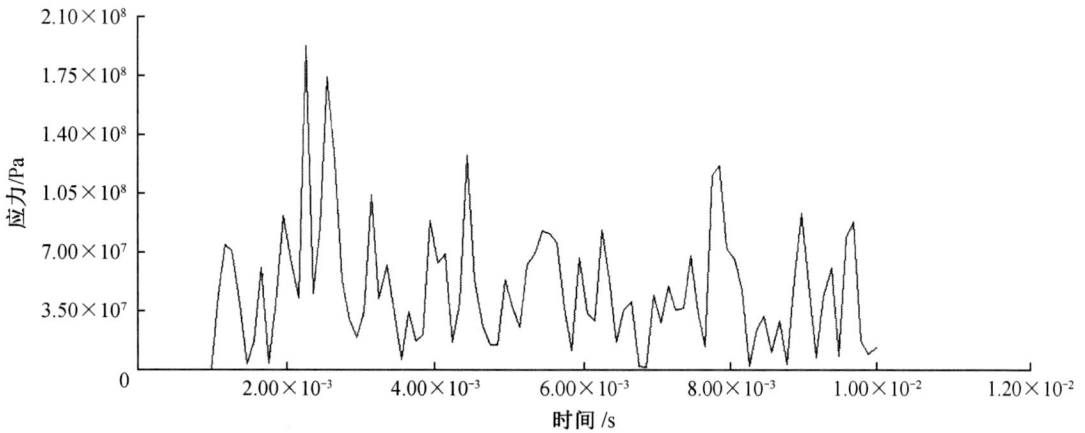

(e) 节点 10917 的 von mises 应力

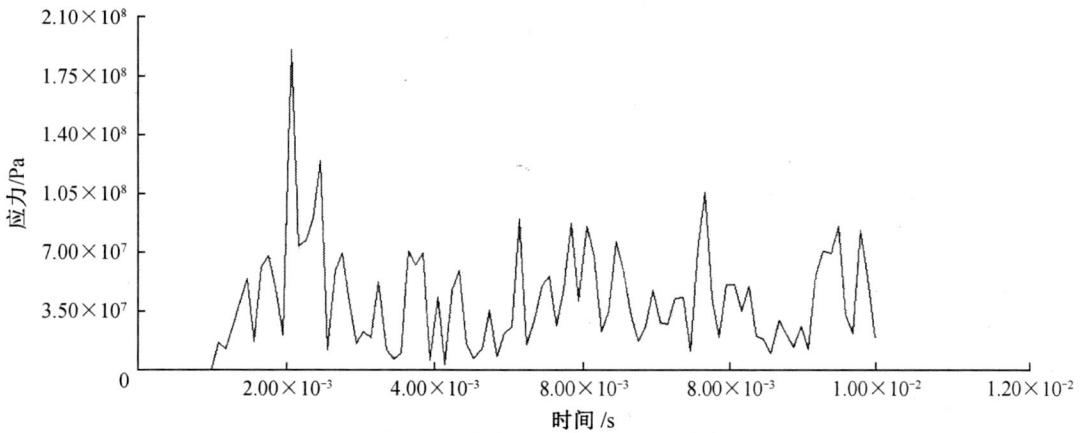

(f) 节点 9617 的 von mises 应力

图 5-8(续 1)

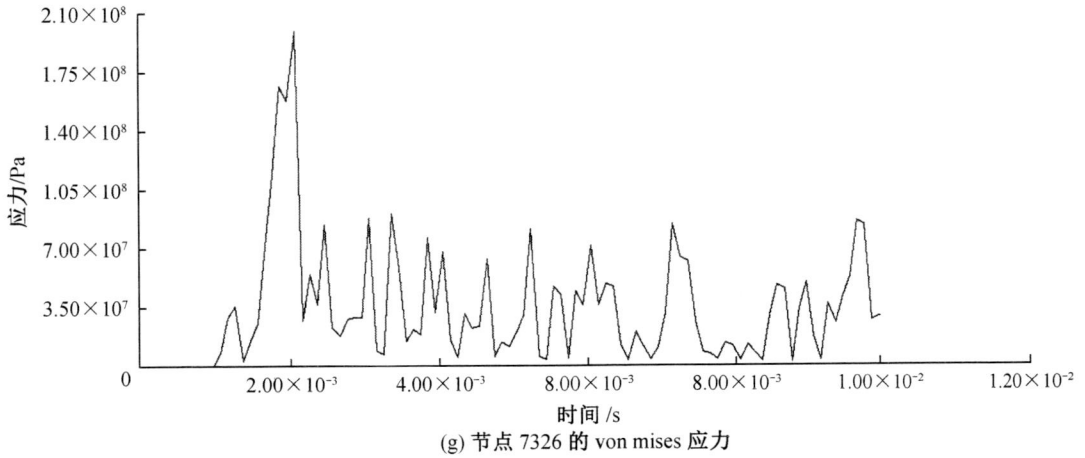

(g) 节点 7326 的 von mises 应力

**图 5-8**(续 2)

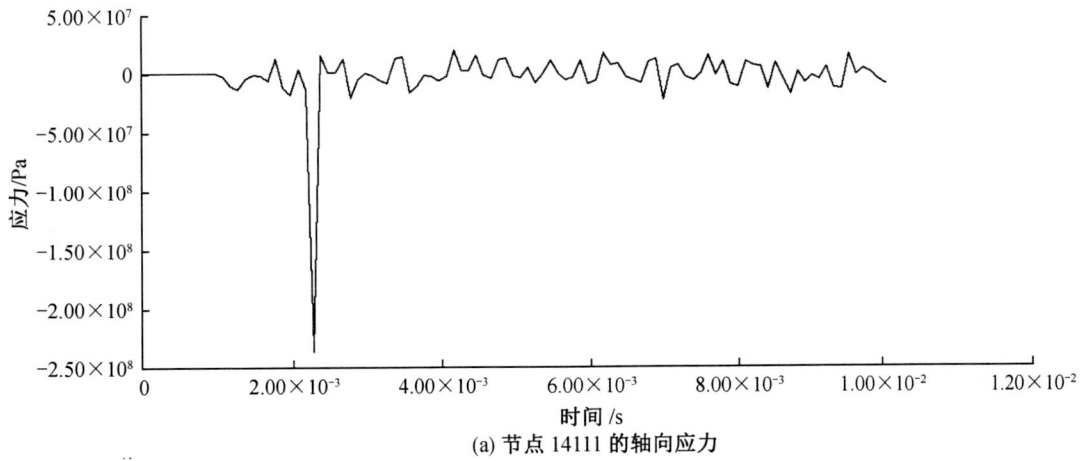

(a) 节点 14111 的轴向应力

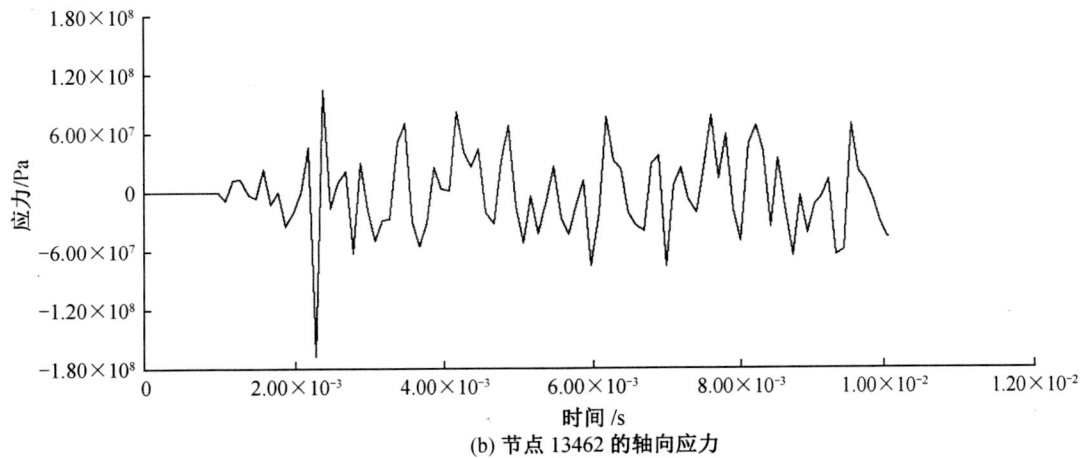

(b) 节点 13462 的轴向应力

**图 5-9**　**特征点冲击过程轴向应力响应曲线**

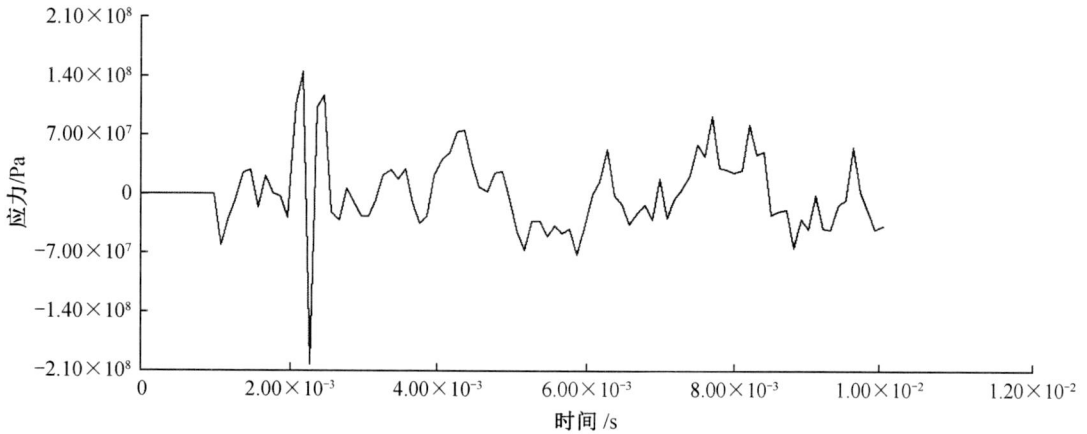

(c) 节点 12734 的轴向应力

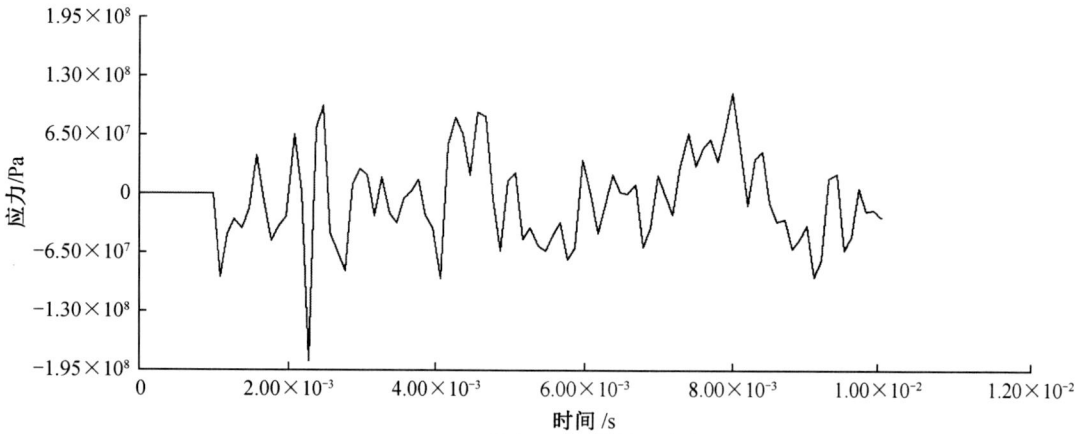

(d) 节点 11902 的轴向应力

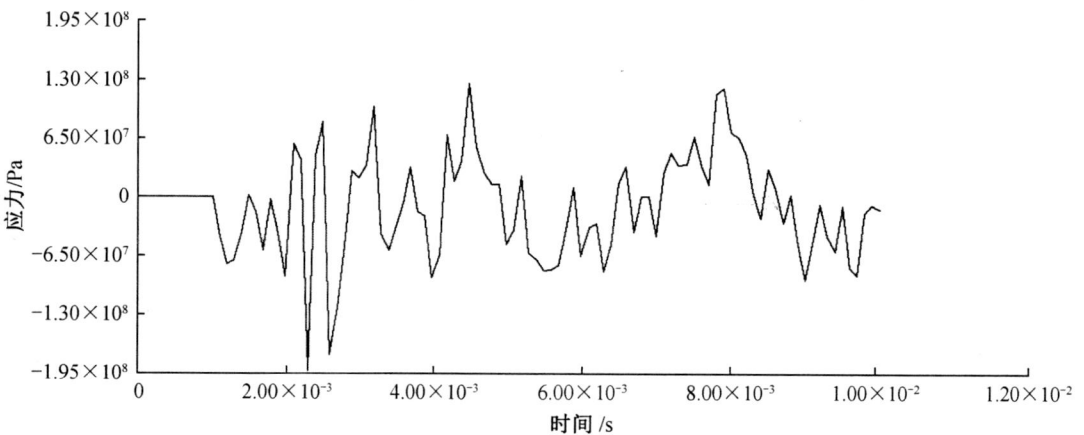

(e) 节点 10917 的轴向应力

图 5-9(续 1)

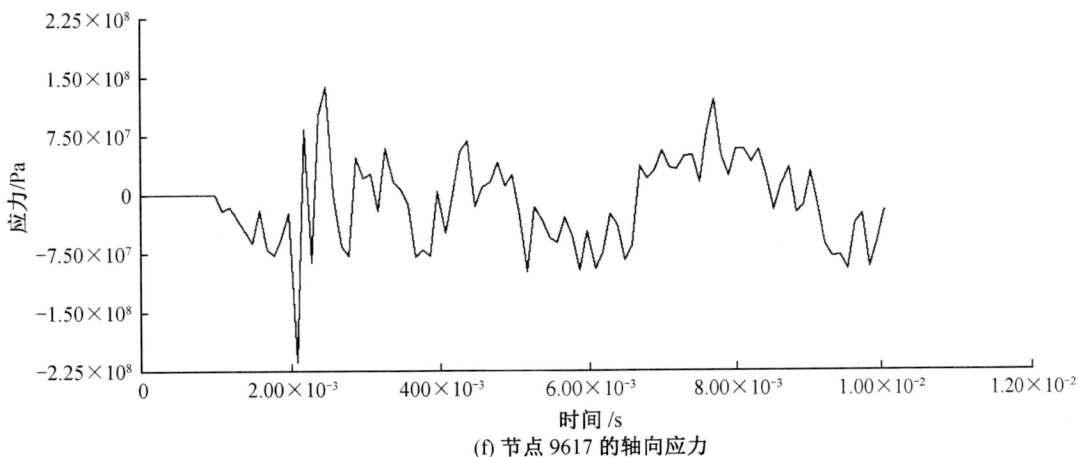

(f) 节点 9617 的轴向应力

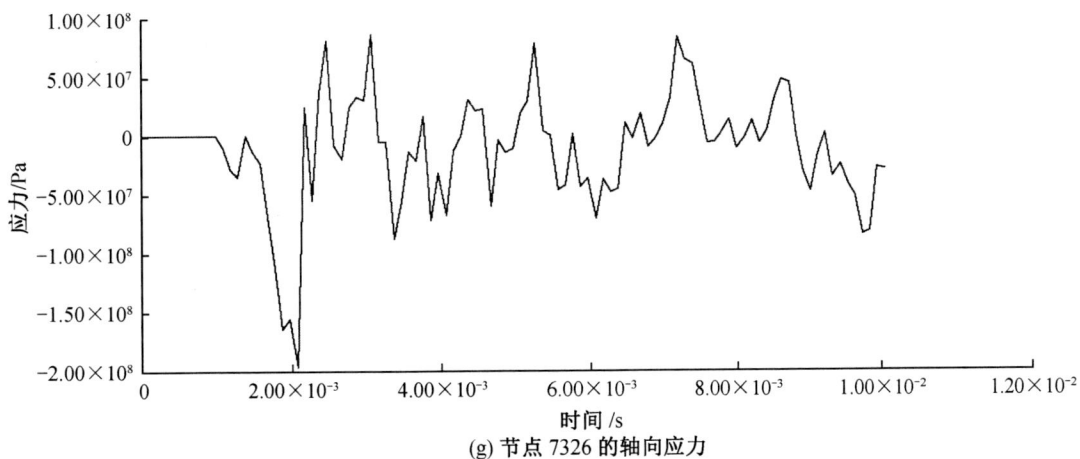

(g) 节点 7326 的轴向应力

**图 5-9**(续 2)

## 5.3　击针冲击损伤分析

通过对击针射击工作工程中的应力应变有限元分析可以看出,击针承受着剧烈的冲击和交变应力的作用,不断使用射击时很可能引起击针的疲劳断裂。目前,对击针寿命预测的常用方法为局部应力-应变法,基本内容包括三个主要方面:材料疲劳性能描述,结构危险部位的应力-应变历程和疲劳累积损伤理论。下面将依据建立的击针疲劳损伤模型与击针应力应变的有限元分析,结合局部应力-应变法预测击针危险截面的疲劳损伤。

### 5.3.1　冲击载荷的处理

取距离击针尾部 15 mm 左右处的应力曲线,如图 5-10 所示。对应力历程曲线运用雨流计数法记录,可得循环载荷。从统计结果来看,低应力幅的循环数较多,高应力幅的循环数较少,如图 5-11 所示。

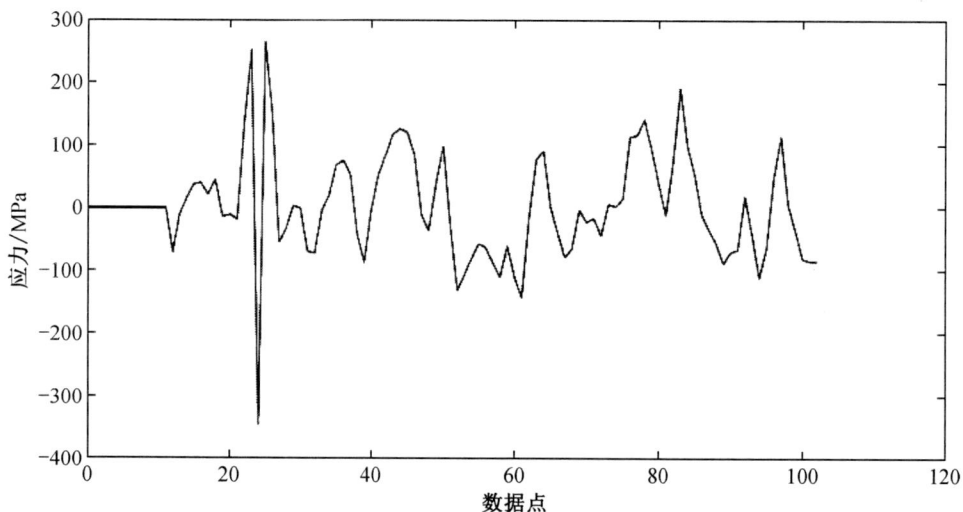

**图 5-10　冲击过程轴向应力历程曲线**

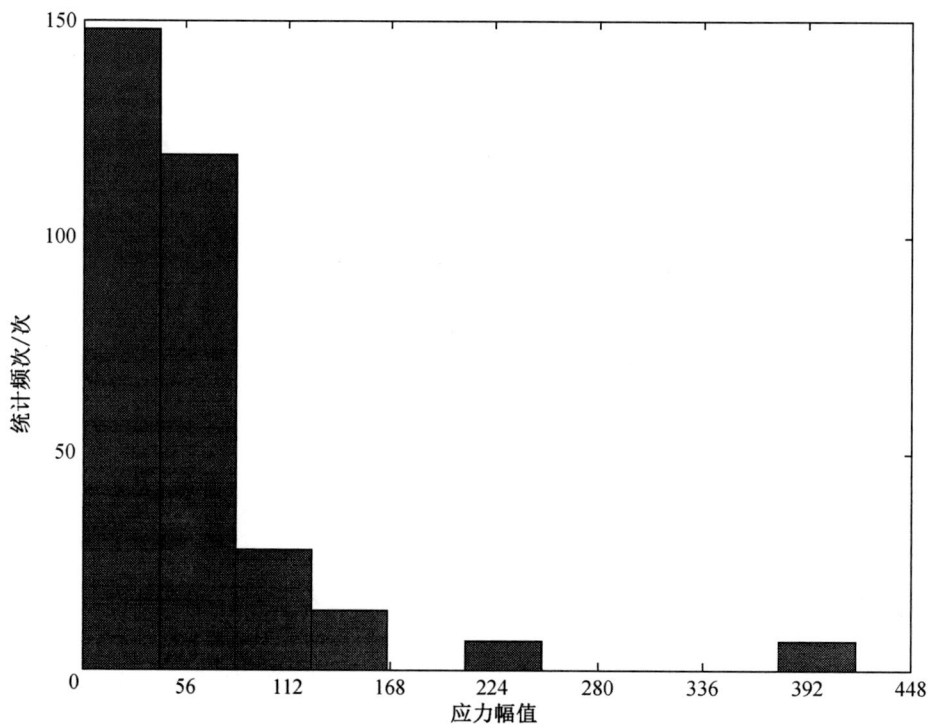

**图 5-11　应力历程雨流计数结果**

### 5.3.2　冲击疲劳寿命计算

循环应力应变曲线方程为

$$\Delta\varepsilon = \frac{\Delta\sigma}{E} + 2\left(\frac{\Delta\sigma}{2K'}\right)^{\frac{1}{n'}} \tag{5-7}$$

式中，$K' = \dfrac{\sigma'_f}{\varepsilon'^{n'}_f}$，$\sigma'_f$ 为疲劳强度系数，$\varepsilon'_f$ 为疲劳延性系数；$n' = \dfrac{b}{c}$，$b$ 为疲劳强度指数，$c$ 为疲劳延性指数。

材料疲劳性能参数 $\sigma'_f$、$\varepsilon'_f$、$b$、$c$ 一般通过疲劳实验来获取是最可靠的方法。当不能进行试验时，可通过查询材料拉伸参数得到疲劳参数的近似值，本书采用得到普遍认可的四点关联近似方法。

$$\begin{cases}
\sigma'_f = 1.12\sigma_b\left(\dfrac{\sigma_f}{\sigma_b}\right)^{0.893} \\[3mm]
\varepsilon'_f = 0.413\varepsilon_f\left[1 - 81.8\dfrac{\sigma_b}{E}\left(\dfrac{\sigma_f}{\sigma_b}\right)^{0.179}\right]^{-\frac{1}{3}} \\[3mm]
b = -\left[0.079\,2 + 0.179\log\left(\dfrac{\sigma_f}{\sigma_b}\right)\right] \\[3mm]
c = -\log\left[3.31\varepsilon_f^{0.25}\left[1 - 81.8\dfrac{\sigma_b}{E}\left(\dfrac{\sigma_f}{\sigma_b}\right)^{0.179}\right]^{-\frac{1}{3}}\right]
\end{cases} \tag{5-8}$$

击针材料为高强钢，基本性能参数如表 5-2 所示，进而依据式（5-8）可计算得到材料疲劳性能参数 $\sigma'_f$、$\varepsilon'_f$、$b$、$c$。

表 5-2　材料力学性能参数

| 弹性模型 $E$ | 屈服强度 $\sigma_f$ | 拉伸极限 $\sigma_b$ | 循环强度系数 $K'$ | 循环应变硬化指数 $n'$ |
|---|---|---|---|---|
| 206 GPa | 210 MPa | 455 MPa | 527.31 MPa | 0.093 9 |
| 疲劳强度系数 $\sigma'_f$ | 疲劳延性系数 $\varepsilon'_f$ | 疲劳强度指数 $b$ | 疲劳延性指数 $c$ | |
| 255.48 | $4.457\,4\times10^{-4}$ | −0.019 1 | −0.203 3 | |

根据应变与寿命的关系 Coffin-Manson 公式有

$$\frac{\Delta\varepsilon}{2} = \frac{\sigma'_f}{E}(2N_f)^b + \varepsilon'_f(2N_f)^c \tag{5-9}$$

进而，可以计算出相应应变幅对应的疲劳寿命（循环次数 $N_f$）。在具体计算时，通过雨流计数法得到零件危险部位的局部应力-应变后，每一循环造成的损伤应根据下面两种情况分别进行计算。

当弹性应变分量较大时，有

$$N_f = \frac{1}{2}\left(\frac{E\Delta\varepsilon}{2\sigma'_f}\right)^{1/b} \tag{5-10}$$

当塑性应变分量较大时,有

$$N_f = \frac{1}{2}\left(\frac{\Delta\varepsilon}{2\varepsilon'_f}\right)^{1/c} \tag{5-11}$$

通过计算,击针的塑性应变分量较小,相应应变幅对应的疲劳寿命(循环次数 $N_f$)根据式(5-10)计算,结果如表 5-3 所示。

表 5-3　应力应变历程

| 应力幅值 $\Delta\sigma/\mathrm{MPa}$ | 28 | 56 | 112 | 140 | 224 | 392 |
|---|---|---|---|---|---|---|
| 应变幅值 $\Delta\varepsilon/10^{-3}$ | 0.048 5 | 0.097 1 | 0.194 2 | 0.242 7 | 0.388 3 | 0.679 6 |
| 雨流统计频次 $N$ | 148 | 119 | 28 | 14 | 7 | 7 |
| 循环次数 $N_f$ | $5.70\times10^{65}$ | $9.76\times10^{49}$ | $1.67\times10^{34}$ | $1.40\times10^{29}$ | $2.84\times10^{18}$ | $1.26\times10^{5}$ |

在计算损伤时,采用最经典的线性疲劳累积损伤理论 Palmgren-Miner 理论,可知一个循环造成的损伤为

$$D = \frac{1}{N} \tag{5-12}$$

式中,$N$ 为达到疲劳破坏时循环的次数。

在常幅载荷下,$n$ 个循环造成的损伤如下:

$$D = \frac{n}{N} \tag{5-13}$$

在变幅载荷下,$n$ 个循环造成的损伤如下:

$$D = \sum_{i=1}^{k}\frac{n_i}{N_i} \tag{5-14}$$

式中,$N_i$ 为对应应力水平下达到疲劳破坏所需的循环次数。

根据式(5-14),可计算得出击针的损伤量为

$$D = 5.524\ 4\times10^{-5}(\mathrm{m}) \tag{5-15}$$

进而得到击针寿命为

$$N = 1.810\ 2\times10^{4}(次) \tag{5-16}$$

### 5.3.3　冲击疲劳寿命分析

击针是击发机构的主要部件,其受力非常复杂且工作环境恶劣。因此,考虑多种不确定性,对其进行疲劳损伤分析更加符合实际情况。对击针疲劳损伤进行随机抽样分析时,常用的随机变量主要有尺寸参数、材料参数和载荷边界条件等。

假设击针材料的弹性模量 $E$ 为随机变量,且服从常见的正态分布;采用蒙特卡洛仿真,抽样次数为 10 000 次。当冲击能量为 0.9 J 时,图 5-12 和图 5-13 分别为击针损伤和寿命结果;图 5-14 和图 5-15 分别为击针损伤和寿命分布结果。

采用正态分布进行拟合(图 5-16),可以得到

$$\mu = 1.81\times10^{4}$$
$$\sigma = 929.05 \tag{5-17}$$

因此,击针的冲击疲劳寿命概率密度函数为

$$g(N) = \frac{1}{\sqrt{2\pi} \times 929.05} \exp\left[ -\frac{1}{2} \left( \frac{N-1.81 \times 10^4}{929.05} \right)^2 \right] \tag{5-18}$$

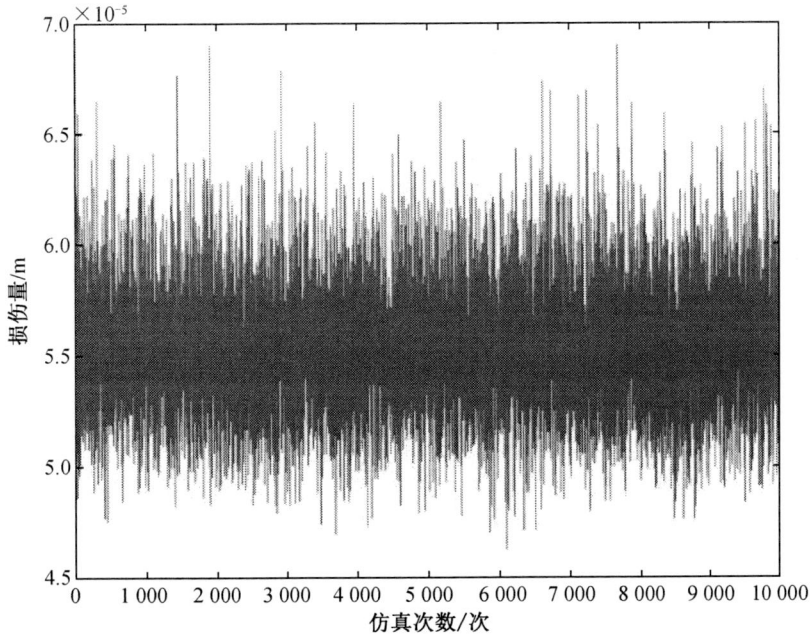

图 5-12　击针损伤结果

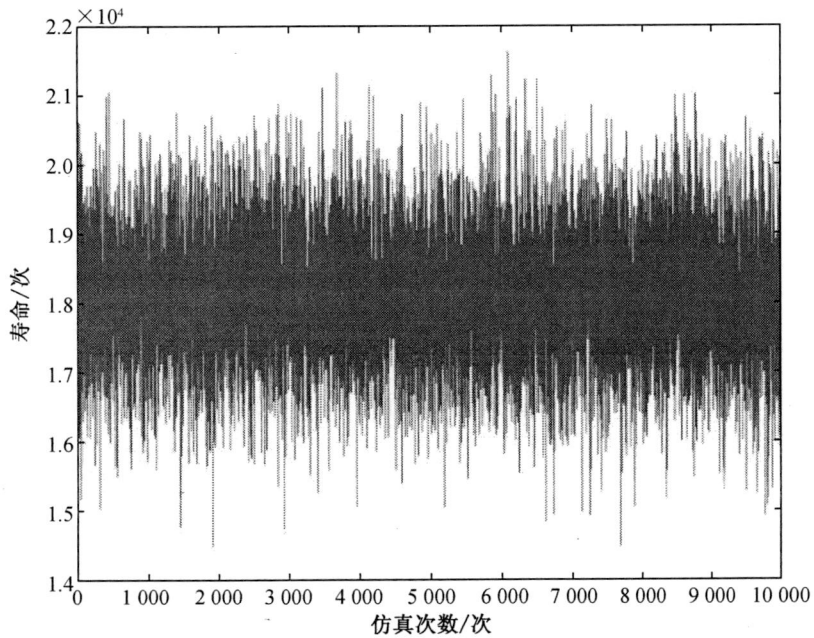

图 5-13　击针寿命结果

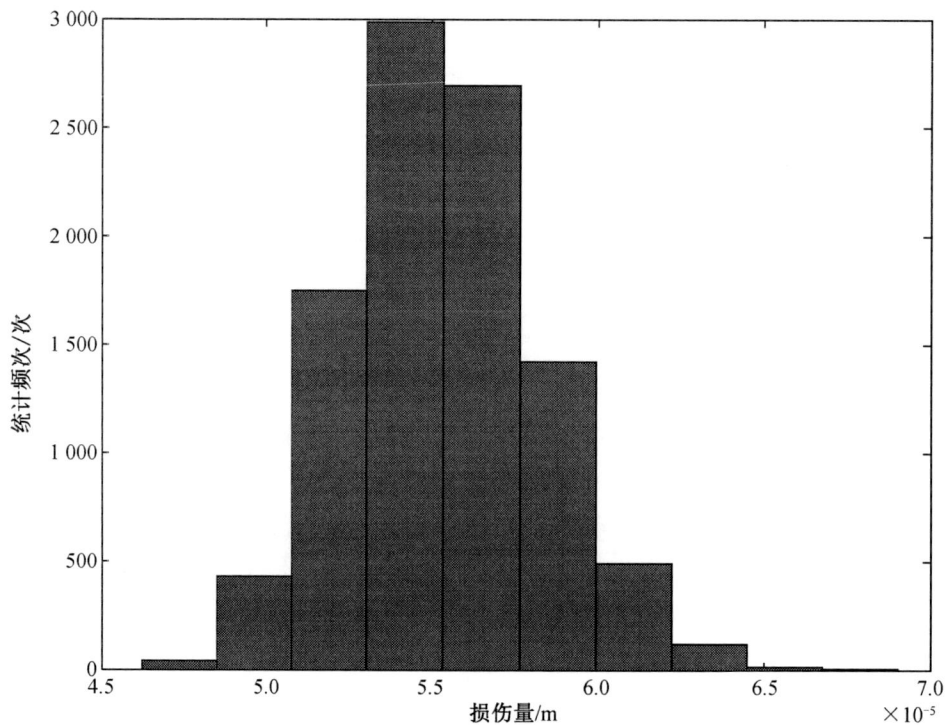

图 5-14　击针损伤分布结果

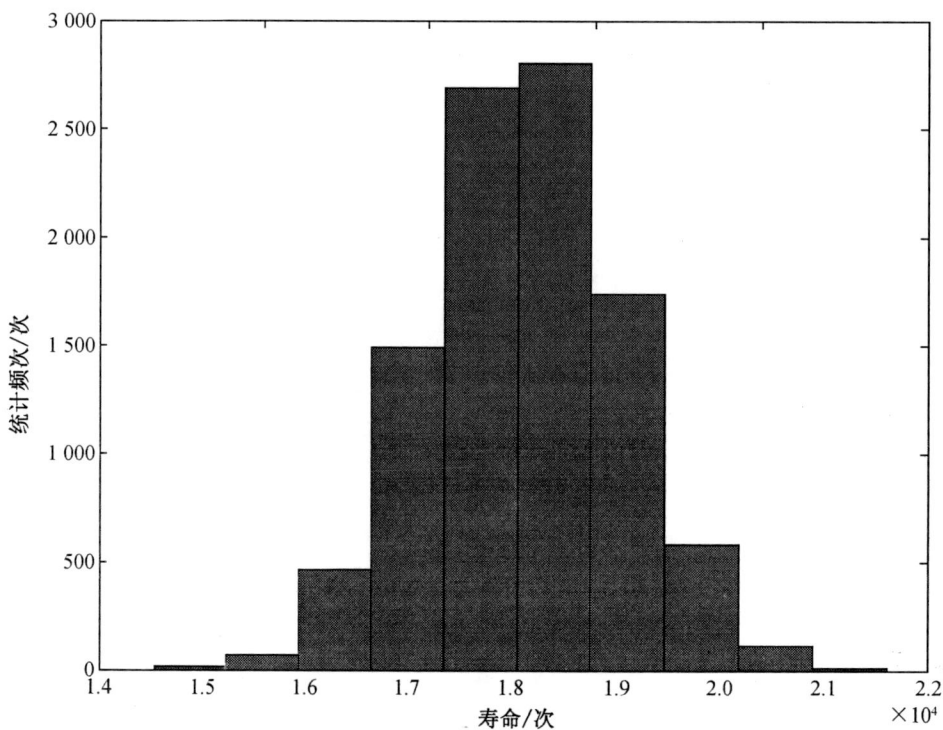

图 5-15　击针寿命分布结果

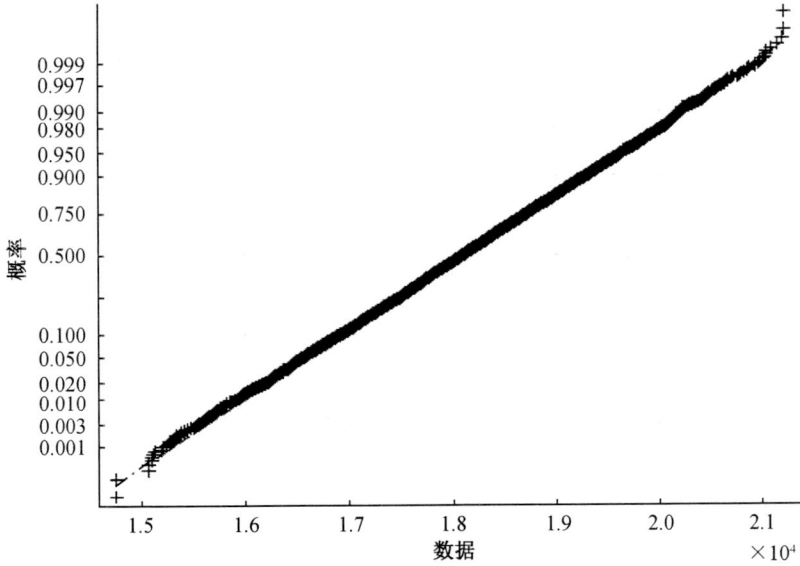

图 5-16　正态分布概率纸图

## 5.3.4　不同冲击能量下的击针疲劳寿命分析

分别研究不同的冲击能量下击针疲劳寿命。假设击针材料的弹性模量 $E$ 为随机变量，且服从常见的正态分布,采用蒙特卡洛仿真抽样 10 000 次。

当冲击能是为 0.8 J 时,图 5-17 和图 5-18 分别为击针损伤和寿命分布结果。

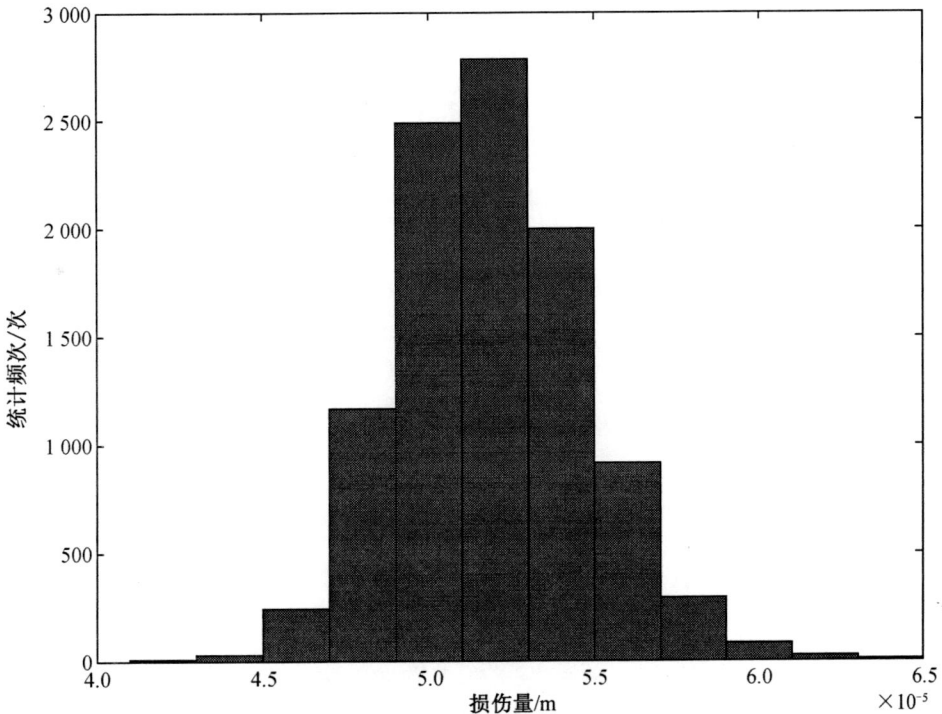

图 5-17　击针损伤分布结果

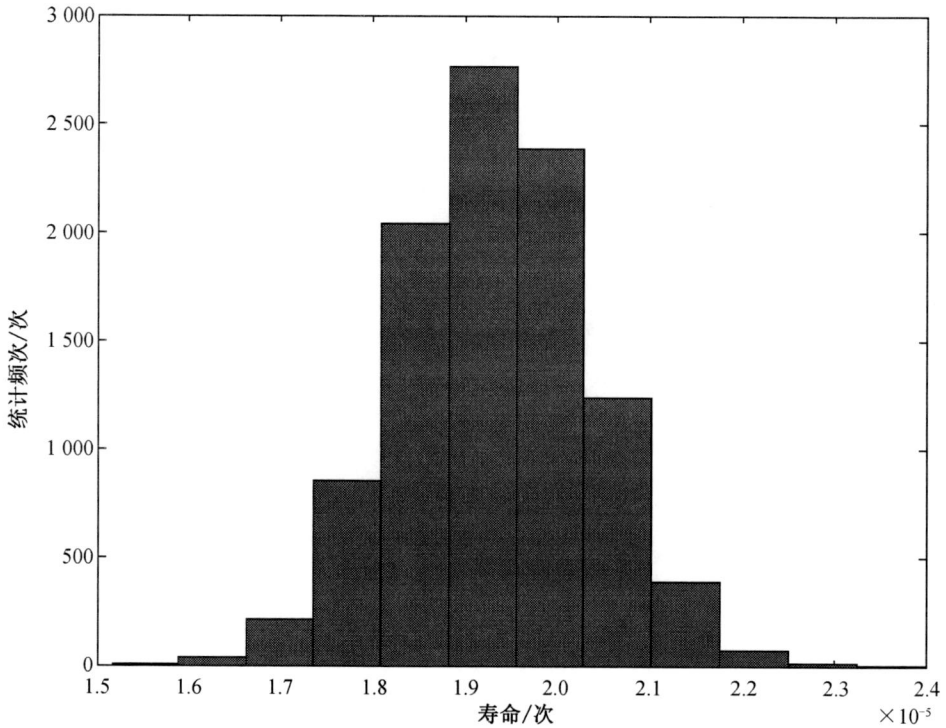

图 5-18　击针寿命分布结果

采用正态分布进行拟合(图 5-19),可以得到击针的冲击疲劳寿命概率密度函数为

$$g(N) = \frac{1}{\sqrt{2\pi}\times 1016.1}\exp\left[-\frac{1}{2}\left(\frac{N-1.93\times 10^4}{1\,016.1}\right)^2\right]$$

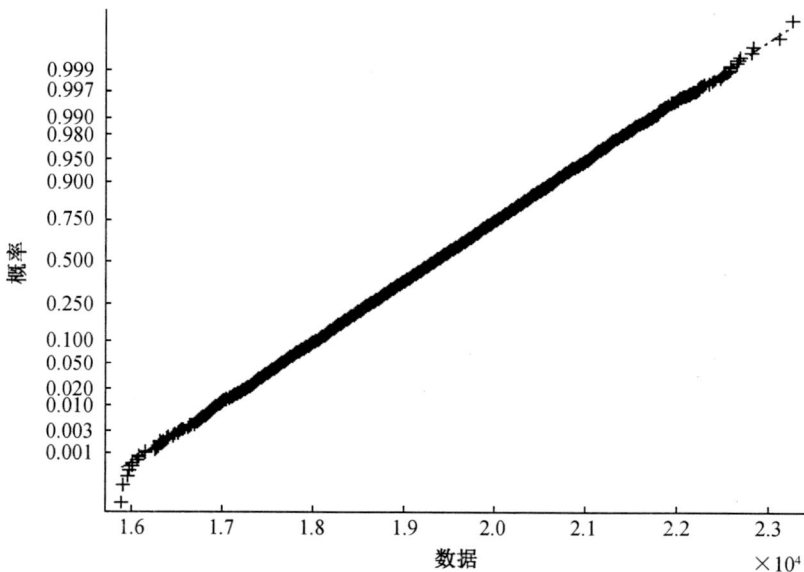

图 5-19　正态分布概率纸图

当冲击能是为 1.0 J 时,图 5-20 和图 5-21 分别为击针损伤和寿命分布结果。

采用正态分布进行拟合(图 5-22),可以得到击针的冲击疲劳寿命概率密度函数为

$$g(N) = \frac{1}{\sqrt{2\pi} \times 880.48} \exp\left[-\frac{1}{2}\left(\frac{N - 1.69 \times 10^4}{880.48}\right)^2\right]$$

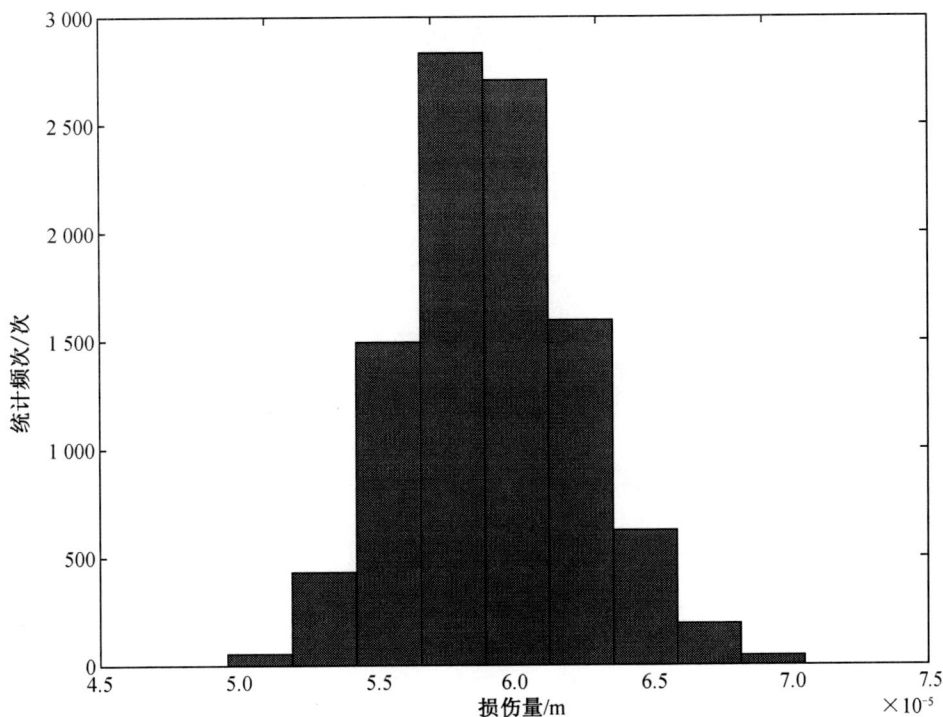

**图 5-20　击针损伤分布结果**

综上所述,表 5-4 给出了 0.8 J、0.9 J、1.0 J 不同冲击能量下的冲击寿命分布。

**表 5-4　不同冲击能量下的冲击寿命**

| 冲击能量 | 冲击寿命分布 |
|---|---|
| 0.8 J | $g(N) = \dfrac{1}{\sqrt{2\pi} \times 1\,016.1} \exp\left[-\dfrac{1}{2}\left(\dfrac{N - 1.93 \times 10^4}{1016.1}\right)^2\right]$ |
| 0.9 J | $g(N) = \dfrac{1}{\sqrt{2\pi} \times 929.05} \exp\left[-\dfrac{1}{2}\left(\dfrac{N - 1.81 \times 10^4}{929.05}\right)^2\right]$ |
| 1.0 J | $g(N) = \dfrac{1}{\sqrt{2\pi} \times 880.48} \exp\left[-\dfrac{1}{2}\left(\dfrac{N - 1.69 \times 10^4}{880.48}\right)^2\right]$ |

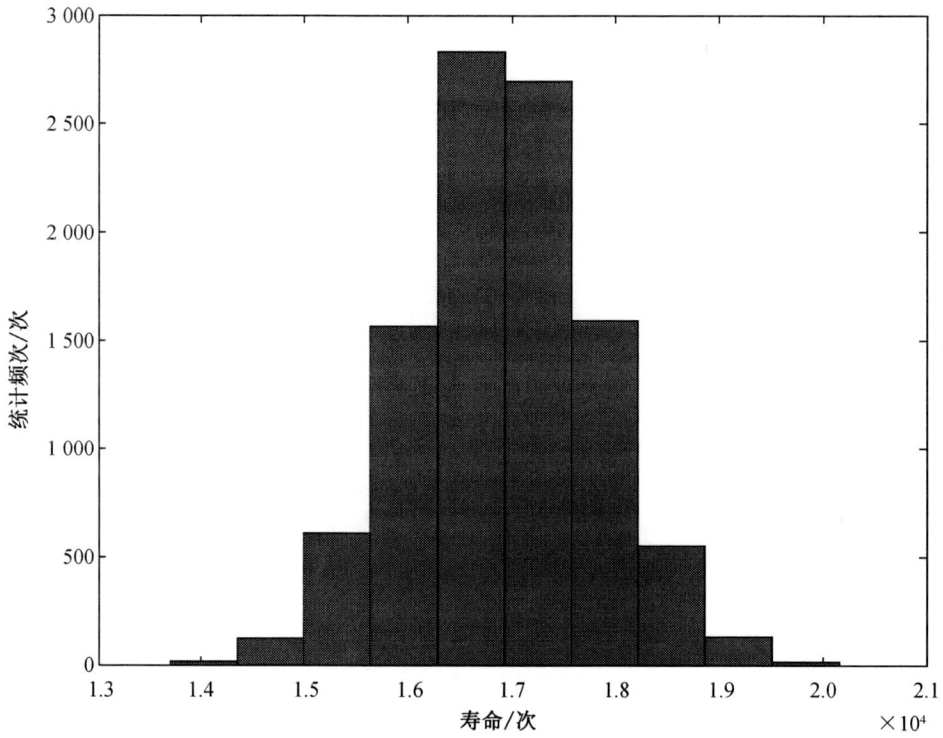

图 5-21　仿真击针寿命分布结果

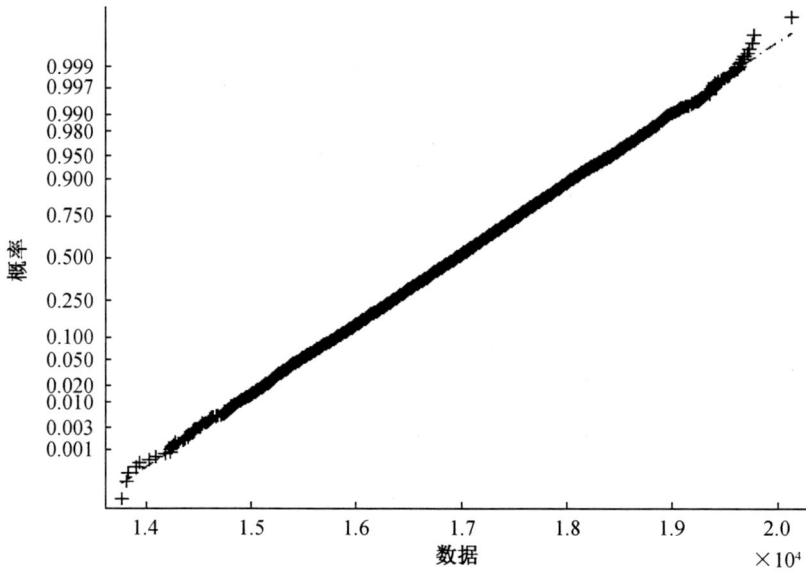

图 5-22　正态分布概率纸图

## | 5.4　冲击模式下故障规律分析 |

针对装备使用材料的屈服强度及拉伸极限进行寿命研究,得到不同条件下寿命分布模型,然后进行平均寿命计算,并分析不同条件下的平均寿命分布规律,最终得到变量对寿命的影响。在这一过程中,以材料的屈服强度及材料的拉伸极限为变量,把材料承受冲击的次数作为因变量,通过对承受冲击的次数进行分析,得到寿命变化规律。

### 5.4.1　以材料的屈服强度为变量

当以材料的屈服强度为变量时,得到装备寿命分布模型如图 5-23 所示。

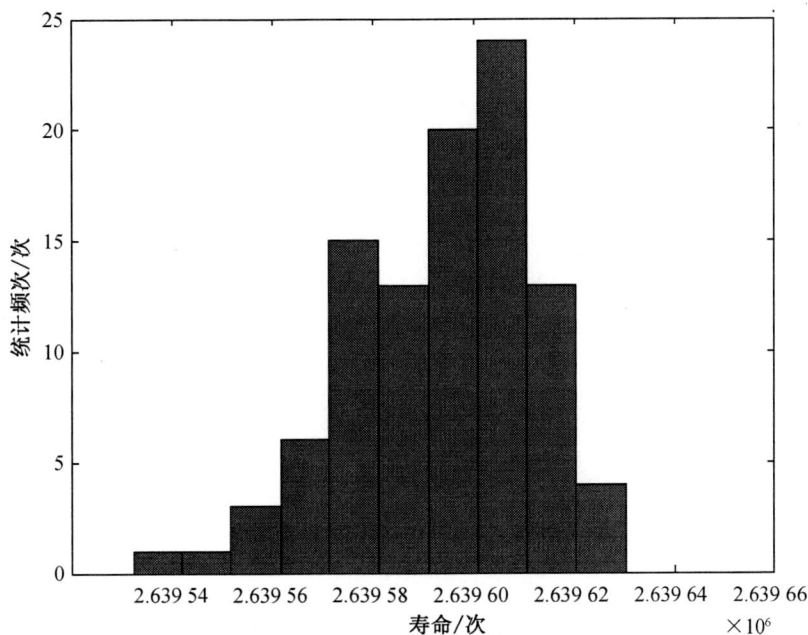

图 5-23　装备寿命分布模型图

经计算可得,当屈服强度为 194 MPa 时,其疲劳寿命的分布规律;经进一步计算,可得此时平均寿命是 $2.639\ 6 \times 10^6$ 次。

进一步改变材料屈服强度,可得出屈服强度与疲劳寿命之间的关系,如表 5-5 所示,具体分析结果见附录 F。

表 5-5　平均寿命与屈服强度关系表

| 序号 | 屈服强度/MPa | 次数/次 | 序号 | 屈服强度/MPa | 次数/次 |
|------|------------|---------|------|------------|---------|
| 1 | 194 | $2.639\ 6 \times 10^6$ | 7 | 206 | $2.053\ 4 \times 10^4$ |

表 5-5（续）

| 序号 | 屈服强度/MPa | 次数/次 | 序号 | 屈服强度/MPa | 次数/次 |
|---|---|---|---|---|---|
| 2 | 196 | $9.131\ 1\times10^5$ | 8 | 208 | $1.174\ 2\times10^4$ |
| 3 | 198 | $3.578\ 6\times10^5$ | 9 | 210 | $7.080\ 6\times10^3$ |
| 4 | 200 | $1.555\ 9\times10^5$ | 10 | 212 | $4.450\ 6\times10^3$ |
| 5 | 202 | $7.382\ 2\times10^4$ | 11 | 214 | $2.901\ 5\times10^3$ |
| 6 | 204 | $3.730\ 0\times10^4$ | 12 | 216 | $1.953\ 6\times10^3$ |

为进一步研究冲击故障模式下的寿命分布规律,对不同条件下平均寿命进行数据处理,所得图像如图 5-24 所示:

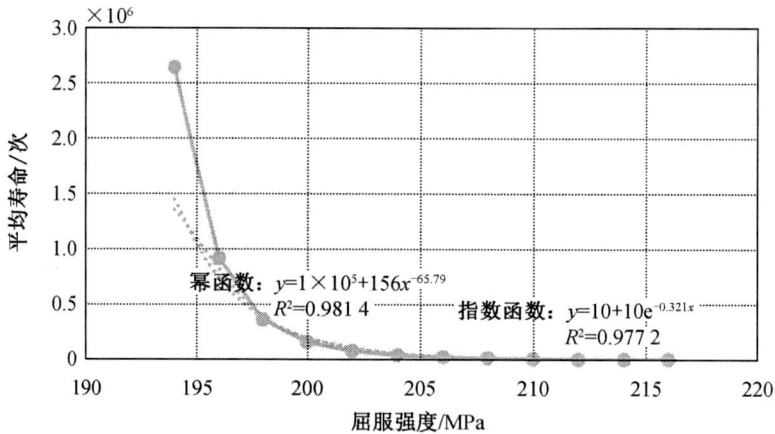

图 5-24　平均寿命与屈服强度关系图

由图 5-24 可知随着材料屈服强度的增大,构件平均寿命减小,且寿命减小趋势变缓。通过进行函数的拟合,比较指数函数与幂函数的相似性,可知幂函数更能表达两者之间的关系,因此分布模式为幂函数,基本符合 $y=1\times10^5+156x^{-65.79}$。

在所有条件都相同时,材料的寿命分布符合威布尔分布。

## 5.4.2　以材料的拉伸极限为变量

当以材料的拉伸极限为变量时,得到装备寿命分布模型如图 5-25 所示。

经计算可得,当拉伸极限为 485 MPa 时,其疲劳寿命的分布规律;经进一步计算,可得此时平均寿命是 $1.111\ 7\times10^7$ 次。

进一步改变材料拉伸极限,可得出拉伸极限与疲劳寿命之间的关系,如表 5-6 所示,具体分析结果见附录 G。

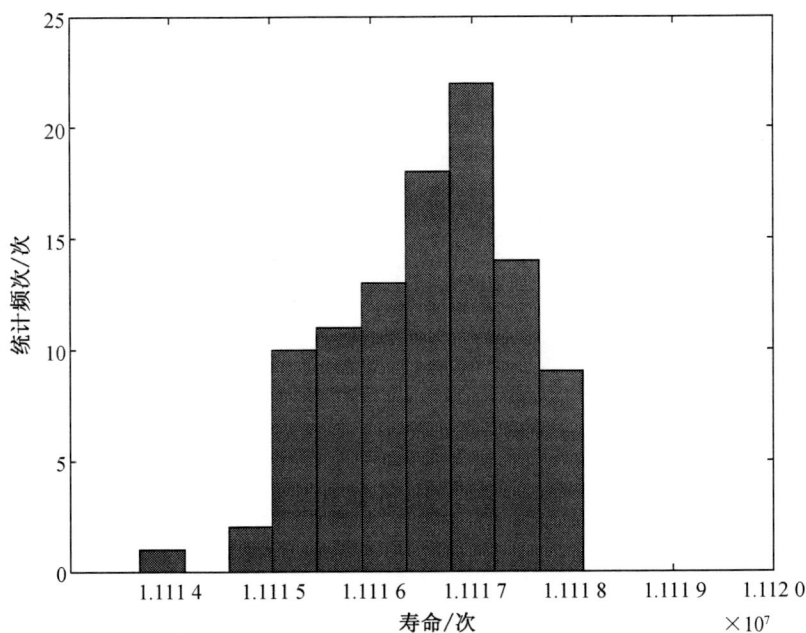

图 5-25　装备寿命分布模型图

表 5-6　平均寿命与拉伸极限关系表

| 序号 | 拉伸极限/MPa | 次数/次 | 序号 | 拉伸极限/MPa | 次数/次 |
|---|---|---|---|---|---|
| 1 | 485 | $1.111\,7\times10^7$ | 8 | 450 | 898 6 |
| 2 | 480 | $2.880\,3\times10^6$ | 9 | 445 | 447 7 |
| 3 | 475 | $8.586\,6\times10^5$ | 10 | 440 | 235 0 |
| 4 | 470 | $2.884\,1\times10^5$ | 11 | 435 | 129 2 |
| 5 | 465 | $1.073\,1\times10^5$ | 12 | 430 | 740 |
| 6 | 460 | $4.362\,5\times10^4$ | 13 | 425 | 440 |
| 7 | 455 | $1.914\,4\times10^4$ | 14 | 420 | 271 |

　　为进一步研究冲击故障模式下的寿命分布规律,对不同条件下平均寿命进行数据处理,所得图像如图 5-26 所示。

　　由图 5-26 可知随着材料拉伸极限的增大,构件平均寿命增大,且寿命增加趋势变大。通过进行函数的拟合,比较指数函数与幂函数的相似性,可知指数函数更能表达两者之间的关系,因此分布模式为指数函数,基本符合 $y=10-27\mathrm{e}^{0.159\,5x}$。

　　在所有条件都相同时,材料的寿命分布符合威布尔分布。

　　综上所述,可以得到以下结论:装备寿命分布与材料的屈服强度及拉伸极限有关,随着材料屈服强度的增大寿命快速减小,减小趋势呈指数分布;随着拉伸极限的增大寿命快速增加,增加趋势亦呈指数分布。因此,在进行装备的材料选择时可以从材料的屈服强度及拉伸极限入手,选择适合的材料,保证装备的综合性能最优。

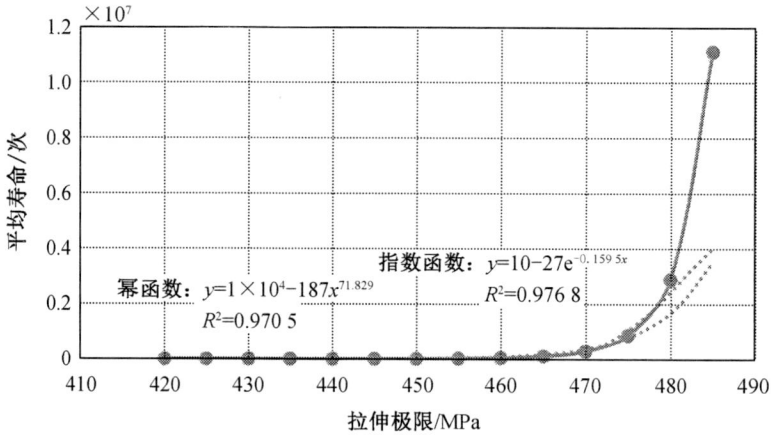

**图 5-26　平均寿命与拉伸极限关系图**

## 5.5　本章小结

　　本章针对击针对冲击断裂故障模式，建立了击针撞击底火有限元分析模型，并进行了仿真分析，获得了击针应力应变变化规律。在冲击应力响应基础上，通过雨流计数处理获得循环应力和频次统计结果，再利用循环应力应变曲线方程，获得应变幅-循环数关系曲线，计算出相应应变幅对应的疲劳寿命循环次数 $N_f$。进而应用累计损伤法则——Miner 线性累计损伤法则，获得疲劳细节的寿命值。再进一步考虑击针材料的弹性模量的随机性，建立反映疲劳与载荷循环次数之间关系的数学模型，并分析得出其疲劳寿命分布规律。

# 第6章
# 基于寿命分布的多故障模式下维修周期决策模型

有了寿命分布规律,可进一步根据该故障发生后所造成的故障影响确定优化目标,对典型预防性维修工作进行维修周期的优化决策。同时,由于实际中许多关重件会存在多种故障模式,而每种故障模式又可能对应不同的故障原因与机理,会产生不同的故障后果,因此还需针对多故障模式关重件进行维修周期的优化研究。

## 6.1 典型预防性维修工作

如前所述,按照以可靠性为中心的维修思想,预防性维修工作可划分为保养、操作人员监控、使用检查、功能检测、定期拆修、定期报废、综合工作七种工作类型。在实施预防性维修时,维修周期的确定与优化是维修决策中的一项重要内容,也是目前广受关注和重点研究的问题之一。而涉及维修周期的预防性维修工作主要有定期更换和功能检测两类。因此从预防性维修策略的角度,本书重点针对定期更换和功能检测两类工作探讨维修周期决策与优化。

### 6.1.1 定期更换

作为一种有效而常见的预防性维修工作,定期更换非常适合于具有耗损故障模式的递增故障率产品的维修。它通过在预定的时间间隔上对产品进行的计划更换,使其恢复到初始状态,通常包括工龄更换和成组更换两种形式。

1. 工龄更换

工龄更换是指按每个产品的实际使用时间(工龄)进行的定时更换策略,即在使用过程中即使无故障发生,到了规定的更换工龄 $T_r$ 也要进行更换;如未到规定更换工龄 $T_r$ 发生了故障,则更换新品。无论是预防性更换还是故障后更换,都要重新记录该产品的工作时间,如图6-1所示。

根据上述工龄更换的基本概念,可得该维修策略下维修需求产生的基本过程分为以下两种情况:

(1)当到达工龄 $T_r$ 时未出现故障,则产生预防性维修需求,需进行预防性更换;

(2)当到达工龄 $T_r$ 前出现故障,则产生修复性维修需求,需进行故障后更换。

2. 成组更换

与工龄更换不同,成组更换是指产品在等间隔时间点进行周期预防更换,产品发生故障而导致的故障后更换不影响周期预防更换计划,即在产品的使用过程中,每隔预定的更换间隔时间 $T_r$ 就将正在使用的全部同类产品进行更换,即使个别产品在此间隔内因发生故障更换过,到达更换时刻 $T_r$ 时也一起更换,如图6-2所示。

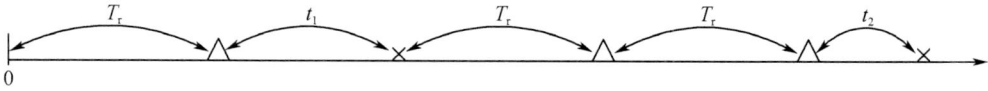

△—按规定工龄$T_r$进行预防性更换;×—发生随机故障后进行故障后更换。

图6-1 工龄更换策略

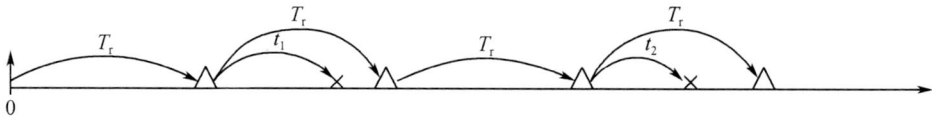

△—按规定工龄$T_r$进行预防性更换;×—发生随机故障后进行故障后更换。

图6-2 成组更换策略

根据上述成组更换的基本概念,可得该维修策略下维修需求产生的基本过程分为以下两种情况:

(1)当到达工龄 $T_r$ 时未出现故障,则产生预防性维修需求,需进行预防性更换;

(2)当到达工龄 $T_r$ 前出现故障,则产生修复性维修需求,需进行故障后更换。

## 6.1.2 功能检测

功能检测与上述计划性维修方式不同,它主要是通过实时或定期的状态监测,发现产品出现性能退化时就进行调整、维修或更换工作,从而避免其进一步劣化引发严重的故障后果或恶劣影响。针对维修实际,本书研究开展定期状态检测时,所对应的维修周期优化方法。

具体维修的过程为:每经过一定的时间,对产品进行一次状态检测,根据其状态决断维修方式,如图6-3所示。若检测时发现产品呈现异常,超出正常状态阈值,但又未达到故障阈值,则进行预防性更换(如图中 A 点);若检测时发现无异常现象或未超过故障阈值,则不采取任何措施,继续使用(如图中 B 点);在使用过程中,若两次状态检测之间发生了功能故障,则立即停机进行更换(如图中 C 点)。

由此可知,在该策略下进行维修的时机与传统预防性更换策略下不同,有如下三种情形:

(1)在状态检测时,发现未呈现任何异常,此时不进行任何维修;

(2)在状态检测时,发现处于状态异常阶段,此时进行预防性更换;

(3)在状态检测之前,发生功能故障,此时进行修复性更换。

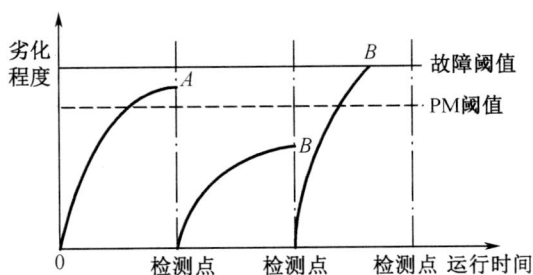

图 6-3　功能检测策略

如图 6-4 所示为功能策略下维修需求产生过程。

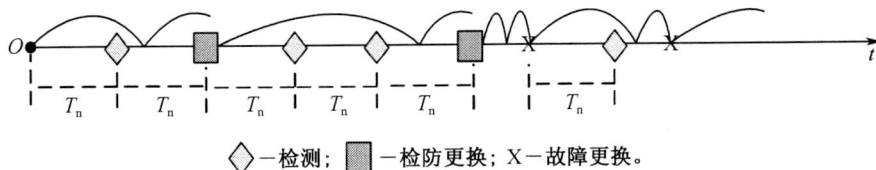

◇—检测；■—检防更换；×—故障更换。

图 6-4　功能检测策略下维修需求产生过程

## 6.2　考虑故障影响的维修决策优化

　　预防性维修的目的是降低或消除故障所造成的后果,因此维修决策首先要确定优化目标,其取决于该故障所造成的故障影响。故障影响一般可区分为安全性、任务性、经济性三个方面,需结合故障规律进行分析与建模,最终确定预防性维修工作的周期。

### 6.2.1　故障影响及优化目标

　　1. 安全性故障影响下维修决策优化
　　如果某个故障模式的发生,会导致类似机毁人亡的后果,那么认为它具有安全性影响,就需要采取预防性维修措施,尽量降低该故障发生的概率。在开展维修决策时,通常以发生故障的概率,即故障风险来评估某项预防性维修工作的效果。
　　2. 任务性故障影响下维修决策优化
　　如果某个故障模式的发生,会导致类似设备停机从而影响任务的完成,那么认为它具有任务性影响,就需要采取预防性维修措施,尽量提高它的可工作可运行时间比例。在开展维修决策时,通常以一定时间内可工作时间所占的比例,即可用度来评估某项预防性维修工作的效果。
　　3. 经济性故障影响下维修决策优化
　　如果某个故障模式的发生,不会造成机毁人亡或严重停机,但是对其进行的维修需要投入较大的成本,那么认为它具有经济性影响,就需要采取预防性维修措施,尽量降低单位时间内的平均维修费用。在开展维修决策时,通常以单位时间内的维修保障成本,即维修费用来评估某项预防性维修工作的效果。

因此,针对维修周期优化,基于上述故障模式下寿命的预测,分析故障发生规律,建立其故障风险、可用度、维修费用数学模型;建模决策的作用是:如何利用数学模型来确定最佳的更换或检测周期,从而使维修工作达到规定的目标,如单位时间内期望维修费用最低、可用度最大等。以下根据建模原理区分长期使用条件和短期使用条件,分别从经济性、任务性、安全性影响的角度,建立预防性维修工作的费用模型、可用度模型和风险模型。

## 6.2.2 定期更换周期优化模型

1. 符号与假设

在长期使用条件下,建模所需的各种符号与假设如下:

· 按照预定间隔期对关重件进行预防性更换,其间若发生故障则进行维修,修复如新;

· 系统共有 $L$ 个关重件,关重件 $i$ 的故障率函数、分布密度函数和累积分布函数分别为 $h_i(t)$、$f_i(t)$ 和 $F_i(t)$;

· $C_{ri}$:关重件 $i$ 定期更换的费用;

· $C_{fi}$:关重件 $i$ 故障后修复性维修及造成系统损失的总费用;

· $D_{ri}$:关重件 $i$ 定期更换的准备费用和导致的系统损失;

· $CR_i(T_{ri})$:关重件 $i$ 以周期 $T_{ri}$ 进行成组维修时,长期使用时单位时间的期望维修费用;

· $T_{pi}$:关重件 $i$ 预防性更换所需时间;

· $T_{fi}$:关重件 $i$ 故障更换所需时间;

· $P_{bi}(T_{ri},t)$:关重件 $i$ 以周期 $T_{ri}$ 进行成组维修时,在任一时刻 $t$ 之前的故障风险;

· $A_i(T_{ri})$:关重件 $i$ 以周期 $T_{ri}$ 进行成组维修时,长期使用下的可用度。

在短期使用条件下,建模所需的各种符号与假设与长期使用条件下大部分都一样,限于篇幅,这里只给出了需要补充或与之前不同的部分,下文也是如此对待。

· $S$:运行时间;

· $CR_i(T_{ri},S)$:关重件 $i$ 以周期 $T_{ri}$ 进行成组维修时,在有限使用期 $S$ 内的期望维修费用;

· $A_i(T_{ri},S)$:关重件 $i$ 以周期 $T_{ri}$ 进行成组维修时,在有限使用期 $S$ 内的可用度。

2. 长期使用条件下定期更换模型

(1)维修费用模型

由于关重件 $i$ 的定期更换是一个更新过程,因此在长期使用条件下其单位时间内的期望费用可根据更新报酬理论得出,即

$$CR_i(T_{ri}) = \frac{E[\text{一个更新周期中的报酬}]}{E[\text{一个更新周期中的时间}]} = \frac{C_{fi}EN_{bi}(T_{ri}) + C_{ri} + D_{ri}}{T_{ri} + T_{Sp}}$$

式中,$EN_{bi}(T_{ri})$ 表示更换周期 $T_{ri}$ 内的期望故障次数。

由于关重件的预防更换时间相对于其更换周期很小,且对于模型的构建没有本质影响,为了方便和简化建模,在下面的维修费用和风险模型中将忽略预防更换的时间;而由于

其对可用度的影响不可忽略,在建立可用度模型时则进行充分重视和考虑。

这样,关重件 $i$ 维修费用模型可简化为

$$CR_i(T_{ri}) = \frac{C_{fi}EN_{bi}(T_{ri}) + C_{ri} + D_{ri}}{T_{ri}} \tag{6-1}$$

根据建模假设,关重件发生故障进行修复如新,则故障率重新归零,因此有

$$EN_b(t) = \int_0^t [1 + EN_b(t-x)] \, dF(x) \tag{6-2}$$

将式(6-2)代入式(6-1),并对 $T_{ri}$ 进行优化,可得出使单位时间期望维修费用最小的最优更换周期 $T_{ri}^*$。

(2)可用度模型

对于可用度模型,关重件的预防性更换时间不可忽略。根据再生过程理论,关重件 $i$ 的可用度为

$$\frac{E[\text{一个更新循环中处于工作状态的时间}]}{E[\text{一个更新循环的时间}]}$$

因此有

$$A_i(T_{ri}) = \frac{T_{ri} - ET_{fi}(T_{ri})}{T_{ri} + T_{pi}} \tag{6-3}$$

式中,$ET_{fi}(T_{ri})$ 表示关重件 $i$ 更换周期 $T_{ri}$ 内的期望停机时间。

若关重件的更换周期相比其故障维修时间还短,则发生故障后不进行维修,此时其期望停机时间可表示为

$$ET_f(t) = \int_0^t (t-x) \, dF(x)$$

而若关重件的更换周期长于其故障维修时间,则发生故障后进行维修,此时期望停机时间可表示为

$$ET_f(t) = \int_0^{t-T_f} [T_f + ET_f(t - T_f - x)] \, dF(x) + \int_{t-T_f}^t (t-x) \, dF(x)$$

综合之,可得

$$ET_f(t) = \begin{cases} \int_0^t (t-x) \, dF(x), \\ \int_0^{t-T_f} [T_f + ET_f(t - T_f - x)] \, dF(x) + \int_{t-T_f}^t (t-x) \, dF(x), \end{cases} \tag{6-4}$$

(3)风险模型

对于具有安全性影响的关重件,则需建立其进行定期更换时的风险模型。在长期使用期下,若用 $\overline{P_{bi}(T_{ri}, t)}$ 表示关重件 $i$ 在 $t$ 时刻之前不发生故障的概率,则

$$P_{bi}(T_{ri}, t) = 1 - \overline{P_{bi}(T_{ri}, t)}$$

当 $t \leq T_{ri}$ 时,$\overline{P_{bi}(T_{ri}, t)} = R(t)$

当 $T_{ri} \leq t \leq 2T_{ri}$ 时,$\overline{P_{bi}(T_{ri}, t)} = R(T_{ri})R(t - T_{ri})$

当 $2T_{ri} \leq t \leq 3T_{ri}$ 时,$\overline{P_{bi}(T_{ri}, t)} = R^2(T_{ri})R(t - 2T_{ri})$

……

当 $nT_{ri} \leqslant t \leqslant (n+1)T_{ri}$ 时,$\overline{P_{bi}(T_{ri},t)} = R^n(T_{ri})R(t-nT_{ri})$

因此

$$P_{bi}(T_{ri},t) = 1 - \overline{P_{bi}(T_{ri},t)} = 1 - R^n(T_{ri})R(t-nT_{ri}) \tag{6-5}$$

式中,$n$ 为 $t$ 时刻前进行定期更换的次数,$n = \left| \dfrac{t}{T_{ri}} \right|$($|*|$ 表示对 $*$ 取整)。

3. 短期使用条件下定期更换模型

(1)维修费用模型

在使用期 $S$ 内,已知关重件 $i$ 的更换间隔期为 $T_{ri}$,可得其进行更换的次数 $N_i = \left| \dfrac{S}{T_{ri}} \right|$。

若关重件 $i$ 的运行期 $S < T_{ri}$,则只进行故障修复,不进行预防更换,因此其期望维修费用为

$$CR_i(T_{ri},S) = C_{fi}EN_{bi}(S)$$

而当 $S \geqslant T_{ri}$ 时,其维修费用可表示为

$$CR_i(T_{ri},S) = N_i[C_{fi}EN_{bi}(T_{ri})+C_{ri}+D_{ri}]+CR_i(T_{ri},S-N_iT_{ri})$$

更换周期内期望故障次数 $EN_b(t)$ 的计算同长期使用条件下一样,即

$$EN_b(t) = \int_0^t [1+EN_b(t-x)]dF(x)$$

综合之,可得

$$CR_i(T_{ri},S) = \begin{cases} C_{fi}EN_{bi}(S), & S<T_{ri} \\ N_i[C_{fi}EN_{bi}(T_{ri})+C_{ri}+D_{ri}]+CR_i(T_{ri},S-N_iT_{ri}), & S \geqslant T_{ri} \end{cases} \tag{6-6}$$

(2)定期更换的可用度模型

关重件 $i$ 的可用度可表示为

$$A_i(T_{ri},S) = \frac{S-ET_{fi}(T_{ri},S)}{S} \tag{6-7}$$

式中,$ET_{fi}(T_{ri},S)$ 表示短期使用条件下 $S$ 内的期望停机时间。

对于 $ET_{fi}(T_{ri},S)$,若使用期相比其故障维修时间还短,则发生故障后不进行维修,此时其期望停机时间可表示为

$$ET_{fi}(T_{ri},S) = \int_0^S (S-x)dF(x)$$

若使用期大于故障维修时间,而小于更换周期与故障维修时间之和,那么达到更换期时也不进行更换,只在时间允许时进行故障后维修,此时停机时间可表示为

$$ET_{fi}(T_{ri},S) = \int_0^{S-T_{fi}} [T_f+ET_{fi}(T_{ri},S-x-T_{fi})]dF(x) + \int_{S-T_{fi}}^S (S-x)dF(x)$$

若使用期大于更换周期与故障维修时间之和,那么达到更换期时进行定期更换,此时 $N_i = \left| \dfrac{S}{T_{pi}+T_{ri}} \right|$,停机时间可表示为

$$ET_{fi}(T_{ri},S) = N_i[ET_{fi}(T_{ri})+T_{pi}]+ET_{fi}[T_{ri},S-N_i(T_{ri}+T_{pi})]$$

综合之,可得

$$ET_{fi}(T_{ri},S) = \begin{cases} \displaystyle\int_0^S (S-x)\mathrm{d}F(x), & S \leqslant T_{fi} \\ \displaystyle\int_0^{S-T_{fi}} \big[T_f + ET_{fi}(T_{ri},S-x-T_{fi})\big]\mathrm{d}F(x) + \int_{S-T_{fi}}^S (S-x)\mathrm{d}F(x), & T_{fi} < S < T_{ri} + T_{fi} \\ N_i\big[ET_{fi}(T_{ri}) + T_{pi}\big] + ET_{fi}(T_{ri},S-N_iT_{ri}), & S \geqslant T_{ri} + T_{fi} \end{cases}$$

$$(6-8)$$

（3）定期更换的风险模型

风险模型的建立同长期使用条件下的原理一样：

$$P_{bi}(T_{ri},S) = 1 - R^{N_i}(T_{ri})R(S-N_iT_{ri}) \qquad (6-9)$$

式中，$N_i$ 为 $S$ 时刻前进行定期更换的次数，$N_i = \left| \dfrac{S}{T_{ri}} \right|$。

## 6.2.3 功能检测周期优化模型

1. 符号与假设

在长期使用条件下，建模所需的各种符号与假设如下：

· 在预定间隔期对关重件进行的功能检测为完善检测；

· 对潜在故障、功能故障进行的修复，将完全恢复关重件的功能，即修复如新；

· 系统共有 $L$ 个关重件；

· $U_i$：关重件 $i$ 潜在故障发生时的使用时间，也称初始时间，其密度函数和分布函数分别为 $g_i(u)$ 和 $G_i(u)$；

· $H_i$：关重件 $i$ 潜在故障发展到功能故障的使用时间，也称延迟时间，其密度函数和分布函数分别为 $f_i(h)$ 和 $F_i(h)$；

· $C_{ni}$：第 $i$ 个关重件的功能检测费用；

· $C_{pi}$：第 $i$ 个关重件的预防性更换费用及导致的系统损失；

· $C_{fi}$：第 $i$ 个关重件发生故障后的修复性维修费用及导致的系统损失；

· $D_{ni}$：第 $i$ 个关重件功能检测的准备费用和导致的系统停机损失；

· $CP_i(T_{ni})$：关重件 $i$ 以周期 $T_{ni}$ 进行功能检测时，长期使用下单位时间的期望维修费用；

· $T_{ki}$：关重件 $i$ 进行功能检测所需时间；

· $T_{pi}$：关重件 $i$ 预防性更换所需时间；

· $T_{fi}$：关重件 $i$ 故障更换所需时间；

· $P_{bi}(T_{ni},t)$：关重件 $i$ 以周期 $T_{ni}$ 进行功能检测时，在任一时刻 $t$ 之前的故障风险；

· $A_i(T_{ni})$：关重件 $i$ 以周期 $T_{ni}$ 进行功能检测时，长期使用下的可用度。

在短期使用条件下，建模所需补充或与之前不同的部分如下：

· $S$：运行时间；

· $CP_i(T_{ni},S)$：关重件 $i$ 以周期 $T_{ni}$ 进行功能检测维修时，在有限使用期 $S$ 内的期望维修费用；

· $A_i(T_{ni},S)$：关重件 $i$ 以周期 $T_{ni}$ 进行成组维修时，在有限使用期 $S$ 内的可用度。

2. 长期使用条件下功能检测模型

（1）维修费用模型

根据更新报酬理论，长期使用条件下下关重件单位时间的期望费用为：

$$\frac{寿命周期内费用的期望值}{寿命周期期望长度} + \frac{功能检测停机损失}{功能检测周期}$$

如果在检测间隔期内发生潜在故障，那么该潜在故障或者在下次检测前发展为功能故障，或者会在下次检测时被发现。假设潜在故障发生时刻为 $u[(q-1)T_{ni} < u < qT_{ni}]$，则关重件 $i$ 在 $[(q-1)T_{ni}, qT_{ni}]$ 之间发生功能故障的概率可表示为

$$P_{bi}[(q-1)T_{ni}, qT_{ni}] = \int_{(q-1)T_{ni}}^{qT_{ni}} g_i(u)F_i(qT_{ni}-u)\mathrm{d}u \tag{6-10}$$

关重件 $i$ 在检测时发现潜在故障而进行更换的概率可表示为

$$P_{mi}(qT_{ni}) = \int_{(q-1)T_{ni}}^{qT_{ni}} g_i(u)R_i(qT_{ni}-u)\mathrm{d}u \tag{6-11}$$

因此潜在故障发生在 $[(q-1)T_{ni}, qT_{ni}]$ 之内时关重件 $i$ 寿命周期期望费用可表示为

$$EC_i[(q-1)T_{ni}, qT_{ni}] = [(q-1)C_{ni} + C_{fi}]P_{bi}[(q-1)T_{ni}, qT_{ni}] + (qC_{ni} + C_{pi})P_{mi}(qT_i)$$

寿命周期期望长度可表示为

$$ET_i[(q-1)T_{ni}, qT_{ni}] = \int_{(q-1)T_{ni}}^{qT_{ni}} \int_0^{qT_{ni}-u} (u+h)g_i(u)f_i(h)\mathrm{d}h\mathrm{d}u + T_{ni}P_{mi}(qT_{ni}) \tag{6-12}$$

综合所有可能的间隔期，可得到

$$CP_i(T_{ni}) = \frac{\sum_{q=1}^{\infty} EC_i[(q-1)T_{ni}, qT_{ni}]}{\sum_{q=1}^{\infty} ET_i[(q-1)T_{ni}, qT_{ni}]} + \frac{D_{ni}}{T_{ni}} \tag{6-13}$$

即

$$CP_i(T_i) = \frac{\sum_{q=1}^{\infty} \{[(q-1)C_{ni} + C_{fi}]P_{bi}[(q-1)T_{ni}, qT_{ni}] + (qC_{ni} + C_{pi})P_{mi}(qT_i)\}}{\sum_{q=1}^{\infty} \left[\int_{(q-1)T_{ni}}^{qT_{ni}} \int_0^{qT_{ni}-u} (u+h)g_i(u)f_i(h)\mathrm{d}h\mathrm{d}u + T_{ni}P_{mi}(qT_{ni})\right]} + \frac{D_{ni}}{T_{ni}}$$

$$\tag{6-14}$$

（2）可用度模型

根据再生过程理论，关重件 $i$ 的可用度为

$$\frac{E[一个更新循环中处于工作状态的时间]}{E[一个更新循环的时间]}$$

由式（6-13）可知，在间隔期 $[(q-1)T_{ni}, qT_{ni}]$ 内关重件的寿命周期期望长度可表示为

$$ET_i[(q-1)T_{ni}, qT_{ni}] = \int_{(q-1)T_{ni}}^{qT_{ni}} \int_0^{qT_{ni}-u} (u+h)g_i(u)f_i(h)\mathrm{d}h\mathrm{d}u + T_{ni}P_{mi}(qT_{ni})$$

而其寿命周期期望停机时间可表示为

$$ED_i[(q-1)T_{ni}, qT_{ni}] = [(q-1)T_{ki} + T_{fi}] \cdot$$
$$P_{bi}[(q-1)T_{ni}, qT_{ni}] + (qT_{ki} + T_{pi})P_{mi}[(q-1)T_{ni}, qT_{ni}]$$

综合所有可能的间隔期，可得到

$$A_i(T_{ni}) = 1 - \frac{\sum_{q=1}^{\infty} ED_i\big[(q-1)T_{ni}, qT_{ni}\big]}{\sum_{q=1}^{\infty} ET_i\big[(q-1)T_{ni}, qT_{ni}\big]} \tag{6-15}$$

即

$$A_i(T_{ni}) = 1 - \frac{\sum_{q=1}^{\infty} \left\{ \big[(q-1)T_{ki} + T_{fi}\big]P_{bi}\big[(q-1)T_{ni}, qT_{ni}\big] + (qT_{ki} + T_{pi})P_{mi}\big[(q-1)T_{ni}, qT_{ni}\big] \right\}}{\sum_{q=1}^{\infty} \left[ \int_{(q-1)T_{ni}}^{qT_{ni}} \int_{0}^{qT_{ni}-u} (u+h)g_i(u)f_i(h)\mathrm{d}h\mathrm{d}u + T_{ni}P_{mi}(qT_{ni}) \right]}$$

$$\tag{6-16}$$

（3）风险模型

如果关重件故障具有安全性影响，则必须将其故障风险控制在可以接受的水平内，此时需要建立故障风险模型。用 $\overline{P_{bi}(T_{ni},t)}$ 表示关重件 $i$ 在 $t$ 时刻之前不发生故障的概率，则 $P_{bi}(T_{ni},t) = 1 - \overline{P_{bi}(T_{ni},t)}$

下面求解关重件 $i$ 在 $t$ 时刻前不发生故障的概率，即关重件的可靠度函数。

根据假设，关重件潜在故障的检测是完善的，因此在 $t \leqslant T_{ni}$ 时不发生功能故障的情况有以下两种：

情况 1：$t$ 时刻前没有发生潜在故障，即

$$U_i \geqslant t$$

情况 2：潜在故障发生在 $(0,t)$ 之间，但在 $t$ 时刻前并没有发生功能故障，即

$$0 < U_i < t \cap U_i + H_i > t$$

$$\Pr(\text{情况 1}) = P(U_i > t) = 1 - \int_0^t g_i(u)\mathrm{d}u$$

$$\Pr(\text{情况 2}) = P(0 < U_i < t \cap U_i + H_i \geqslant t) = \int_0^t g_i(u)\big[1 - F_i(t-u)\big]\mathrm{d}u$$

由 $\overline{P_{bi}(T_{ni},t)} = \Pr(\text{情况 1}) + \Pr(\text{情况 2})$ 可得，当 $t \leqslant T_{ni}$ 时

$$\overline{P_{bi}(T_{ni},t)} = 1 - \int_0^t g_i(u)\mathrm{d}u + \int_0^t g_i(u)\big[1 - F_i(t-u)\big]\mathrm{d}u \tag{6-17}$$

而在 $t > T_{ni}$ 时，不发生功能故障的情况则有以下三种：

情况 1：$t$ 时刻前没有发生潜在故障，即

$$U_i \geqslant t$$

情况 2：潜在故障发生在 $(k_iT_{ni}, t)$ 之间，但在 $t$ 时刻前并没有发生功能故障，即

$$k_iT_{ni} < U_i < t \cap U_i + H_i > t$$

式中，$k_i$ 表示 $t$ 时刻前进行功能检测的次数，$k_i = \left| \dfrac{t}{T_{ni}} \right|$。

情况 3：潜在故障发生在两次连续检测 $\big[(j-1)T_{ni}, jT_{ni}\big]$ 之间，且在检测时刻 $jT_{ni}$ 被发现，而在 $(jT_{ni}, t)$ 这一段时间里没有发生故障，此时相当于在 $jT_{ni}$ 这一时刻更新，进行上述过程的嵌套和重现，即 $(j-1)T_{ni} < U_i < jT_{ni} \cap U_i + H_i > jT_{ni} \cap (t - jT_{ni})$ 内不发生任何故障。

$$\Pr(\text{情况 1}) = P(U_i > t) = 1 - \int_0^t g_i(u)\mathrm{d}u$$

$$\Pr(\text{情况 2}) = P(k_i T_{ni} < U_i < t \cap U_i + H_i > t) = \int_{k_i T_{ni}}^{t} g_i(u) [1 - F_i(t-u)] du$$

$$\Pr(\text{情况 3}) = \sum_{j=1}^{k_i} \left[ \int_{(j-1)T_{ni}}^{jT_{ni}} g(u) [1 - F(jT_{ni} - u)] du \cdot \overline{P_b}(t - jT_{ni}) \right]$$

此时，$\overline{P_{bi}(T_{ni}, t)} = \Pr(\text{情况 1}) + \Pr(\text{情况 2}) + \Pr(\text{情况 3})$，所以当 $t > T_{ni}$ 时，

$$\overline{P_{bi}(T_{ni}, t)} = 1 - \int_0^t g_i(u) du + \int_{k_i T_{ni}}^{t} g_i(u) [1 - F_i(t-u)] du +$$

$$\sum_{j=1}^{k_i} \left[ \int_{(j-1)T_{ni}}^{jT_{ni}} g(u) [1 - F(jT_{ni} - u)] du \overline{P_{bi}(T_{ni}, t - jT_{ni})} \right] \quad (6\text{-}18)$$

综合之，可得关重件 $i$ 任意时刻 $t$ 的可靠度 $\overline{P_{bi}(T_{ni}, t)}$ 可由下式表示

$$\overline{P_{bi}(T_{ni}, t)} = \begin{cases} 1 - \int_0^t g_i(u) du + \int_0^t g_i(u) [1 - F_i(t-u)] du, & t \leqslant T_{ni} \\ 1 - \int_0^t g_i(u) du + \int_{k_i T_{ni}}^{t} g_i(u) [1 - F_i(t-u)] du + \\ \sum_{j=1}^{k_i} \left[ \int_{(j-1)T_{ni}}^{jT_{ni}} g(u) [1 - F(jT_{ni} - u)] du \overline{P_{bi}(T_{ni}, t - jT_{ni})} \right], & t > T_{ni} \end{cases}$$

$$(6\text{-}19)$$

3. 短期使用条件下功能检测模型

(1) 维修费用模型

系统运行时间为 $S$ 内，关重件 $i$ 检测间隔期为 $T_{ni}$，进行功能检测的次数 $K_i = \left| \dfrac{S}{T_{ni}} \right|$。除了功能检测所需系统停机及相关准备费用，关重件 $i$ 在运行时间 $S$ 内的维修费用 $CP_i(T_{ni}, S)$ 必然由以下三种不相容的情况组成：

情况 1：在运行时间 $S$ 内，关重件 $i$ 既没有发生功能故障，也没有在检测时发现潜在故障而进行预防性更换，即未进行任何更新，此时的维修费用为 $K_i C_{ni}$。发生此情况有两种可能。

A：在运行时间 $S$ 内没有发生潜在故障，即 $U_i \geqslant S$；

B：最后一个检测期 $(S - K_i T_{ni}, S)$ 之间的某个时刻 $u$ 发生了潜在故障，但在 $(S-u)$ 期间没有发生功能故障，即 $S - K_i T_{ni} < U_i < S \cap U_i + H_i > S$。

其概率分别为

$$P(A) = 1 - G_i(S) = 1 - \int_0^S g_i(u) du$$

$$P(B) = \int_{S - K_i T_{ni}}^{S} g_i(u) [1 - F_i(S - u)] du$$

所以

$$P_{ni}(S) = 1 - \int_0^S g_i(u) du + \int_{S - K_i T_{ni}}^{S} g_i(u) [1 - F_i(S - u)] du \quad (6\text{-}20)$$

情况 2：进行更新，且首次更新是关重件 $i$ 在第 $l$ 次检测时发现潜在故障而进行的预防性更新，此时的维修费用为

$$l C_{ni} + C_{pi} + CP_i(T_{ni}, S - l T_{ni})$$

在进行完善检测时，关重件 $i$ 缺陷出现在 $(u, u + du)$ $[(l-1)T_i < u < lT_i]$，并在第 $l$ 次检测

时发现该缺陷的事件包含了以下两个条件:

· 在$(l-1)T_{ni}$时刻以前关重件并无缺陷,在进行第$l$次检测时发现了该关重件缺陷;

· 关重件缺陷的延迟时间必须大于$lT_{ni}-u$。

该事件的概率密度为

$$g_i(u)\mathrm{d}u[1-F_i(lT_i-u)]$$

于是可得

$$P_{mi}(lT_{ni}) = \int_{(l-1)T_{ni}}^{lT_{ni}} g(u)\{1-F[S-(lT_{ni}-u)]\}\mathrm{d}u \tag{6-21}$$

情况3:进行更新,且更新是因为关重件$i$在$x$时刻$[(j-1)T_{ni}<x<jT_{ni}]$发生功能故障而进行的故障更新,此时的维修费用为

$$(j-1)C_{ni}+C_{fi}+C_i(T_{ni},S-x)$$

缺陷出现在$(u,u+\mathrm{d}u)$内$(j-1)T_{ni}<x<jT_{ni}$,而故障发生在$(x,x+\mathrm{d}x)$,此事件的概率密度为

$$p_{bi}(x) = \int_{(j-1)T_{ni}}^{jT_{ni}} g_i(u)f_i(x-u)\mathrm{d}u \tag{6-22}$$

综合以上可知,再加上功能检测所需系统停机及相关准备费用,关重件$i$在使用期$S$内的期望维修费用为

$$CP_i(T_{ni},S) = K_iC_{ni}P_{ni}(S) + \sum_{l=1}^{K_i}[lC_{ni}+C_{pi}+CP_i(T_{ni},S-lT_{ni})]P_{mi}(lT_{ni}) +$$

$$\sum_{j=1}^{K_i}\int_{(j-1)T_{ni}}^{jT_{ni}}[(j-1)C_{ni}+C_{fi}+CP_i(T_{ni},S-x)]p_{bi}(x)\mathrm{d}x +$$

$$\int_{k_iT_{ni}}^{S}[k_iC_{ni}+C_{fi}+CP_i(T_{ni},S-x)]p_{bi}(x)\mathrm{d}x + K_iD_{ni} \tag{6-23}$$

(2)可用度模型

短期使用条件下功能检测可用度基本模型的构建原理同定期更换的模型一样

$$A_i(T_{ni},S) = \frac{S-ET_{fi}(T_{ni},S)}{S} \tag{6-24}$$

对于$ET_{fi}(T_{ni},S)$,若使用期相比其故障维修时间还短,则发生故障后不进行维修,此时其期望停机时间可表示为

$$ET_{fi}(T_{ni},S) = \int_{S-T_{fi}}^{S}(S-x)p_{bi}(x)\mathrm{d}x$$

若使用期大于故障维修时间,而小于检测周期与故障维修时间之和,那么达到检测周期时也不进行检测,只在时间允许时进行故障后维修,此时停机时间可表示为

$$ET_{fi}(T_{ni},S) = \int_{0}^{S-T_{fi}}[T_f+ET_{fi}(T_{ni},S-x-T_{fi})]p_{bi}(x)\mathrm{d}x + \int_{S-T_{fi}}^{S}(S-x)p_{bi}(x)\mathrm{d}x$$

若使用期大于检测周期与故障维修时间之和,那么达到检测周期时进行定期检测,$K_i = \left|\dfrac{S}{T_{ni}+T_{ki}}\right|$。此时停机时间可分为三种情况:

情况1:关重件$i$在$S$前没有任何更新,此时$ET_{fi}(T_{ni},S)=K_i\cdot T_{ki}$,其概率为$P_{ni}(S-K_i\cdot T_{ki})$。

情况2:发生检测更新,关重件$i$在第$l$次检测时发现潜在故障而进行的预防性更新,此

时 $ET_{fi}(T_{ni},S)=lT_{ki}+T_{pi}+ET_{fi}[T_{ni},S-l(T_{ki}+T_{ni})-T_{pi}]$，其概率为 $P_{mi}(lT_{ni})$。

情况 3：发生故障更新，关重件 $i$ 在 $x$ 时刻 $[(j-1)(T_{ki}+T_{ni})<x<j(T_{ki}+T_{ni})]$ 发生功能故障，此时 $ET_{fi}(T_{ni},S)=(j-1)T_{ki}+T_{fi}+ET_{fi}(T_{ni},S-x-T_{fi})$，其概率为 $p_{bi}[x-(j-1)T_{ki}]$。

而对于当 $K_i(T_{ki}+T_{ni})<t<S$ 时的情况，只可进行故障更新，所以其停机时间可表示为

$$
\begin{cases}
\int_{K_i(T_{ki}+T_{ni})}^{S}(K_iT_{ki}+t-x)p_{bi}(x-K_iT_{ki})\mathrm{d}x, & t-K_i(T_{ki}+T_{ni})\leqslant T_{fi}\\[2ex]
\int_{K_i(T_{ki}+T_{ni})}^{S-T_{fi}}[K_iT_{ki}+T_f+ET_{fi}(T_{ni},S-x-T_{fi})]p_{bi}(x-K_iT_{ki})\mathrm{d}x+\\[2ex]
\int_{S-T_{fi}}^{S}(K_iT_{ki}+t-x)p_{bi}(x-K_iT_{ki})\mathrm{d}x, & t-K_i(T_{ki}+T_{ni})>T_{fi}
\end{cases}
$$

将以上进行综合，可得期望停机时间的表达式为

$$
ET_{fi}(T_{ni},S)=
$$

$$
\begin{cases}
\int_{0}^{S}(S-x)p_{bi}(x)\mathrm{d}x, & S\leqslant T_{fi}\\[2ex]
\int_{0}^{S-T_{fi}}[T_f+ET_{fi}(T_{ni},S-x-T_{fi})]p_{bi}(x)\mathrm{d}x+\\[2ex]
\int_{S-T_{fi}}^{S}(S-x)p_{bi}(x)\mathrm{d}x, & T_{fi}<S<T_{ni}+T_{fi}\\[2ex]
K_iT_{ki}P_{ni}(S-K_iT_{ki})+\sum_{l=1}^{K_i}\{lT_{ki}+T_{pi}+\\[2ex]
ET_{fi}[T_{ni},S-l(T_{ki}+T_{ni})-T_{pi}]\}P_{mi}(lT_{ni})+\\[2ex]
\sum_{j=1}^{K_i}\int_{(j-1)(T_{ki}+T_{ni})}^{j(T_{ki}+T_{ni})}[(j-1)\cdot T_{ki}+T_{fi}+ET_{fi}(T_{ni},S-x-T_{fi})]\cdot\\[2ex]
p_{bi}[x-(j-1)T_{ki}]\mathrm{d}x+ & S\geqslant T_{ni}+T_{fi}+\\[2ex]
\begin{cases}
\int_{K_i(T_{ki}+T_{ni})}^{S}(K_iT_{ki}+t-x)\cdot\\
p_{bi}(x-K_iT_{ki})\mathrm{d}x, & t-K_i(T_{ki}+T_{ni})\leqslant T_{fi}\\[2ex]
\int_{K_i(T_{ki}+T_{ni})}^{S-T_{fi}}[K_iT_{ki}+T_f+\\
ET_{fi}(T_{ni},S-x-T_{fi})]\cdot\\
p_{bi}(x-K_iT_{ki})\mathrm{d}x+\\[2ex]
\int_{S-T_{fi}}^{S}(K_iT_{ki}+t-x)p_{bi}(x-K_iT_{ki})\mathrm{d}x, & t-K_i(T_{ki}+T_{ni})>T_{fi}
\end{cases}
\end{cases}
$$

$$(6-25)$$

将式(6-25)代入式(6-24)，即可得出短期使用条件下关重件 $i$ 的可用度。

(3)风险模型

风险模型同上面长期使用条件的建立过程一样，这里不再赘述。用 $\overline{P_{bi}(T_{ni},t)}$ 表示关重件 $i$ 在 $t$ 时刻之前不发生故障的概率，则 $P_{bi}(T_{ni},t)=1-\overline{P_{bi}(T_{ni},t)}$。

$$
\overline{P_{\mathrm{b}i}(T_{\mathrm{n}i},S)}=\begin{cases}
1-\int_{0}^{S}g_{i}(u)\,\mathrm{d}u+\int_{0}^{S}g_{i}(u)\left[1-F_{i}(S-u)\right]\mathrm{d}u, & t\leqslant T_{\mathrm{n}i}\\[2mm]
1-\int_{0}^{S}g_{i}(u)\,\mathrm{d}u+\int_{k_{i}T_{\mathrm{n}i}}^{S}g_{i}(u)\left[1-F_{i}(S-u)\right]\mathrm{d}u+\\[2mm]
\sum_{j=1}^{K_{i}}\left[\int_{(j-1)T_{\mathrm{n}i}}^{jT_{\mathrm{n}i}}g(u)\left[1-F(jT_{\mathrm{n}i}-u)\right]\mathrm{d}u\overline{P_{\mathrm{b}i}(T_{\mathrm{n}i},S-jT_{\mathrm{n}i})}\right], & t>T_{\mathrm{n}i}
\end{cases}
$$

$$(6-26)$$

## 6.3　多故障模式下维修周期优化模型

在以前的研究中,所优化系统的各关重件通常是基于这样一种假设:每个关重件只有一种故障模式,而这种故障模式的产生也只有一种故障原因,该关重件维修工作的选择与确定就取决于这个故障原因。然而在实际中,上述假设并非完全成立,因为许多关重件拥有多种故障模式,而每种故障模式又可能有多种故障原因。因此需针对多故障模式关重件进行维修周期的优化研究。

### 6.3.1　多故障模式下维修工作及分类

在维修实际中,许多关重件具有多种故障模式,而每种故障模式又可能有多种故障原因,每种故障原因都会有其相应的故障规律并对应相应的维修工作类型(表6-1)。

表 6-1　多故障模式关重件维修工作示例

| 产品编码 | 产品名称 | 维修工作 | 间隔期 |
|---|---|---|---|
| 0321 | 复进机内筒 | 检测内筒的锈蚀 | 5 年 |
| | | 检测内筒的划伤 | 7 年 |

传统的维修决策只是针对各个故障模式孤立地进行分析,依据其故障规律分别进行维修工作类型的确定和维修周期的优化。这种维修分析方法忽略了关重件内部各故障模式之间的相互关系,所做出的维修决策通常不能使关重件的维修效果达到最优。因此,需要分析各故障模式对应的维修工作对关重件所造成的影响及彼此之间的关系,从整体上对关重件进行维修决策,从而确定其适用有效的维修工作类型,并优化维修周期。

若仍以本书所研究的定期更换和功能检测这两种典型维修工作为例来考虑,按照对关重件所采取的维修工作类型来区分,多故障模式关重件的维修分析与决策可分为以下三种情况:

(1)针对关重件各种故障模式采取的维修工作都是定期更换,需要对关重件从整体上确定最佳的更换间隔期;

(2)针对关重件各种故障模式采取的维修工作都是功能检测,需要对关重件从整体上

确定最佳的功能检测间隔期;

(3)针对关重件的部分故障模式采取定期更换,部分故障模式采取功能检测,需要对关重件从整体上确定最佳的检测间隔期和更换间隔期。

需要说明的是,这里仍将关重件各个故障模式所对应故障的发生看作是相互独立的,对于故障相关的情况有待于下一步继续研究。同时,若关重件的各项故障模式具有不同的影响(如安全性、任务性影响),关重件的整体决策将没有统一的目标,因此这里主要是建立其维修费用模型来进行分析和优化。

## 6.3.2 采取定期更换工作关重件的维修周期优化模型

对于采取多项定期更换工作的关重件来说,若按照各个故障模式确定的维修间隔期进行更换,势必会造成频繁停机和工龄浪费,需要从整体的角度分析并优化关重件的更换周期。下面分别建立长期使用条件下和短期使用条件下关重件的费用模型来进行其更换周期的优化。

1. 符号与假设

·某关重件共有 $L$ 项故障模式,各对应一项定期更换维修工作,第 $i$ 项原因相应的故障密度函数为 $w_i(t)$;

·若关重件发生故障,无论是何种原因引起,均进行维修且修复如新;

·各种维修活动的准备费用及对关重件所造成的停机损失可以忽略不考虑;

· $C_r$:定期更换工作的费用(这里认为各项更换工作费用相等);

· $C_{fi}$:第 $i$ 项故障模式导致关重件故障所需的修复性维修费用;

· $CR(T_r)$:关重件以周期 $T_r$ 进行定期更换时,长期使用下单位时间的期望维修费用;

· $CR(T_r,S)$:关重件以周期 $T_r$ 进行定期更换时,在短期使用条件下 $S$ 内的期望维修费用。

2. 长期使用条件下多故障模式定期更换模型

根据更新报酬理论,在长期使用条件下关重件单位时间的期望维修费用为

$$CR(T_r) = \frac{EC_f(T_r) + C_r}{T_r} \qquad (6-27)$$

其中, $EC_f(T_r)$ 表示在每个更换周期 $T_r$ 内,除周期末的预防性更换费用 $C_r$ 外,期望的故障维修费用。

$EC_f(T_r)$ 的求解过程如下。

假设在 $x$ 时刻发生首次故障,且故障是第 $i$ 项故障模式导致,此时的维修费用为 $C_{fi} + CR(T_r-x)$,此事件的发生需满足两个条件:

(1)第 $i$ 项故障模式对应故障发生;

(2)其余故障模式对应的故障均未发生。

因此,若用 $J=\{1,2,\cdots,L\}$ 表示关重件故障模式的集合,其概率可表示为

$$\int_0^t w_i(x) \prod_{\substack{j \in J \\ j \neq i}}^{j \neq i} \left[1 - \int_0^x w_j(z)\mathrm{d}z\right]\mathrm{d}x$$

此时,关重件的维修费用可表示为

$$\int_0^{T_r}\big[\,C_{fi}+C(T_r-x)\,\big]w_i(x)\prod_{j\in J}^{j\neq i}\big[\,1-\int_0^x w_j(z)\,\mathrm{d}z\,\big]\mathrm{d}x$$

由于关重件的 $L$ 个故障模式都可能引发关重件故障,所以对其进行概率求和可得更换周期内关重件的期望维修费用为

$$EC_f(T_r)=\sum_{i=1}^{L}\Big\{\int_0^{T_r}\big[\,C_{fi}+C(T_r-x)\,\big]w_i(x)\prod_{j\in J}^{j\neq i}\big[\,1-\int_0^x w_j(z)\,\mathrm{d}z\,\big]\mathrm{d}x\Big\} \tag{6-28}$$

将式(6-28)代入式(6-27),即可得到长期使用条件下关重件单位时间的期望维修费用模型为

$$CR(T_r)=\frac{\sum_{i=1}^{L}\Big\{\int_0^{T_r}\big[\,C_{fi}+C(T_r-x)\,\big]w_i(x)\prod_{j\in J}^{j\neq i}\big[\,1-\int_0^x w_j(z)\,\mathrm{d}z\,\big]\mathrm{d}x\Big\}+C_r}{T_r} \tag{6-29}$$

对定期更换周期 $T_r$ 进行优化,可以获得使关重件整体维修费用最小的更换间隔期。

3. 短期使用条件下多故障模式定期更换模型

在短期使用条件下 $S$ 内,关重件进行更换的次数 $N=\left|\dfrac{S}{T_r}\right|$。

若关重件的运行期 $S<T_r$,则只进行故障修复,不进行预防更换,因此其期望维修费用可得出

$$CR(T_r,S)=EC_f(S)=\sum_{i=1}^{L}\Big\{\int_0^{S}\big[\,C_{fi}+C(S-x)\,\big]w_i(x)\prod_{j\in J}^{j\neq i}\big[\,1-\int_0^x w_j(z)\,\mathrm{d}z\,\big]\mathrm{d}x\Big\} \tag{6-30}$$

而当 $S\geqslant T_r$ 时,其维修费用可表示为

$$\begin{aligned}CR(T_r,S)&=N\big[EC_f(T_r)+C_r\big]+CR(T_r,S-NT_r)\\&=N\Big(\sum_{i=1}^{L}\Big\{\int_0^{T_r}\big[\,C_{fi}+C(T_r-x)\,\big]w_i(x)\prod_{j\in J}^{j\neq i}\\&\quad\big[\,1-\int_0^x w_j(z)\,\mathrm{d}z\,\big]\mathrm{d}x\Big\}+C_r\Big)+CR(T_r,S-NT_r)\end{aligned} \tag{6-31}$$

综合之,可得短期使用条件下 $S$ 内关重件的期望维修费用模型为

$$CR(T_r,S)=\begin{cases}\sum_{i=1}^{L}\Big\{\int_0^{S}\big[\,C_{fi}+C(S-x)\,\big]w_i(x)\prod_{j\in J}^{j\neq i}\big[\,1-\int_0^x w_j(z)\,\mathrm{d}z\,\big]\mathrm{d}x\Big\},& S<T_r\\[2mm]N\Big(\sum_{i=1}^{L}\Big\{\int_0^{T_r}\big[\,C_{fi}+C(T_r-x)\,\big]w_i(x)\prod_{j\in J}^{j\neq i}\\[1mm]\big[\,1-\int_0^x w_j(z)\,\mathrm{d}z\,\big]\mathrm{d}x\Big\}+C_r\Big)+CR(T_r,S-NT_r),& S\geqslant T_r\end{cases} \tag{6-32}$$

### 6.3.3　采取功能检测工作关重件的维修周期优化模型

对于采取多项功能检测工作的关重件来说,也需要从整体的角度分析关重件的检测和维修费用,并分别建立长期使用条件下和短期使用条件下的费用模型来进行其检测周期的优化。

1. 符号与假设
- 某关重件共有 $L$ 项故障模式,分别对应一项功能检测维修工作,为完善检测;
- 若关重件发生故障,无论是何种原因引起,均进行维修且修复如新;
- 各种维修活动的准备费用及对关重件所造成的停机损失可以忽略不考虑;
- $U_i$:第 $i$ 项故障模式的潜在故障发生时的使用时间,其密度函数和分布函数分别为 $g_i(u)$ 和 $G_i(u)$;
- $H_i$:第 $i$ 项故障模式的潜在故障发展到功能故障的使用时间,其密度函数和分布函数分别为 $f_i(h)$ 和 $F_i(h)$;
- $C_n$:关重件的功能检测费用(这里的检测针对所有故障模式,因此每次的检测费用都相等);
- $C_p$:关重件的检测更新费用;
- $C_f$:关重件发生故障后修复性维修费用(为便于建立模型,假设各次维修费用都相等);
- $CP(T_n)$:关重件以周期 $T_n$ 进行功能检测时,长期使用下单位时间的期望维修费用;
- $CP(T_n,S)$:关重件以周期 $T_n$ 进行功能检测时,在短期使用条件下 $S$ 内的期望维修费用。

2. 长期使用条件下多故障模式功能检测模型

当关重件的各项故障模式所对应的故障都具有延迟时间时,关重件的故障情况将变得复杂,不会只是处于"故障"或"完好",而是具有多种状态。以关重件有两项功能检测工作来分析,此时关重件将具有以下五种状态:
- 状态 1:正常,两种故障模式均未发生潜在故障;
- 状态 2:故障模式 1 发生潜在故障,而故障模式 2 没有;
- 状态 3:故障模式 2 产生潜在故障,而故障模式 1 没有;
- 状态 4:故障模式 1 和 2 都产生潜在故障;
- 状态 5:两个故障模式中的一个产生功能故障。

可见,当关重件的检测工作更多时,关重件的状态将更加复杂。这里以具有两项检测工作的关重件为例,基于关重件故障状态的分析,建立其长期使用条件下的维修费用模型。

根据更新报酬理论,长期使用条件下关重件单位时间的期望维修费用为

$$CP(T_n) = \frac{EC}{ET} \tag{6-33}$$

式中,$EC$ 表示关重件寿命周期内的期望费用;$ET$ 表示关重件期望周期长度。

由于对关重件采取的是完善检测,所以如果在检测间隔期内发生潜在故障,则该潜在故障有可能在下次检测前发展为功能故障或在下次检测时被发现。假设潜在故障发生在第 $q$ 个检测间隔期 $[(q-1)T_n, qT_n]$ 之间,则可能会产生检测更新或者故障更新。

(1)若发生检测更新,则关重件的维修费用为 $qC_n+C_p$,寿命为 $qT_n$,由以下三种情况所组成。

情况一:故障模式 1 产生潜在故障,而故障模式 2 没有。其概率为

$$P_{m1}(qT_n) = \int_{(q-1)T<u1<qT} \int_{u1+h1>qT} \int_{qT<u2} g_1(u)f_1(h)g_2(u)\,\mathrm{d}u1\mathrm{d}h1\mathrm{d}u2 \tag{6-34}$$

情况二:故障模式 2 产生潜在故障,而故障模式 1 没有。其概率为

$$P_{m2}(qT_n) = \int_{(q-1)T < u1 < qT} \int_{u1+h1 > qT} \int_{qT < u2} g_2(u)f_2(h)g_1(u)\,\mathrm{d}u2\mathrm{d}h2\mathrm{d}u1 \qquad (6\text{-}35)$$

情况三：故障模式 1 和 2 都产生潜在故障。其概率为

$$P_{m3}(qT_n) = \int_{(q-1)T < u1 < qT} \int_{u1+h1 > qT} \int_{(q-1)T < u2 < qT} \int_{u2+h2 > qT} g_1(u)f_1(h)g_2(u)f_2(h)\,\mathrm{d}u1\mathrm{d}h1\mathrm{d}u2\mathrm{d}h2 \qquad (6\text{-}36)$$

（2）若关重件发生故障更新，则维修费用为 $(q-1)C_n + C_f$，由以下两种情况所组成。

情况一：故障模式 1 产生功能故障，故障模式 2 没有发生功能故障，关重件寿命为 $u1+h1$。其概率为

$$P_{f1}(qT_n) = \int_{(q-1)T < u1 < qT} \int_{u1+h1 < qT} \int_{u2+h2 > u1+h1} g_1(u)f_1(h)g_2(u)f_2(h)\,\mathrm{d}u1\mathrm{d}h1\mathrm{d}u2\mathrm{d}h2 \qquad (6\text{-}37)$$

情况二：故障模式 2 产生功能故障，故障模式 1 没有发生功能故障，关重件寿命为 $u2+h2$。其概率为

$$P_{f2}(qT_n) = \int_{(q-1)T < u2 < qT} \int_{u2+h2 < qT} \int_{u1+h1 > u2+h2} g_1(u)f_1(h)g_2(u)f_2(h)\,\mathrm{d}u1\mathrm{d}h1\mathrm{d}u2\mathrm{d}h2 \qquad (6\text{-}38)$$

所以，由式(6-34)至式(6-38)可得在间隔期 $[(q-1)T_n, qT_n]$ 内关重件的期望维修费用为

$$EC[(q-1)T_n, qT_n] = (qC_n + C_p)[P_{m1}(qT_n) + P_{m2}(qT_n) + P_{m3}(qT_n)] + [(q-1)C_n + C_f] \cdot [P_{f1}(qT_n) + P_{f2}(qT_n)] \qquad (6\text{-}39)$$

将式(6-34)式(6-38)代入上式，可得在间隔期 $[(q-1)T_n, qT_n]$ 内关重件的期望寿命为

$$ET[(q-1)T_n, qT_n] = (qT_n)[P_{m1}(qT_n) + P_{m2}(qT_n) + P_{m3}(qT_n)] +$$
$$\int_{(q-1)T < u1 < qT} \int_{u1+h1 < qT} \int_{u2+h2 > u1+h1} (u1+h1)g_1(u)f_1(h)g_2(u)f_2(h)\,\mathrm{d}u1\mathrm{d}h1\mathrm{d}u2\mathrm{d}h2 +$$
$$\int_{(q-1)T < u2 < qT} \int_{u2+h2 < qT} \int_{u1+h1 > u2+h2} (u2+h2)g_1(u)f_1(h)g_2(u)f_2(h)\,\mathrm{d}u1\mathrm{d}h1\mathrm{d}u2\mathrm{d}h2 \qquad (6\text{-}40)$$

综合所有可能的间隔期，可得到关重件的期望维修费用为

$$EC = \sum_{q=1}^{\infty} EC[(q-1)T_n, qT_n]$$
$$= \sum_{q=1}^{\infty} (qC_n + C_p)[P_{m1}(qT_n) + P_{m2}(qT_n) + P_{m3}(qT_n)] + [(q-1)C_n + C_f] \cdot [P_{f1}(qT_n) + P_{f2}(qT_n)] \qquad (6\text{-}41)$$

关重件的期望寿命为

$$ET = \sum_{q=1}^{\infty} ET[(q-1)T_n, qT_n]$$
$$= \sum_{q=1}^{\infty} (qT_n)[P_{m1}(qT_n) + P_{m2}(qT_n) + P_{m3}(qT_n)] +$$
$$\int_{(q-1)T < u1 < qT} \int_{u1+h1 < qT} \int_{u2+h2 > u1+h1} (u1+h1)g_1(u)f_1(h)g_2(u)f_2(h)\,\mathrm{d}u1\mathrm{d}h1\mathrm{d}u2\mathrm{d}h2 +$$

$$\int_{(q-1)T<u2<qT}\int_{u2+h2<qT}\int_{u1+h1>u2+h2}(u2+h2)g_1(u)f_1(h)g_2(u)f_2(h)\mathrm{d}u1\mathrm{d}h1\mathrm{d}u2\mathrm{d}h2 \quad (6-42)$$

将式(6-41)和(6-42)代入式(6-33),即可得出长期使用条件下关重件单位时间的期望维修费用,对其进行优化可得最佳检测间隔期。

3. 短期使用条件下多故障模式功能检测模型

在短期使用条件下 $S$ 内,关重件进行功能检测的次数 $K=\left\lfloor\dfrac{S}{T_n}\right\rfloor$。关重件在运行时间内的维修费用 $CP(T_n,S)$ 必然由以下三种不相容的事件组成。

(1)在运行时间 $S$ 内,关重件 $i$ 既没有发生功能故障,也没有在检测时发现潜在故障而进行预防性更换,此时的维修费用为 $KC_n$。发生此事件有四种可能情况。

情况一:在运行时间 $S$ 内没有发生潜在故障,即所有的 $U_i \geqslant S$,其概率为

$$P_{n1}(S)=\int_0^S g_1(u)\mathrm{d}u\left(1-\int_0^S g_2(u)\mathrm{d}u\right)$$

情况二:在最后一个检测期 $(S-KT_n,S)$ 之间某个时刻 $u1$ 发生了潜在故障,但在 $(S-u1)$ 期间没有发生功能故障,而 $u2$ 没有发生潜在故障,其概率为

$$P_{n2}(S)=\left(1-\int_0^S g_2(u)\mathrm{d}u\right)\int_{S-KT_n}^S g_1(u)[1-F_1(S-u)]\mathrm{d}u$$

情况三:在最后一个检测期 $(S-KT_n,S)$ 之间的某个时刻 $u2$ 发生了潜在故障,但在 $(S-u2)$ 期间没有发生功能故障,而 $u1$ 没有发生潜在故障,其概率为

$$P_{n3}(S)=\left(1-\int_0^S g_1(u)\mathrm{d}u\right)\int_{S-KT_n}^S g_2(u)[1-F_2(S-u)]\mathrm{d}u$$

情况四:在最后一个检测期 $(S-KT_n,S)$ 之间的某个时刻 $u1$ 和 $u2$ 都发生了潜在故障,但在 $(S-u2)$ 期间没有发生功能故障,其概率为

$$P_{n4}(S)=\int_{S-KT_n}^S g_1(u)[1-F_1(S-u)]\mathrm{d}u\int_{S-KT_n}^S g_2(u)[1-F_2(S-u)]\mathrm{d}u$$

所以,在运行期 $S$ 内关重件无更新事件的概率为

$$P_n(S)=P_{n1}(S)+P_{n2}(S)+P_{n3}(S)+P_{n4}(S) \quad (6-43)$$

(2)关重件 $i$ 在第 $q$ 次检测时发现潜在故障而进行检测更新,此时维修费用为 $qC_n+C_p+CP(T_n,S-qT_n)$,此事件的发生有三种可能情况。

情况一:故障模式1产生潜在故障,而故障模式2没有。其概率为

$$P_{m1}(qT)=\int_{(q-1)T<u1<qT}\int_{u1+h1>qT}\int_{qT<u2}g_1(u)f_1(h)g_2(u)\mathrm{d}u1\mathrm{d}h1\mathrm{d}u2$$

情况二:故障模式2产生潜在故障,而故障模式1没有。其概率为

$$P_{m2}(qT_n)=\int_{(q-1)T<u1<qT}\int_{u1+h1>qT}\int_{qT<u2}g_2(u)f_2(h)g_1(u)\mathrm{d}u2\mathrm{d}h2\mathrm{d}u1$$

情况三:故障模式1和2都产生潜在故障。其概率为

$$P_{m3}(qT_n)=\int_{(q-1)T<u1<qT}\int_{u1+h1>qT}\int_{(q-1)T<u2<qT}\int_{u2+h2>qT}g_1(u)f_1(h)g_2(u)f_2(h)\mathrm{d}u1\mathrm{d}h1\mathrm{d}u2\mathrm{d}h2$$

综合之,可知关重件在第 $q$ 次检测时发现潜在故障的概率为

$$P_m(qT_n)=P_{m1}(qT_n)+P_{m2}(qT_n)+P_{m3}(qT_n) \quad (6-44)$$

(3)关重件在 $x$ 时刻 $[(j-1)T_n<x<jT_n]$ 发生功能故障而进行故障更新,此时维修费用为 $(j-1)C_n+C_f+CP(T_n,S-x)$,此事件的发生有两种可能情况。

情况一:故障模式 1 产生功能故障,而故障模式 2 没有。其概率密度为

$$p_{b1}(x) = \int_{(j-1)T < u1 < jT} \int_{u2 > (j-1)T} \int_{u2+h2 > x} g_1(u)f_1(x-u)g_2(u)f_2(h)\,\mathrm{d}u1\mathrm{d}u2\mathrm{d}h2$$

情况二:故障模式 2 产生功能故障,而故障模式 1 没有。其概率密度为

$$p_{b2}(x) = \int_{(j-1)T < u2 < jT} \int_{u2 > (j-1)T} \int_{u2+h2 > x} g_2(u)f_2(x-u)g_1(u)f_1(h)\,\mathrm{d}u2\mathrm{d}u1\mathrm{d}h1$$

综合之,可知关重件在 $[(j-1)T_n, jT_n]$ 之间发生功能故障的概率密度为

$$p_b(x) = p_{b1}(x) + p_{b2}(x) \tag{6-45}$$

综合以上各个事件,可得关重件在使用期 $S$ 内的期望维修费用模型为

$$CP(T_n, S) = KC_n P_n(S) + \sum_{q=1}^{K} [qC_n + C_p + CP(T_n, S - qT_n)]P_m(qT_n) +$$

$$\sum_{j=1}^{K} \int_{(j-1)T_n}^{jT_n} [(j-1)C_n + C_f + CP(T_n, S-x)]p_b(x)\mathrm{d}x +$$

$$\int_{KT_n}^{S} [KC_n + C_i + CP(T_n, S-x)]p_b(x)\mathrm{d}x \tag{6-46}$$

将式(6-43)至式(6-45)代入式(6-46),并对 $T_n$ 进行优化可得最低的期望维修费用。

## 6.3.4 采取多种维修工作关重件的维修周期优化模型

在有些情况下,关重件的故障模式对应多种故障模式,其中有些模式具有潜在故障,采取的维修工作类型是功能检测;有些模式无潜在故障,采取的维修工作类型是定期更换,如图 6-5 所示。对此类关重件维修工作的优化就可通过综合各项维修工作,采取设定一个更换周期,然后在这个更换周期内进行若干次功能检测的方法来进行。

需要注意的是,这里的维修策略与前面的复合维修并不相同,前面的复合维修是针对关重件的单一故障模式采取多种维修工作,而这里的多种维修工作则是分别针对关重件的不同故障模式而采取的不同维修工作。

1. 符号与假设

·关重件共有 $L$ 项故障模式,分别对应一项维修工作,其中属于功能检测的工作用集合 $I$ 表示,属于定期更换的工作用集合 $J$ 表示;

·若关重件发生故障,无论是何种原因引起,均进行维修且修复如新;

·各种维修活动的准备费用及对关重件所造成的停机损失可以忽略不考虑;

·$U_i$:集合 $I$ 中故障模式的潜在故障发生时的使用时间,其密度函数和分布函数分别为 $g_i(u)$ 和 $G_i(u)$;

·$H_i$:集合 $I$ 中故障模式的潜在故障发展到功能故障的使用时间,其密度函数和分布函数分别为 $f_i(h)$ 和 $F_i(h)$;

·$Z_j$:集合 $J$ 中故障模式对应的密度函数和分布函数分别为 $w_j(z)$ 和 $W_j(z)$;

·$C_n$:关重件的功能检测费用;

·$C_p$:关重件的检测更新费用;

·$C_f$:关重件发生故障后修复性维修费用;

·$C_r$:定期更换工作的费用;

·$CR(T_n, T_r)$:长期使用条件下关重件在一个更换周期内单位时间的期望维修费用;

· $CR(T_n,T_r,S)$:短期使用条件下 $S$ 内关重件的期望维修费用。

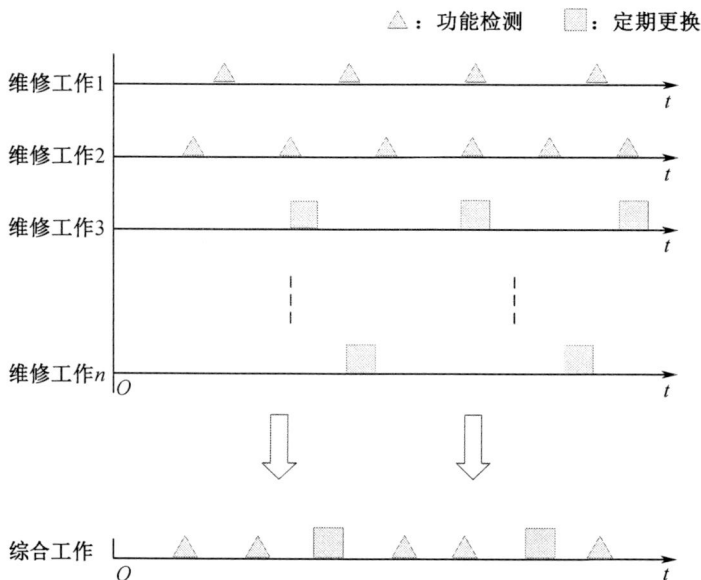

△:功能检测    ▢:定期更换

图6-5　多故障模式关重件维修工作优化

### 2. 长期使用条件下多故障模式多维修工作模型

根据更新报酬理论,在长期使用条件下关重件单位时间内的期望维修费用为

$$CR(T_n,T_r) = \frac{C(T_n,T_r)+C_r}{T_r} \tag{6-47}$$

其中,$C(T_n,T_r)$ 表示更换周期 $T_r$ 内以 $T_n$ 为间隔期进行功能检测时除周期末更换费用外所有维修费用的期望值。

令 $k = \left\lceil \dfrac{T_r}{T_n} \right\rceil$,在每个更换周期内维修费用 $C(T_n,T_r)$ 必然由以下三个不相容的事件组成。

(1)在整个更换周期 $kT_n$ 内,关重件未发生故障,此时的维修费用为检测费用,即 $(k-1)C_n$。为了简化建模过程,这里以具有一项检测工作和一项更换工作的关重件为例进行分析。发生此事件有两种情况。

情况一:既无潜在故障,也无功能故障,此时概率为

$$\left[ 1 - \int_0^{kT_n} g(u)\,\mathrm{d}u \right] \left[ 1 - \int_0^{kT_n} w(z)\,\mathrm{d}z \right]$$

情况二:在最后一个检测周期发生潜在故障,但未发展成功能故障,也没故障,此时概率为

$$\left\{ \int_{(k-1)T_n}^{kT_n} g(u)\left[ 1 - F(kT_n - u) \right]\mathrm{d}u \right\} \left[ 1 - \int_0^{kT_n} w(z)\,\mathrm{d}z \right]$$

所以,无更新事件发生的总概率为

$$P_n(kT_n) = \left\{ 1 - \int_0^{kT_n} g(u)\,\mathrm{d}u + \int_{(k-1)T_n}^{kT_n} g(u)\left[ 1 - F(kT_n - u) \right]\mathrm{d}u \right\} \left[ 1 - \int_0^{kT_n} w(z)\,\mathrm{d}z \right]$$

$$\tag{6-48}$$

（2）进行更新，且首次更新是在第 $q$ 次检测时发现潜在故障而进行的预防性更新，此时的维修费用为

$$qC_n + C_p + C(T_n, kT_n - qT_n)$$

发生此事件的情况为：关重件在第 $q$ 个检测期内发生潜在故障，但并未发展成功能故障；同时，故障的时间大于 $qT_n$。其概率为

$$P_m(qT_n) = \left\{ \int_{(q-1)T_n}^{qT_n} g(u)\left[1 - F(qT_n - u)\right] du \right\} \left[1 - \int_0^{qT_n} w(z)dz\right] \qquad (6-49)$$

（3）进行更新，且更新是因为在 $x$ 时刻 $[(i-1)T_n < x < iT_n]$ 发生功能故障而进行的故障更新，此时的维修费用为

$$(i-1)C_n + C_f + C(T_n, kT_n - x)$$

发生此事件有两种情况。

情况一：关重件在第 $i$ 个检测期内发生潜在故障，且在 $x$ 时刻发生功能故障；但第二类故障的时间大于功能故障的时间。其概率密度为

$$\int_{(i-1)T < u < iT} \int_{z > x} g(u)f(x-u)w(z)dudz$$

情况二：关重件在第 $i$ 个检测期内 $x$ 时刻发生二类故障，此时潜在故障时间大于 $(i-1)T_n$，功能故障时间大于 $x$。其概率密度为

$$\int_{(i-1)T < u < iT} \int_{u+h > x} g(u)f(h)w(x)dudh$$

总的概率密度为

$$p_b(x) = \int_{(i-1)T < u < iT} \int_{z > x} g(u)f(x-u)w(z)dudz + \int_{(i-1)T < u < iT} \int_{u+h > x} g(u)f(h)w(x)dudh \qquad (6-50)$$

综合以上可知，关重件在更换周期 $kT_n$ 内，除更换费用外的期望维修总费用为

$$C(T_n, T_r) = (k-1)C_n P_n(kT_n) + \sum_{q=1}^{k-1} \left[qC_n + C_p + C(T_n, kT_n - qT_n)\right] \cdot$$

$$P_m(qT_n) + \sum_{i=1}^k \int_{(i-1)T_n}^{iT_n} \left[(i-1)C_n + C_f + C(kT_n - x)\right] p_b(x)dx \qquad (6-51)$$

将式（6-48）至式（6-51）代入式（6-47），然后通过对 $k$ 进行枚举，计算其取不同值时最小的维修费用及对应的检测周期，从而得出最优解。

3. 短期使用条件下多故障模式多维修工作模型

在短期使用条件下 $S$ 内，关重件更换间隔期为 $T_r$，进行 $N$ 次定期更换（$N = \left| \dfrac{S}{T_i} \right|$）；而每个更换周期内检测间隔期为 $T_n$，进行 $k-1$ 次功能检测（$k = \left\lceil \dfrac{T_r}{T_n} \right\rceil$）。

当关重件运行时间 $S$ 小于更换周期 $T_r$ 时，其维修过程就相当于在短期使用条件下 $S$ 下以 $T_n$ 为间隔期的功能检测过程。令 $k_S = \left\lceil \dfrac{S}{T_n} \right\rceil$，此时维修费用 $CR(T_n, T_r, S)$ 必然由以下三个不相容的事件组成。

（1）在整个使用期 $S$ 内，关重件未发生故障，此时的维修费用为检测费用，即 $(k_S - 1)C_n$。为了简化建模过程，这里仍以具有一项检测工作和一项更换工作的关重件为例进行分析。

发生此事件有两种情况：

情况一：既无潜在故障，也无功能故障，此时概率为

$$\left[1 - \int_0^S g(u)\,\mathrm{d}u\right]\left[1 - \int_0^S w(z)\,\mathrm{d}z\right]$$

情况二：在最后一个检测周期发生潜在故障，但未发展成功能故障，也没故障，此时概率为

$$\left\{\int_{(k_S-1)T_n}^S g(u)\left[1 - F(S-u)\right]\mathrm{d}u\right\}\left[1 - \int_0^S w(z)\,\mathrm{d}z\right]$$

所以，无更新事件发生的总概率为

$$P_n(S) = \left\{1 - \int_0^S g(u)\,\mathrm{d}u + \int_{(k_S-1)T_n}^S g(u)\left[1 - F(S-u)\right]\mathrm{d}u\right\}\left[1 - \int_0^S w(z)\,\mathrm{d}z\right] \quad (6\text{-}52)$$

（2）进行更新，且首次更新是在第 $q$ 次检测时发现潜在故障而进行的预防性更新，此时的维修费用为

$$qC_n + C_p + C(T_n, S - qT_n)$$

发生此事件的情况为：关重件在第 $q$ 个检测期内发生潜在故障，但并未发展成功能故障；同时，故障的时间大于 $qT_n$。其概率为

$$P_m(qT_n) = \left\{\int_{(q-1)T_n}^{qT_n} g(u)\left[1 - F(qT_n - u)\right]\mathrm{d}u\right\}\left[1 - \int_0^{qT_n} w(z)\,\mathrm{d}z\right] \quad (6\text{-}53)$$

（3）进行更新，且更新是因为在 $x$ 时刻 $[(i-1)T_n < x < iT_n]$ 发生功能故障而进行的故障更新，此时的维修费用为

$$(i-1)C_n + C_f + C(T_n, S - x)$$

发生此事件有两种情况。

情况一：关重件在第 $i$ 个检测期内发生潜在故障，且在 $x$ 时刻发生功能故障；但第二类故障的时间大于功能故障的时间。其概率密度为

$$\int_{(i-1)T<u<iT}\int_{z>x} g(u)f(x-u)w(z)\,\mathrm{d}u\mathrm{d}z$$

情况二：关重件在第 $i$ 个检测期内 $x$ 时刻发生二类故障，此时潜在故障时间大于 $(i-1)T_n$，功能故障时间大于 $x$。其概率密度为

$$\int_{(i-1)T<u<iT}\int_{u+h>x} g(u)f(h)w(x)\,\mathrm{d}u\mathrm{d}h$$

总的概率密度为

$$p_b(x) = \int_{(i-1)T<u<iT}\int_{z>x} g(u)f(x-u)w(z)\,\mathrm{d}u\mathrm{d}z + \int_{(i-1)T<u<iT}\int_{u+h>x} g(u)f(h)w(x)\,\mathrm{d}u\mathrm{d}h$$

$$(6\text{-}54)$$

综合以上可知，关重件在使用期 $S$ 内的期望维修总费用为

$$CR(T_n, T_r, S) = (k_S - 1)C_n P_n(S) + \sum_{q=1}^{k_S-1}\left[qC_n + C_p + C(T_n, S - qT_n)\right] \cdot$$

$$P_m(qT_n) + \sum_{i=1}^{k_S}\int_{(i-1)T_n}^{iT_n}\left[(i-1)C_n + C_f + C(T_n, S - x)\right] \cdot$$

$$p_b(x)\mathrm{d}x + \int_{k_S T_n}^S\left[k_S C_n + C_f + C(T_n, S - x)\right]p_b(x)\mathrm{d}x \quad ((6\text{-}55)$$

当关重件运行时间 $S$ 大于更换周期 $T_r$ 时，其期望维修费用为各个更换周期内的维修费

用与 $(NT_r, S-NT_r)$ 内的维修费用之和,即

$$CR(T_n, T_r, S) = NT_r CR(T_n, T_r) + CR(T_n, T_r, S-NT_r) \qquad (6-56)$$

综合之可得关重件在运行期 $S$ 内的期望维修费用为

$CR(T_n, T_r, S) =$

$$\begin{cases} (k_S - 1) C_n P_n(S) + \sum_{q=1}^{k_S-1} \left[ qC_n + C_p + C(T_n, S - qT_n) \right] \cdot \\ P_m(qT_n) + \sum_{i=1}^{k_S} \int_{(i-1)T_n}^{iT_n} \left[ (i-1)C_n + C_f + C(T_n, S - x) \right] \cdot \\ p_b(x)\,\mathrm{d}x + \int_{k_S T_n}^{S} \left[ k_S C_n + C_f + C(T_n, S - x) \right] p_b(x)\,\mathrm{d}x, \qquad S < T_r \\[2mm] N\Big\{ (k-1)C_n P_n(kT_n) + \sum_{q=1}^{k-1} \left[ qC_n + C_p + C(T_n, kT_n - qT_n) \right] \cdot P_m(qT_n) + \\ \sum_{i=1}^{k} \int_{(i-1)T_n}^{iT_n} \left[ (i-1)C_n + C_f + C(kT_n - x) \right] \cdot p_b(x)\,\mathrm{d}x + C_r \Big\} + \\ CR(T_n, T_r, S - NT_r), \qquad\qquad S \geq T_r \end{cases}$$

$$(6-57)$$

## 6.4　本章小结

　　本章基于寿命分布规律,结合常见的定期更换、功能检测等预防性维修策略,从故障风险、可用度、维修费用等角度,对预防性维修工作的维修周期进行优化研究;在此基础上,针对关重件具有多种故障模式的情况,分析了各故障模式之间的相互关系,并区分采取一种或多种维修工作的情况,从整体上分析了其维修费用的结构与组成,建立了多故障模式下维修周期优化模型。

# 第7章
# 案例研究

前面章节给出了典型故障模式下关重件发生故障的基本原理与过程,分析了其寿命分布规律,结合常见预防性维修策略开展了维修周期优化研究,并针对关重件具有多种故障模式的情况建立了多故障模式下维修周期优化模型。为了将上述研究应用于维修实际,本章以某给水泵系统为例,在调研和分析其具体维修和故障数据的基础上,分析其维修建模需求,结合维修实际说明利用本书方法来进行维修决策优化的方法和步骤。

## 7.1 案例研究背景

某设备性能先进、结构复杂,由多个复杂系统组成。其中,给水泵系统是该设备最重要的大型辅机之一,它的主要作用是将已加热和除氧后的凝结水从除氧器水箱抽出,并经过高压加热器为该设备提供一定压力和流量的给水。

为了实现维修决策的科学性和准确性,维修部门较为完整地保存了该设备的检修记录数据。给水泵具有转速高,出口给水压力大等特点,工作环境比较严峻;统计数据显示,给水泵发生故障轻则影响设备运转,重则引起重大事故。由于给水泵系统的良好运行对整个设备的安全、可靠、经济运行的影响很大,具有非常重要的现实意义,其维修决策一直是维修部门非常关心的问题之一。

给水泵系统所包含的关重件较多,功能结构复杂,主要由内泵组件、泵壳和润滑油泵等三部分组成,其中内泵组件是给水泵的核心部分,又包含泵轴,叶轮,导叶,高、低压侧迷宫式机械密封装置;推力装置;高、低压侧径向支持轴承;平衡装置;齿轮型联轴器等。

经调研可知,给水泵系统包含泵轴、叶轮、机械密封装置、推力装置等多个关重件,且各关重件之间存在各种影响关联,这就使得其维修决策不能仅仅是各独立单关重件维修决策的简单叠加,而应将其作为一个系统从整体上进行维修分析与优化。因此,本章以给水泵系统为研究对象,结合其目前维修工作的实施情况,在明确其维修建模需求的基础上,对调研数据进行统计处理,研究其维修周期的优化方法和步骤,并应用前面章节所研究的维修决策理论和方法对其进行维修工作的组合优化。

## 7.2 给水泵系统目前维修制度及建模需求

### 7.2.1 目前给水泵系统维修工作的实施

目前,给水泵系统维修工作的实施主要是对该系统的故障模式及原因进行分析,确定故障影响及风险等级,然后按照检修要求,根据给水泵生产方的推荐周期实施具体维修工作。

首先,由负责设备辅机检修的维修技术人员汇总和排查给水泵系统的故障模式及可能原因,确定其故障影响及风险等级,并对维修工作的实施提出具体要求(表7-1);然后根据给水泵的运行状况、设备的检修计划和工期等,由检修技术员编写给水泵系统的检修计划,并经维修部门相关人员审核;之后由具体维修人员按照预定时间、项目进行给水泵的检修;最后进行维修效果验收。

表 7-1 给水泵系统故障与维修工作分析(部分)

| 关重件 | 故障模式 | 故障原因 | 故障影响 | 风险等级 | 检修要求 |
|---|---|---|---|---|---|
| 泵壳轮段 | 泄漏 | 老化变形 | 影响效率 | 一般 | 密封面光滑无毛刺,密封良好 |
| 轴承 | 弯曲 | 磨损 | 影响安全 | 较大 | 表面光滑,配合间隙符合质量标准 |
| 叶轮 | 汽蚀磨损 | 工况变化 | 影响效率 | 一般 | 流道光滑,无气孔、砂眼,配合尺寸符合质量要求 |
| 泵轴 | 断裂 | 配合间隙不佳 | 失稳振动 | 一般 | 配合间隙符合质量标准,按轴径的 $1.5‰ \sim 2‰$ |
| | 磨损 | 断油、油脏 | 失稳振动 | 一般 | 检查供油系统,干净畅通,化验油质合格 |
| 机封动静环 | 泄漏 | 磨损 | 影响流量 | 较大 | 配合面光滑,间隙符合质量标准 |
| 出口逆止阀 | 瓦拉脱落 | 固定件磨损 | 影响流量 | 较大 | 阀口密封良好,固定销轴安装正确、牢固 |
| 入口滤网 | 堵塞 | 水有杂质 | 影响流量 | 较大 | 滤芯干净无杂物 |
| 润滑油泵 | 振动 | 磨损 | 失稳振动 | 一般 | 配合间隙符合质量标准。中心:圆周≤0.1 mm;端面≤0.1 mm |
| 冷油器 | 泄漏 | 老化、腐蚀 | 润滑油损失 | 一般 | 胀口无渗漏,换热管干净,无杂物 |

自列装投运以来,给水泵系统的维修工作主要是根据给水泵生产方的推荐,执行4年一大修,1年一小修的维修策略。下面列出了给水泵系统目前所执行的主要大修项目和小修

项目。

1. 大修标准项目

（1）拆下所有妨碍解体的辅助管道，清理、回装。

（2）拆下就地表送校，热工人员拆除热工元件，最后组装。

（3）解体联轴器，测量联轴器之间距离，修前校对中心，修后找中心，必要时调整，最后清理组装。

（4）解体高低压侧轴承，测量轴瓦紧力、顶部间隙、两侧间隙、油挡间隙、轴瓦下沉及上抬、推力盘偏斜度、推力间隙，必要时调整，最后清理组装。

（5）测量修前、修后推力盘间隙及轴的总窜动、半窜动。

（6）拆下两侧机械密封，解体检查清理，测量各部间隙，最后组装。

（7）解体检查内泵组件，测量轴弯曲、密封环、导叶套、平衡鼓轴套与平衡鼓衬套的径向间隙，测量迷宫式密封轴套与衬套的径向间隙，测量叶轮晃度；检查叶轮毂、泵轴、密封环与导叶套、高低压侧机械密封、平衡鼓有无磨损、裂纹、沟痕，最后清理组装。

（8）检查清理外壳，测量滑销间隙，内泵就位。

（9）解体清理检修机械密封磁性滤网及冷却器。

（10）对冷却水系统手动门、密封水系统手动门，泵体放水门进行解体检修研磨、填盘根、管道吹洗，最后清理组装。

（11）消除设备缺陷。

2. 小修标准项目

（1）拆下所有妨碍小修的辅助管道。

（2）拆下联轴器护罩，解体检查联轴器并清理回装。

（3）解体高低压侧轴承室，测量轴瓦紧力、顶部间隙、油挡间隙、推力间隙、总窜动、半窜动，检查推力盘及推力瓦块磨损程度，最后清理组装。

（4）解体检查两侧机械密封，清理组装。

（5）拆下机械密封座，检查机械密封盘是否磨损，必要时拆下更换，更换平衡盘 O 形圈，清理回装。

（6）解体检查机械密封磁性滤网，清理回装。

（7）对冷却水系统手动门、密封水系统手动门、泵体放水门进行解体检修研磨、填盘根，最后清理组装。

（8）消除设备缺陷。

## 7.2.2 给水泵系统维修建模需求分析

给水泵系统由多个关重件组成，由于各关重件的不同特性，使得它们的最优维修间隔需各自按照相应的维修优化模型来确定，所以各关重件的维修间隔不尽相同，有些甚至相差很大。该设备维修部门将维修任务按照大小修进行分组集中执行，对于寿命周期长、故障后果影响不大的关重件，主要集中在大修期进行统一拆除更换；而对于寿命周期较短，发生故障会引起给水泵故障停机等重大事故的关重件则还需在小修期进行解体检查，根据其运行状态采取相应维修措施。

这种维修方法固然节约了组织维修人员的成本、管理成本以及相关准备成本等固定维

修费用,减少了停机损失,然而仍存在着如下不足尚需进行改进:

(1)给水泵系统的小修和大修周期是生产方依据经验和类似设备确定的,无科学定量依据,并非是最适合的。首先,给水泵系统的实际情况与市场定位和设计目标通常存在一定差距;其次,类似设备只能用来提供一定的参考;再次,现场运行环境和操作人员的差异,也使得生产方的推荐周期会产生偏差。

(2)由于给水泵系统定检维修不是通过全系统优化确定的,所以存在关重件"维修不足"和"维修过剩"的情况,使其存在很多非计划维修任务,会导致系统维修费用较高以及利用率的降低。

(3)上述维修工作及其间隔期的确定均是在假定各关重件之间的故障发生及关重件内部的故障原因相互独立的基础上来进行的,在给水泵系统的运行过程中这些假设并非完全符合其维修实际情况,需结合具体情况具体分析。

因此,就需要利用维修决策理论对给水泵系统进行维修决策,并用所建立的数学模型优化维修周期,从而为给水泵系统维修工作的组合优化提供一个基准,提高其维修决策的科学性与准确性。

# 7.3 给水泵系统维修数据及故障规律的分析处理

对给水泵系统进行维修决策,首先需要获取各关重件的相关维修数据及其故障规律。在研究过程中,收集和整理了该设备自 2000 年至 2010 年给水泵系统的检修记录数据。通过对检修记录的简单分析以及与现场维修技术人员的沟通,可得到给水泵系统各关重件的相关停机时间及费用值;其故障规律的得出则需进行数理统计分析。

## 7.3.1 维修费用等数据的处理

考虑到维修模型的计算需求,要确定各关重件的维修周期,其相关维修费用(包括故障更新费用、预防更新费用、停机损失费用等)和停机时间等是必需的因素。对于停机时间、检查时间、拆装费用等可通过数据记录直接得出,而较为间接的维修费用如检测更新费用等则还要进行简单计算。下面以泵轴为例进行具体说明和演示。

1. 泵轴检查时间 $d_n$ 及费用 $C_{nr}$

$$C_{nr}=D_n+C_n=d_nC_{loss}+C_n$$

式中,$D_n$ 为泵轴进行一次检查的平均停机损失;$C_n$ 为进行一次泵轴拆装、检查的平均费用;$C_{loss}$ 为泵轴单位小时的停机损失;$d_n$ 为一次泵轴检查的平均时间。本例中,泵轴平均检查时间 $d_n=8$ h/次,平均拆装费用 $C_n=8\,000.0$ 元。

2. 泵轴检测更新时间 $d_p$ 及费用 $C_p$

$$C_p=D_p+C_{pre}=d_pC_{loss}+C_{pre}$$

式中,$D_p$ 为进行一次泵轴缺陷更新的停机损失;$C_{pre}$ 为进行一次泵轴缺陷更新的平均材料及人工费用;$d_p$ 为进行一次泵轴缺陷更新的平均时间。本例中,泵轴的平均缺陷更新时间 $d_p=16$ h/次,平均缺陷更新的材料及人工费用 $C_{pre}=25\,000.0$ 元/次。

3. 泵轴故障更新时间 $d_f$ 及费用 $C_f$

$$C_f = D_f + C_{fre} = d_f C_{loss} + C_{fre}$$

式中,$D_f$ 为进行一次泵轴故障更新的停机损失;$C_{fre}$ 为进行一次泵轴故障更新的平均材料及人工费用;$d_f$ 为进行一次泵轴故障更新的平均时间。本例中,泵轴的平均故障更新时间 $d_f$ = 130 h/次,平均故障更新的材料及人工费用 $C_{fre}$ = 973 000.0 元/次。

4. 泵轴单位小时停机损失 $C_{loss}$

给水泵系统配置了备用电泵,当给水泵系统需要紧急停机时,就需要启动备用电泵来承担负荷,这时就会产生停机损失。由于该设备配置了一台 25% 容量的电动泵,使用电动泵时将使设备降低 25% 负荷,所以单位时间停机损失包括两部分:停机所造成的直接损失和电动泵多消耗的资源损失。经统计分析可知,这两部分损失合计 $C_{loss}$ = 1 873.9 元/天。

## 7.3.2　关重件故障规律的参数估计

在得出关重件的维修费用等数据后,还需对其故障规律进行统计分析。对于一般的"两态"关重件,其故障规律的参数估计方法可依据具体情况进行选择,这些方法包括矩估计法、最小二乘法、极大似然估计法、Bootstrap 方法、随机加权法、Bayes 方法等。这里主要介绍考虑潜在故障的"三态"关重件故障规律的参数估计方法,即延迟时间模型(DTM)数据的处理。

在各种数据分析方法中,极大似然估计法最适用于 DTM 数据的处理,因为极大似然估计法只需明了各个更新事件的概率密度函数,然后对似然函数(即各事件密度函数乘积)求极大值即可得出未知参数。在文献中,Prof. Jia 用概率推导方法建立了 DTM 的似然函数。下面以高压侧机封动静环为例来介绍用极大似然法对 DTM 数据进行参数估计的过程与方法。

1. 更新数据的收集与整理

从调研所得的给水泵系统检修维修数据中提取出高压侧机封动静环检测更新、故障更新等数据,并将相关信息进行整理,如表 7-2 所示。

表 7-2　高压侧机封动静环更新数据

| 部件信息 | 部件代码×× | 部件名称××× | 相应功能故障模式原因代码 | ×× | 模型代码×× |
| --- | --- | --- | --- | --- | --- |
| | | | 相应故障原因 | ×××× | |
| 维修数据 | 维修工作类型×××× | | 所需时间×× | 维修周期×× | 维修费用×× |
| 故障数据 | 数据类型×× | 潜在故障次数 7 | 检出率×× | 故障次数 3 | 检出率×× |
| 具体数据 | 开始使用时间 | 缺陷 | 故障 | 发生时间 | 时间长度/月 | 检测时间/月 |
| | 2000.03.19 | √ | — | 2003.08.24 | 41 | 2.5,8.5,23 |
| | 2003.08.29 | — | √ | 2004.02.24 | 6 | 0 |

表 7-2(续)

| | 开始使用时间 | 缺陷 | 故障 | 发生时间 | 时间长度/月 | 检测时间/月 |
|---|---|---|---|---|---|---|
| 具体数据 | 2004. 03. 14 | √ | — | 2004. 05. 28 | 2. 5 | 0 |
| | 2004. 06. 02 | √ | — | 2004. 08. 04 | 2 | 0 |
| | 2004. 08. 18 | √ | — | 2006. 06. 03 | 21. 5 | 6,8. 5,9. 5,11. 5 |
| | 2006. 06. 23 | √ | — | 2006. 09. 15 | 2. 5 | 0 |
| | 2006. 10. 07 | √ | — | 2007. 05. 20 | 8 | 3 |
| | 2007. 05. 22 | √ | — | 2008. 09. 06 | 16. 5 | 11. 5 |
| | 2008. 09. 10 | — | √ | 2008. 12. 19 | 3. 5 | 3 |
| | 2008. 01. 05 | — | √ | 2009. 09. 10 | 21 | 3,6 |
| | 2009. 09. 18 | 观察结束状态正常 | | 2010. 02. 12 | 5 | — |

由表 7-2 可以看出,高压侧机封动静环从投入使用到数据采集完毕,共进行了 7 次检测更新,3 次故障更新,数据采集完成时运行了 5 个月且状态正常,无潜在故障。

需要说明的是,这里的检测更新和故障更新是依据高压侧机封动静环解体后的状态来判定的:处于缺陷状态而更新,为检测更新;发生故障而更新,为故障更新。而且为了建模和求解的方法,这里对动静环的时间数据采取了“本地时间”方式,即更新时间均起始于上次更新点。

2. 似然函数的建立

假设对某部件以检测间隔期 $T$ 进行功能检测,检测时刻为 $iT(i=1,2,3\cdots)$。在检测时,若发现缺陷,则立即更换;否则,关重件继续工作直到发生故障或下次的检测;在两次连续的检测中,一旦发现故障,则立即更换新品。

通过对关重件进行有计划的检测,经过一段时间的检查,我们获取如下信息:

· 分别在时刻$(t_1,t_2,\cdots,t_j,\cdots,t_{NF})$共进行了 $NF$ 次故障更新;

· 分别在时刻$(t^1,t^2,\cdots,t^k,\cdots,t^{NI})$共进行了 $NI$ 次检测更新;

· 检测结束时刻 $t$,产品仍在正常工作。

那么,根据极大似然估计的基本原理,可以写出观察期间所有更新事件发生的似然函数,即各事件的概率乘积为

$$L=\left\{\prod_{j=1}^{NF}p_{\mathrm{f}}(t_j)\prod_{k=1}^{NI}P_{\mathrm{i}}(t^k)\right\}P_{\mathrm{n}}(t) \tag{7-1}$$

式中　$p_{\mathrm{f}}(t_j)$——在时刻 $t_j$ 进行第 $j$ 次故障更新的密度函数;

$P_{\mathrm{i}}(t^k)$——在时刻 $t^k$ 进行第 $k$ 次检测更新的概率;

$P_{\mathrm{n}}(t)$——在观察期结束时刻 $t$ 内没有更新事件发生的概率。

为了便于计算可用 $\log L$ 代替 $L$,因此 log 的似然函数表达式为

$$\log L=\sum_{j=1}^{NF}\log[p_{\mathrm{f}}(t_j)]+\sum_{k=1}^{NI}\log[P_{\mathrm{i}}(t^k)]+\log[P_{\mathrm{n}}(t)] \tag{7-2}$$

式(7-2)说明如果观测的概率可用公式表示,那么就可根据所观测结果得到 log 似然函

数的表达式,再通过最大化 log $L$ 获得分布的参数估计。

3. 似然函数的求解

在理想检测的情况下利用延迟时间基本理论,我们可以得到

$$p_f(t_j) = \int_{nT}^{t_j} g(u) f(t_j - u) \, du \tag{7-3}$$

$$P_i(t^k) = \int_{mT}^{t^k} g(u) [1 - F(t^k - u)] \, du \tag{7-4}$$

$$P_n(t) = 1 - G(t) + \int_{t_l}^{t} g(u) [1 - F(t - u)] \, du \tag{7-5}$$

式中  $nT$——以上次更新点为起始时间,第 $j$ 次故障更新的前一次检测时间,$n = \text{int}(t_j/T)$;

$mT$——以上次更新点为起始时间,第 $k$ 次检测更新的前一次检测时间,$t_m = t^k - T$;

$t$——以上次更新点为起始时间观测结束时的时间,且观测结束时单元仍在工作;

$t_l$——观察结束之前的前一次检测时间,$l = \text{int}(t/T)$。

若已知故障更新时间,检测更新时间以及观察结束时关重件的工作状态,那么根据初始时间和延迟时间的分布类型,就可以完全地确定式(7-3)、式(7-4)和式(7-5),并可将式(7-2)最大化来估计分布参数。

若对初始时间和延迟时间的函数形式暂时难以确定,则对其进行参数估计时均采用威布尔分布,然后通过估计结果中的形状参数来判断其分布形式。

假设初始时间和延迟时间分布函数分别为

$$G(u) = 1 - e^{-\left(\frac{u}{\beta_1}\right)^{\alpha_1}}, \quad F(h) = 1 - e^{-\left(\frac{h}{\beta_2}\right)^{\alpha_2}}$$

从表7-2中可以得出如下具体信息(时间单位为月):

· 分别在时刻 $t_j = (6, 3.5, 9)$ 共进行了3次故障更新,且更新前最近一次检测时间分别为 $(0, 3, 6)$;

· 分别在时刻 $t_k = (41, 2.5, 2, 21.5, 2.5, 8, 16.5)$ 共进行了7次检测更新,且更新前最近一次检测时间分别为 $(23, 0, 0, 11.5, 0, 3, 11.5)$;

· 检测结束时刻5,产品仍在正常工作。

由上节相关知识可得出上述信息的极大似然函数式为

$$\log L = \sum_{j=1}^{3} \log[p_f(t_j)] + \sum_{k=1}^{7} \log[P_i(t^k)] + \log[P_n(5)]$$

将其最大化,可得参数值分别为 $\alpha_1 = 1.2, \beta_1 = 15.3, \alpha_2 = 1.4, \beta_2 = 6.4$。这里由结果得出该高压侧机封动静环缺陷发生的初始时间服从形状参数为1.2、尺度参数为15.3个月的威布尔分布,延迟时间服从形状参数为1.5、尺度参数为6个月的威布尔分布。据此再结合相关的费用、时间等信息,应用相应的决策模型,可进行维修周期的优化。

## 7.4　给水泵系统维修周期决策建模

### 7.4.1　给水泵系统维修周期优化步骤

在上述分析和研究的基础上,本书对给水泵系统维修周期的优化采用如下的方法和步骤:

(1)根据给水泵系统的维修实际情况,按照本书第六章给出的维修周期优化模型和复合维修、故障相关情况下维修周期优化模型,确定各关重件最优的维修间隔。

例如,当给水泵系统的轴承损坏严重时,会使高压水大量泄漏;泄漏的水进入轴承室将造成轴瓦的磨损故障;而轴瓦磨损严重时会使油挡激烈振动,又进一步加剧轴承部分的摩擦。可见,轴承、轴瓦和油挡等作为一个互相影响的群体,需要从故障相关多关重件的角度进行维修决策。

再如,给水泵系统的泵轴出现过磨损、断裂等事故,具有多种故障模式。目前,针对磨损模式主要采取定期检测的小修形式,而针,对断裂模式则在大修时进行定期更换。对于这种多故障模式的关重件也需从整体的角度来进行维修决策研究。

(2)以给水泵系统基本维修间隔期和各关重件维修间隔为优化变量,以可靠度和利用率为约束条件,建立以整个系统维修费用率为目标函数的优化组合模型。

(3)最后,根据所建的优化模型,求出满足约束条件的最优的基本维修周期和各关重件的维修间隔期。

### 7.4.2　给水泵系统维修费用分析

维修费用是给水泵系统维修任务优化组合的目标函数,因此,确定给水泵系统的维修费用结构是优化定期建模的首要任务。在进行维修任务组合后的维修费用可以分为两类:

(1)第一类是给水泵系统各关重件本身的维修费用,包括关重件的预防性维修费用、故障维修费用、故障损失费用等。这部分维修费用通过各关重件相应的维修优化模型进行确定。

(2)第二类是因定期维修而造成的停机损失费用,该费用对单个关重件来讲,由于停机时间相对于工作时间很短,或许可以忽略。但对于给水泵系统来讲,由于维修任务多、停机时间长,这种损失费用是必须考虑的。

### 7.4.3　给水泵系统维修工作的组合优化

根据前面所得到的维修费用数据以及对给水泵系统维修费用的分析,对其建立其长期使用条件下的维修决策模型,可得到给水泵系统单位时间的期望维修费用为

$$C(T_{Sn}, T_{Sr}, \{T_{Sni}, T_{Sri}\}) = \sum_{i=1}^{l} C_{Zk}(T_{Sni}, T_{Sri}) + \sum_{j=1}^{m} \frac{Q_j C_{loss}}{j T_{Sn}} \tag{7-6}$$

式中,$T_{Sn}$、$T_{Sr}$ 分别表示给水泵系统的基本小修和大修周期。$\{T_{Sni}, T_{Sri}\}$ 分别表示关重件 $i$ 的维修周期。同时,当关重件采用定期更换时 $T_{Sni} = 0$,而当关重件采用功能检测时 $T_{Sri} = 0$。$C_{Zk}(T_{Sni}, T_{Sri})$ 表示采取不同维修工作时所应用的相应维修模型,$k=1$ 为定期更换模型,$k=2$ 为功能检测模型,$k=3$ 为复合维修模型,$k=4$ 为故障相关模型,$k=5$ 为多故障模式模型。$Q_j$ 表示给水泵系统第 $j$ 次维修工作组合导致的停机时间(由于工作组合后停机时间的计算方法及实际调研数据未充分解决,为简化计算,这里假设每次停机损失均为 20 000 元)。

可见,给水泵系统的维修费用率模型从总体上讲是一个融合多种维修方式的综合模型,再加上各个关重件不同的安全性或任务性约束条件,可得出给水泵系统维修工作的组合优化模型为

$$\begin{cases} \min C(T_{Sn}, T_{Sr}, \{T_{Sni}, T_{Sri}\}) \\ \text{s. t.} \\ \{P_{bi}(T_{Sni}, T_{Sri}, t)\} \leqslant \{P_{b0i}\} \\ \{A_i(T_{Sni}, T_{Sri})\} \geqslant \{A_{0i}\} \end{cases} \tag{7-7}$$

通过对给水泵系统关重件进行维修工作和故障影响等的分析,并采用上面的数据处理方法进行维修费用计算和寿命分布参数估计,得到了表 7-3 所示的相关维修信息。其中,对于采取单一维修工作且与其他关重件无故障相关的关重件,可采用传统预防性维修模型计算其维修费用;对于采取复合维修工作的关重件,采用复合维修模型计算其维修费用;对于故障交互关重件即轴承、轴瓦和油挡,则采用 $k=4$ 时的故障相关模型;而泵轴这种采取多种类型维修工作的关重件,就应采用 $k=5$ 时的模型。

表 7-3 给水泵系统各部件维修信息

| 序号 | 部件名称 | 维修工作 | 故障影响 | 维修费用参数/元 | | | 故障规律 | |
|---|---|---|---|---|---|---|---|---|
| | | | | $C_n$ | $C_{pre}$ | $C_{fre}$ | 寿命类型 | 对应参数 |
| 1 | 油挡 | 定期更换 | 经济性 | — | 4 550 | 11 375 | 威布尔分布 | $m=2.36, l=64.28$ |
| 2 | 入口滤网 | 功能检测 | 任务性 | 2 000 | 9 800 | 24 500 | 威布尔分布 指数分布 | $m=3.47, l=14.74$ $\lambda=14.98\times10^{-2}$ |
| 3 | 叶轮 | 功能检测 | 安全性 | 2 400 | 10 000 | 25 600 | 指数分布 指数分布 | $\lambda=18.59\times10^{-2}$ $\lambda=19.47\times10^{-2}$ |
| 4 | 泵轴 | 定期更换 | 经济性 | — | 25 000 | 97 300 | 指数分布 | $\lambda=16.33\times10^{-2}$ |
| 5 | | 功能检测 | 经济性 | 8 000 | 25 000 | 97 300 | 威布尔分布 指数分布 | $m=1.44, l=9.27$ $\lambda=17.92\times10^{-2}$ |
| 6 | 机封动静环 | 功能检测 | 任务性 | 2 650 | 19 000 | 92 000 | 指数分布 威布尔分布 | $\lambda=17.14\times10^{-2}$ $m=1.50, l=6.07$ |
| 7 | 润滑油泵 | 功能检测 | 安全性 | 5 600 | 29 000 | 72 500 | 指数分布 指数分布 | $\lambda=12.79\times10^{-2}$ $\lambda=6.48\times10^{-2}$ |
| ... | ... | ... | ... | ... | ... | ... | ... | ... |

表 7-3 中故障规律的上下两组数据分别对应部件故障的初始时间和延迟时间的分布参数,寿命单位为月。经调研计算,轴承、轴瓦和油挡之间的故障交互影响矩阵确定为

$$[\theta(t)] = \begin{bmatrix} 0 & 0.06 & 0.03 \\ 0 & 0 & 0.07 \\ 0.02 & 0.05 & 0 \end{bmatrix}$$

将上述数据代入给水泵系统维修决策模型,经计算可知,当系统大修间隔期取 3 年,小修期取 0.5 年(186 天)时,系统单位维修费用可达最低。图 7-1 显示了当给水泵系统小修周期和大修周期内小修次数分别取不同值时,相应系统单位维修费用的三维图。

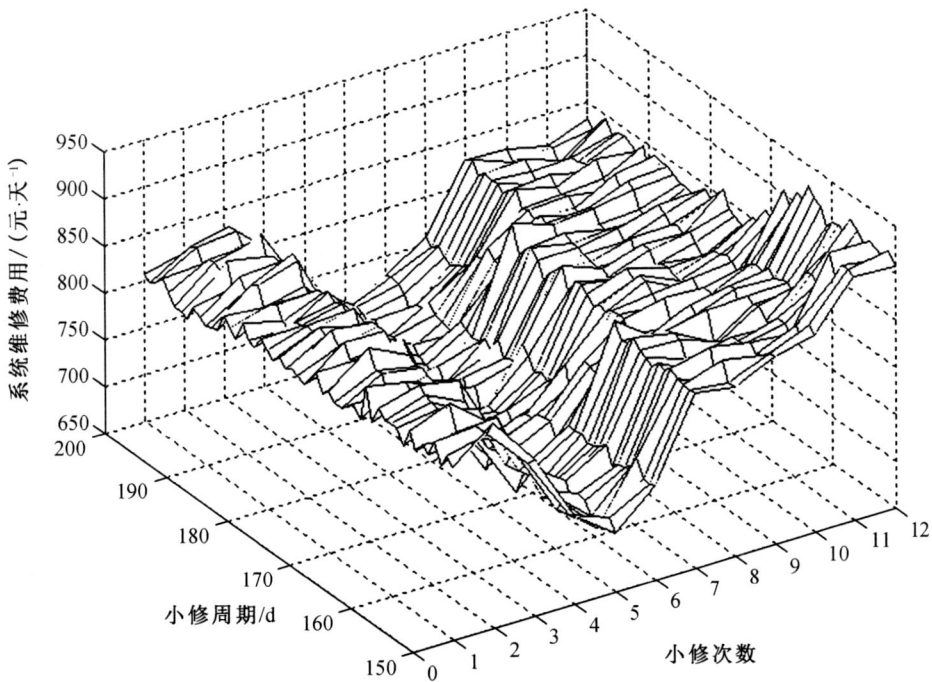

图 7-1　给水泵系统维修费用优化三维图

同时,在计算过程中也可得出给水泵系统所包含各个关重件的相应维修间隔期,如表 7-4 所示。需要注意的是,经过优化后,各关重件的维修并非像以前那样集中进行(即在小修期进行所有的检测工作,在大修期进行所有的更换工作),而是有所调整,如入口滤网的检测间隔期为系统基本小修期的两倍(1 年),出口逆止阀的更换间隔期也调整成 6 年。

表 7-4　优化后给水泵系统各关重件维修间隔期

| 序号 | 关重件名称 | 维修工作 | 维修间隔期/年 |
|---|---|---|---|
| 1 | 油挡 | 定期更换 | 3 |
| 2 | 入口滤网 | 功能检测 | 1 |
| 3 | 叶轮 | 功能检测 | 0.5 |
| 4 | 泵轴 | 定期更换 | 3 |

表 7-4(续)

| 序号 | 关重件名称 | 维修工作 | 维修间隔期/年 |
|---|---|---|---|
| 5 | 泵轴 | 功能检测 | 1 |
| 6 | 机封动静环 | 功能检测 | 0.5 |
| 7 | 出口逆止阀 | 定期更换 | 6 |
| 8 | 轴承 | 定期更换 | 3 |
| 9 | 润滑油泵 | 功能检测 | 0.5 |
| 10 | 轴瓦 | 定期更换 | 3 |

通过上面分析计算可以得出下面结论:

(1)利用本书所建立的模型对给水泵系统维修工作进行优化后,当系统大修基本间隔期取 3 年、小修基本间隔期取 0.5 年时,单位维修费用可达最小值,为 697.5 元/天。

(2)给水泵系统维修工作的优化,不仅调整了系统的基本维修周期,而且也改变了维修工作施行时的固定组合方式。在系统的基本小修(大修)期,并非所有的检测(更换)工作都要进行,而是依据其故障规律和特点实施采取更为灵活的维修周期,在充分利用关重件的寿命的同时也减少了不必要的维修工作量。

(3)复杂系统维修周期决策模型的应用,使得维修分析和决策人员可以定量直观地度量和了解目前维修制度所存在的缺陷不足,以及采用模型支持所带来的收益,便于进行维修决策。

可见,利用本书研究的基于维修周期优化模型的系统维修方案制订方法,从给水泵全系统角度出发,对其总体费用进行建模分析和决策,得出的维修工作优化方案更加科学合理。

## 7.5 本章小结

以往维修分析人员在制订维修方案时主要凭借经验,而且没有立足于全系统,无法确保维修决策的准确性与可信性。本章以某设备给水泵系统为研究对象,分析了其维修建模需求,给出了维修数据和各关重件寿命分布的参数估计方法,并建立了给水泵系统维修周期决策模型。该案例演示了应用本书研究内容进行维修决策的具体应用方法和步骤,也验证了本书所建立模型的可行性与有效性。

# 参 考 文 献

［1］ FUCHS H O, STEPHENS R I. Metal fatigue in engineering［M］. New York：John Wiley&Sons,1980.

［2］ 韦丁,王琼林,严文荣,等. 降低身管烧蚀性研究进展［J］. 火炸药学报,2020,43 (4):351-361.

［3］ 李小龙. 速射武器身管材料劣化行为与弹道性能退化机理研究［D］. 北京：北京科技大学,2020.

［4］ 罗天放,陈荣刚. 火炮身管寿命理论预测方法［J］. 兵工自动化,2018,37(6):28-32.

［5］ 郭俊行,樵军谋,李宗虎,等. 烧蚀磨损对某大口径自行加榴炮动态响应的影响［J］. 弹道学报,2021,33(1):44-49.

［6］ KITINIRUNKUL T, KITCHAIYA P, KIRIRATNIKOM C,et al. Effect of antimony trioxide and carbon black on the mechanical properties and ablation properties of liner insulation in rocket motors［J］. Key Engineering Materials,2021,877:108-113.

［7］ 王超. 汽轮发电机轴系扭振冲击疲劳损伤分析方法研究［D］. 武汉：华中科技大学,2018.

［8］ 胡冶昌. 枪用多股复进簧冲击特性与疲劳可靠性分析研究［D］. 太原：中北大学,2018.

［9］ 闫思宏,陶凤和,贾长治. 履带车辆承载关重件耐久性疲劳预测与结构优化［J］. 机械强度,2018,40(4):1012-1016.

［10］ 吴大林,马吉胜,杜中华,等. 自行火炮扭力轴强化疲劳寿命计算及分析［J］. 计算机仿真,2012,29(12):30-33.

［11］ 李树立. 大口径火炮身管内膛磨损数值模拟与系统优化研究［D］. 南京：南京理工大学,2019.

［12］ 程宇阳. 身管典型损伤对弹丸膛内运动的影响分析［D］. 太原：中北大学,2020.

［13］ 覃楚东,贺石中,庞晋山,等. 基于有限元分析和油液监测的轴承疲劳磨损寿命研究［J］. 润滑与密封,2018,43(7):121-125,156.

［14］ TANDLER R,BOHN N,GABBERT U,et al. Analytical wear model and its application for the wear simulation in automotive bush chain drive systems［J］. Wear, 2020, 446/447:203193.

［15］ 梁侨. 冲击荷载下钢货架梁柱节点多温工况疲劳性能分析及试验研究［D］. 南京：东南大学,2019.

［16］ 白凡,柳勇,吴君,等. 基于瞬态分析的浮动核电站高能管路冲击疲劳寿命评估［J］. 装备环境工程,2019,16(2):95-100.

[17] 何玲.枪械自动机关重件冲击疲劳实验机相关理论与实验研究[D].南京:南京理工大学,2011.

[18] JIA X. OR modelling within the RCM context[D]. UK:The University of Salford,2000.

[19] 贾希胜.以可靠性为中心的维修决策模型[M].北京:国防工业出版社,2007.

[20] 白永生.复杂系统维修周期优化模型[D].石家庄:中国人民解放军机械工程学院,2010.

# 附录A
# 以装药量为变量时寿命分布模型图

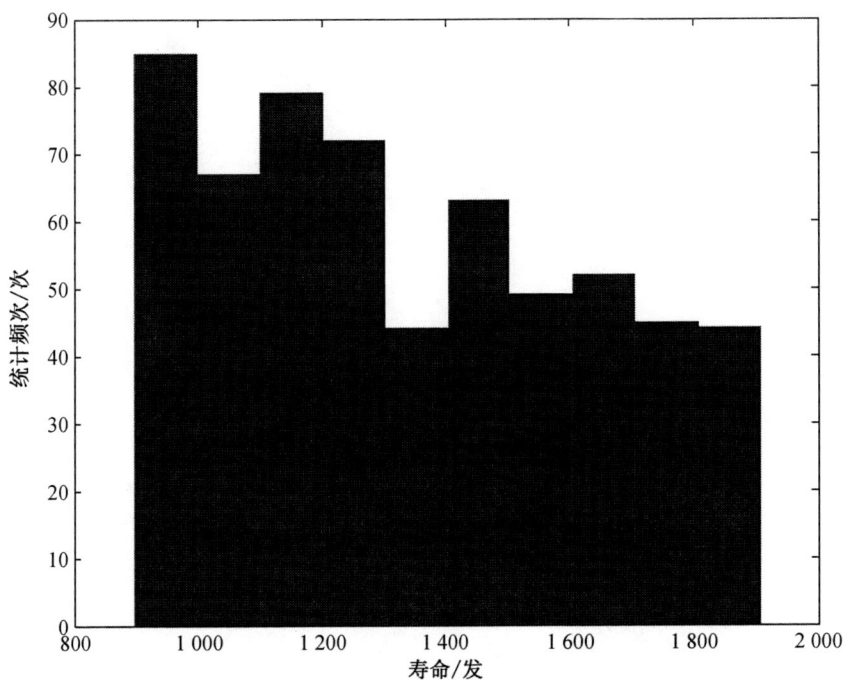

图 A-1 寿命分布模型图(1.0 kg)

经计算,当装药量为 1.0 kg 时,关重件平均寿命为 1 343 发。

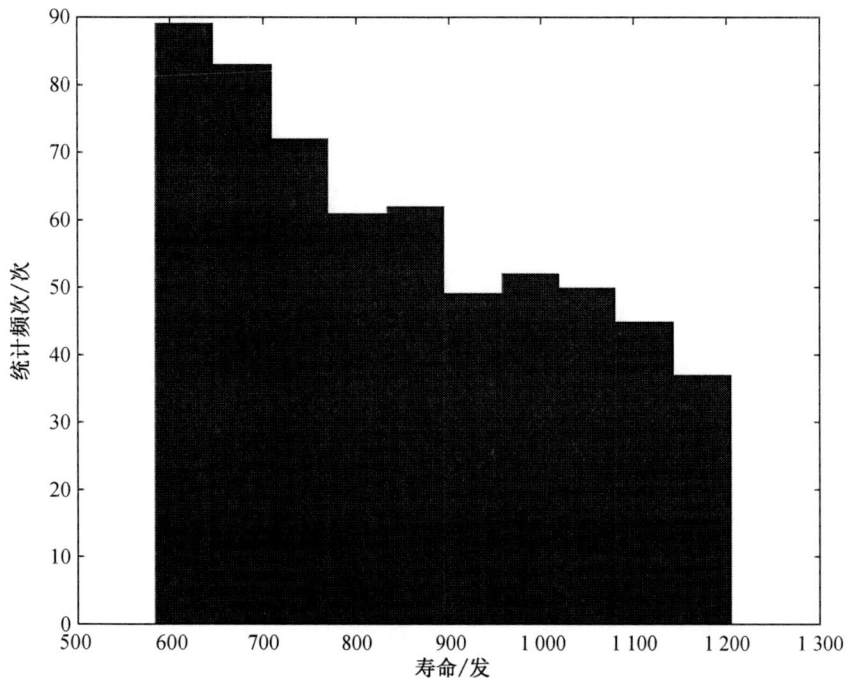

图 A-2  寿命分布模型图(1.2 kg)

经计算,当装药量为 1.2 kg 时,关重件平均寿命为 849 发。

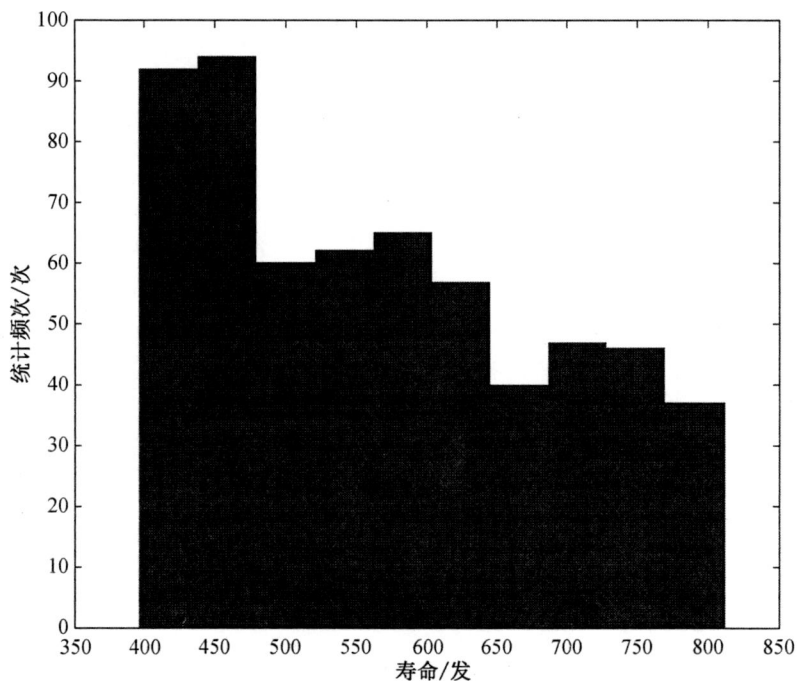

图 A-3  寿命分布模型图(1.4 kg)

经计算,当装药量为 1.4 kg 时,关重件平均寿命为 571 发。

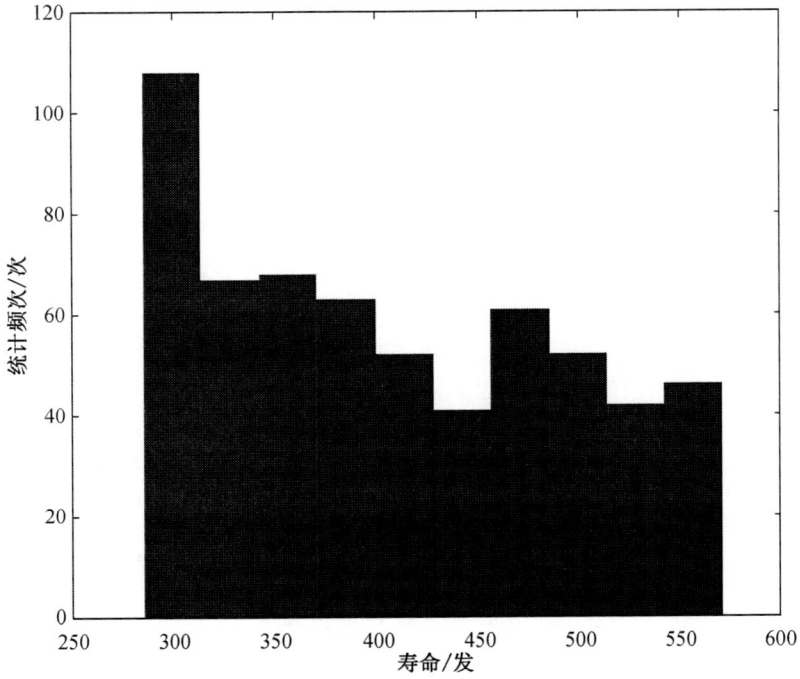

图 A-4　寿命分布模型图(1.6 kg)

经计算,当装药量为 1.6 kg 时,关重件平均寿命为 408 发。

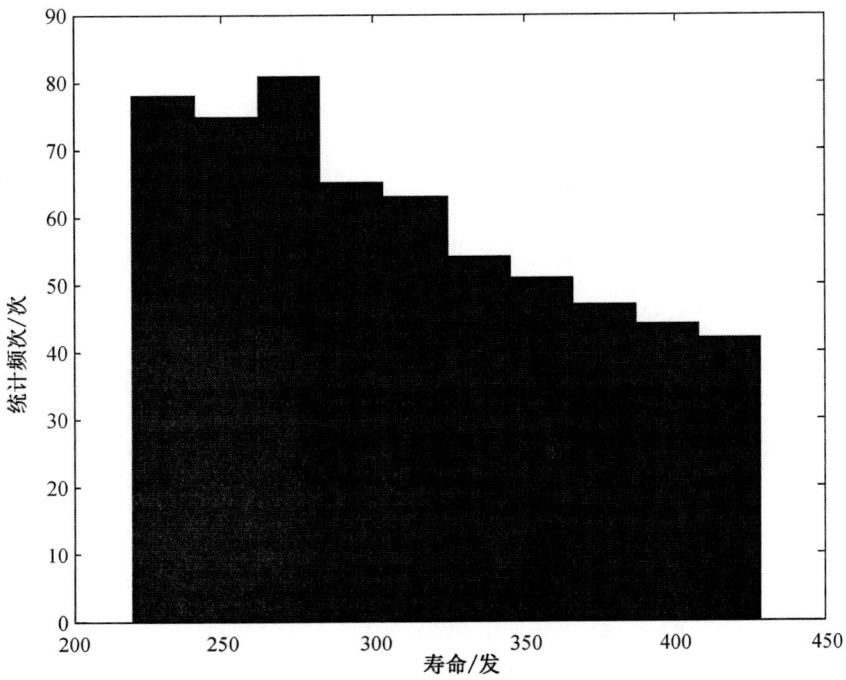

图 A-5　寿命分布模型图(1.8 kg)

经计算,当装药量为 1.8 kg 时,关重件平均寿命为 310 发。

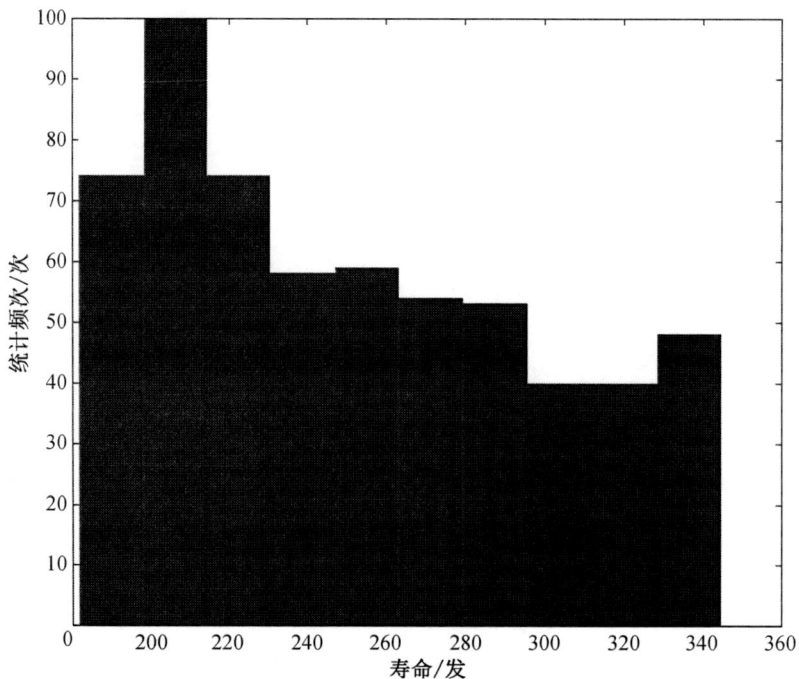

图 A-6　寿命分布模型图(2.0 kg)

经计算,当装药量为 2.0 kg 时,关重件平均寿命为 252 发。

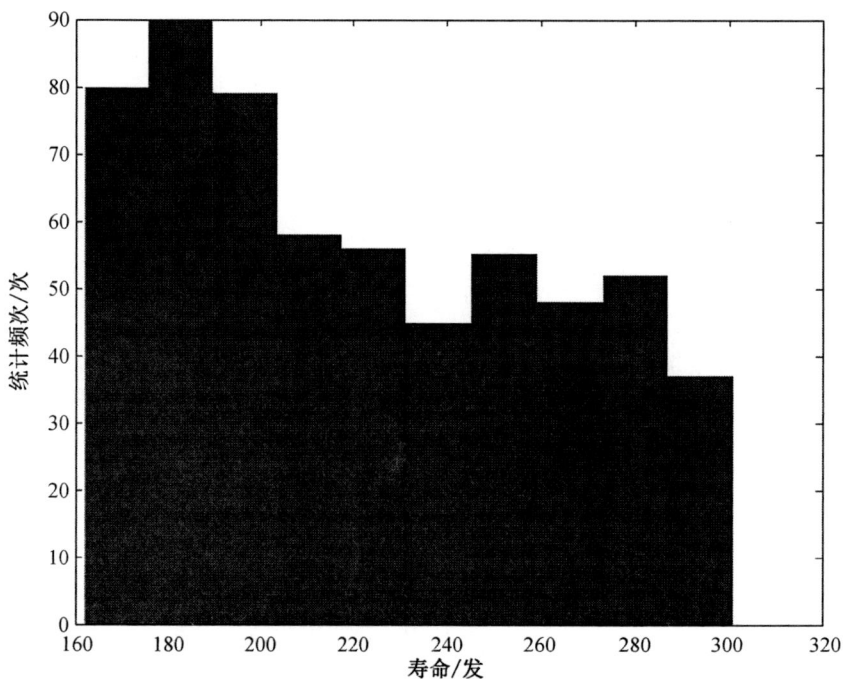

图 A-7　寿命分布模型图(2.2 kg)

经计算,当装药量为 2.2 kg 时,关重件平均寿命为 222 发。

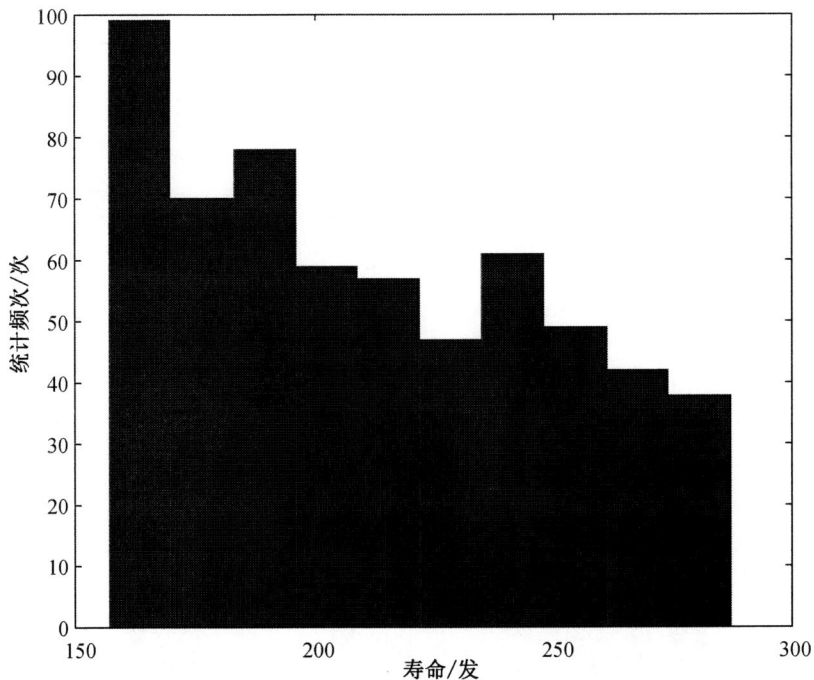

图 A-8  寿命分布模型图( 2.4 kg)

经计算,当装药量为 2.4 kg 时,关重件平均寿命为 213 发。

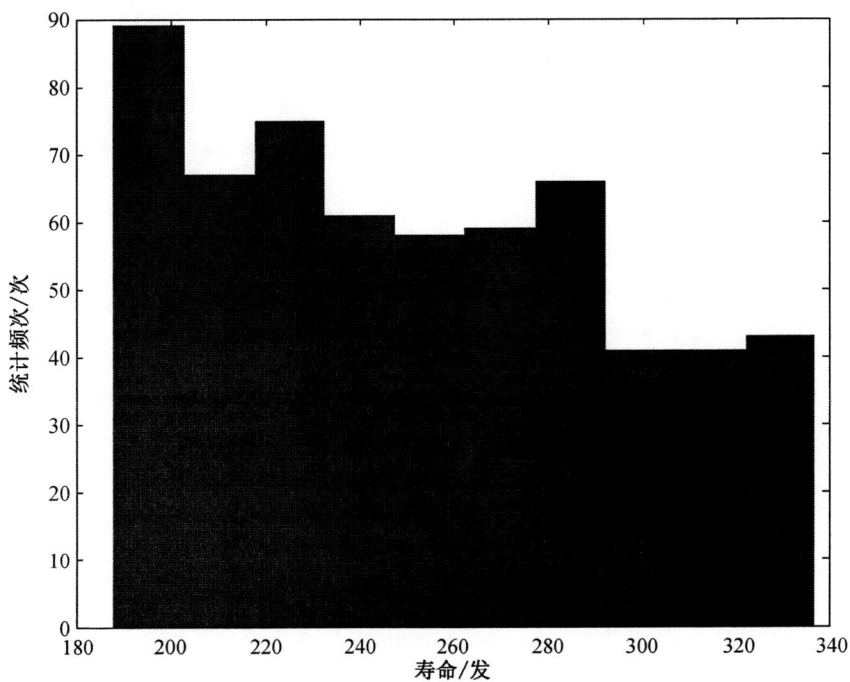

图 A-9  寿命分布模型图( 2.6 kg)

经计算,当装药量为 2.6 kg 时,关重件平均寿命为 253 发。

# 附录B
# 以连发次数为变量时寿命分布模型图

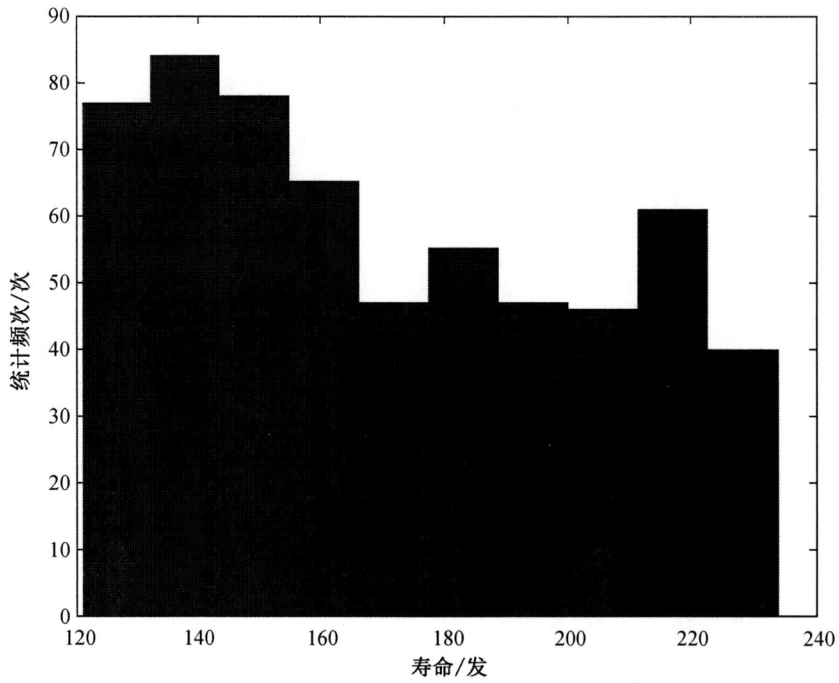

图 B-1　寿命分布模型图(3次)

经计算,当连发次数为 3 次时,关重件平均寿命为 167 发。

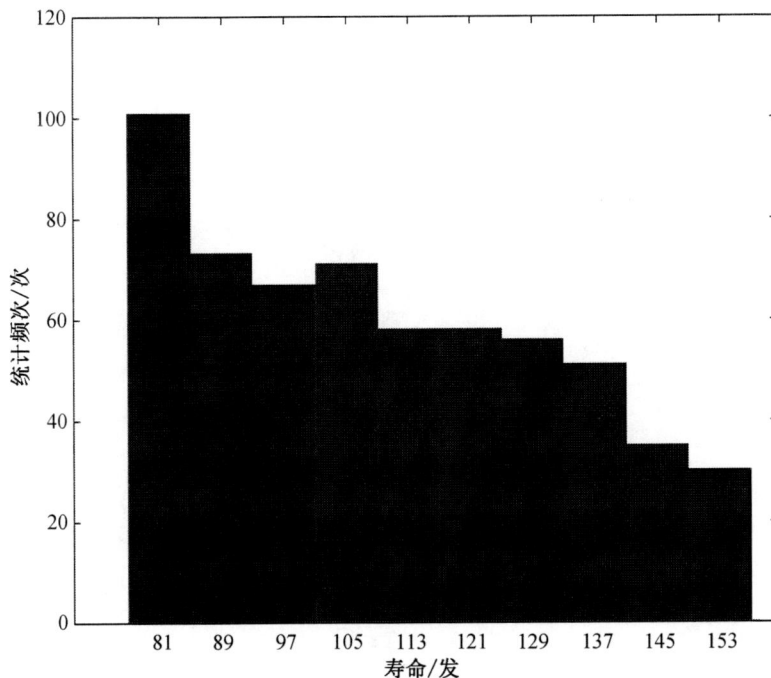

**图 B-2　寿命分布模型图(4 次)**

经计算,当连发次数为 4 次时,关重件平均寿命为 110 发。

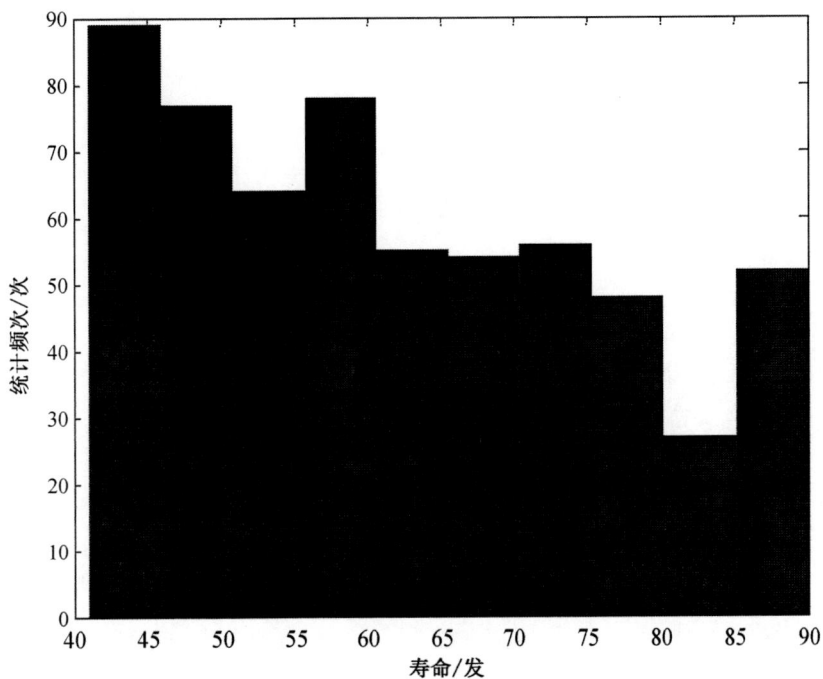

**图 B-3　寿命分布模型图(5 次)**

经计算,当连发次数为 5 次时,关重件平均寿命为 62 发。

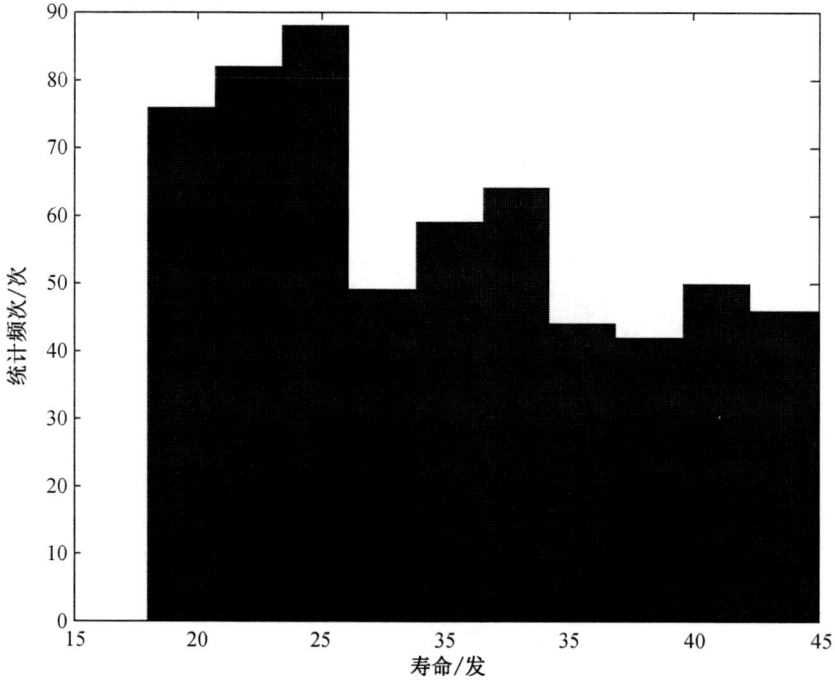

图 B-4　寿命分布模型图(6 次)

经计算,当连发次数为 6 次时,关重件平均寿命为 30 发。

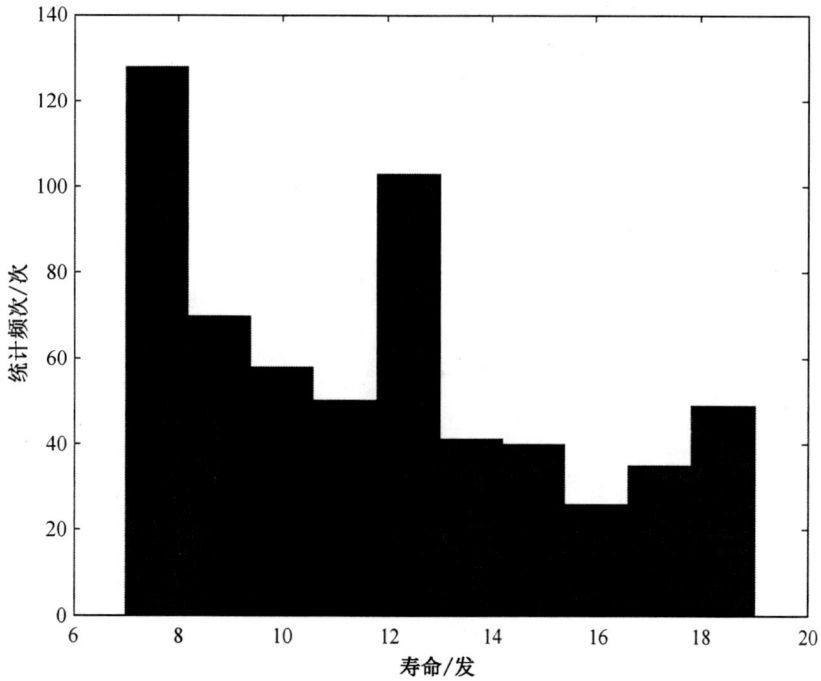

图 B-5　寿命分布模型图(7 次)

经计算,当连发次数为 7 次时,关重件平均寿命为 12 发。

# 附录C
# 以关重件长度为变量时寿命分布模型图

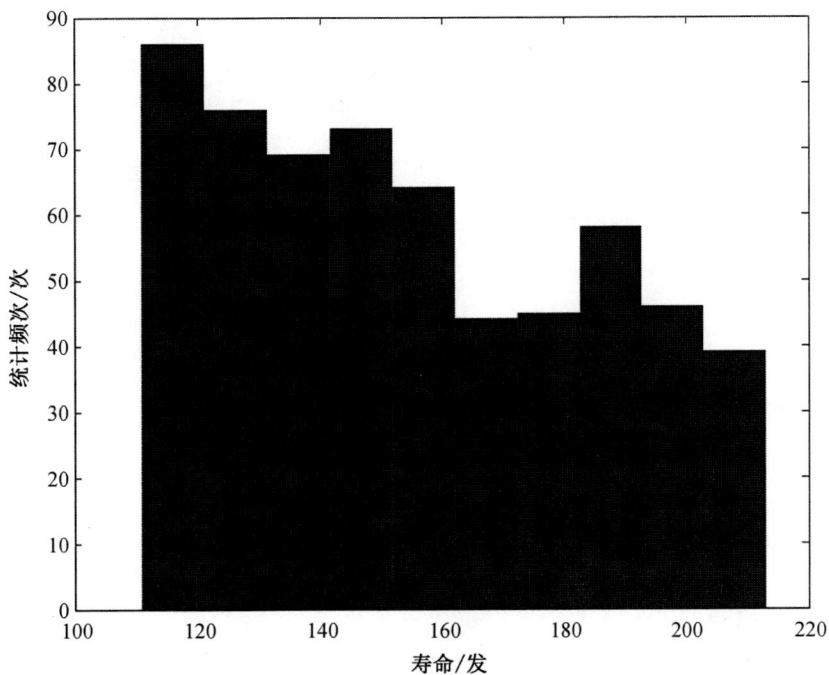

图 C-1　寿命分布模型图（26 dm）

经计算，当关重件长度为 26 dm 时，平均寿命为 155 发。

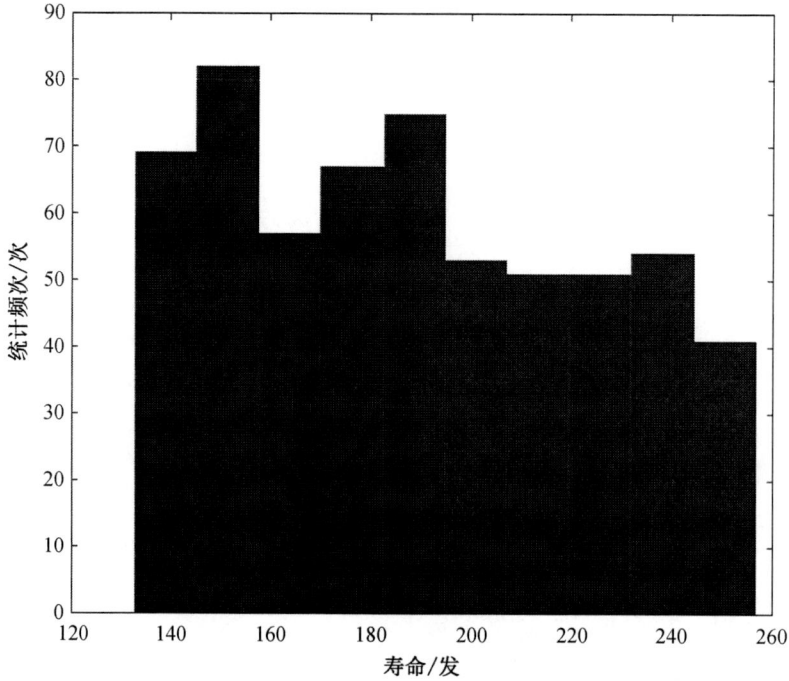

**图 C-2　寿命分布模型图( 24 dm )**

经计算,当关重件长度为 24 dm 时,平均寿命为 189 发。

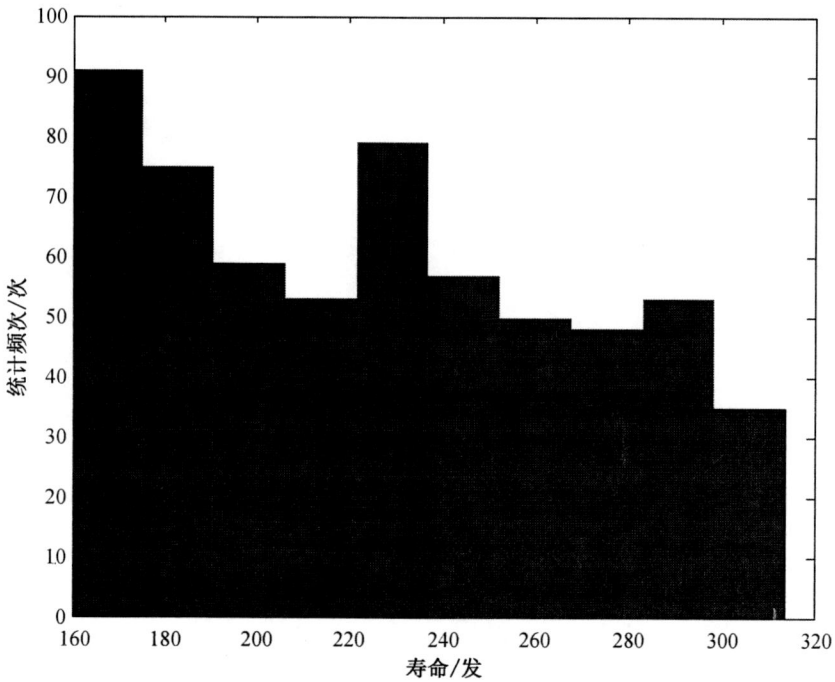

**图 C-3　寿命分布模型图( 22 dm )**

经计算,当关重件长度为 22 dm 时,平均寿命为 227 发。

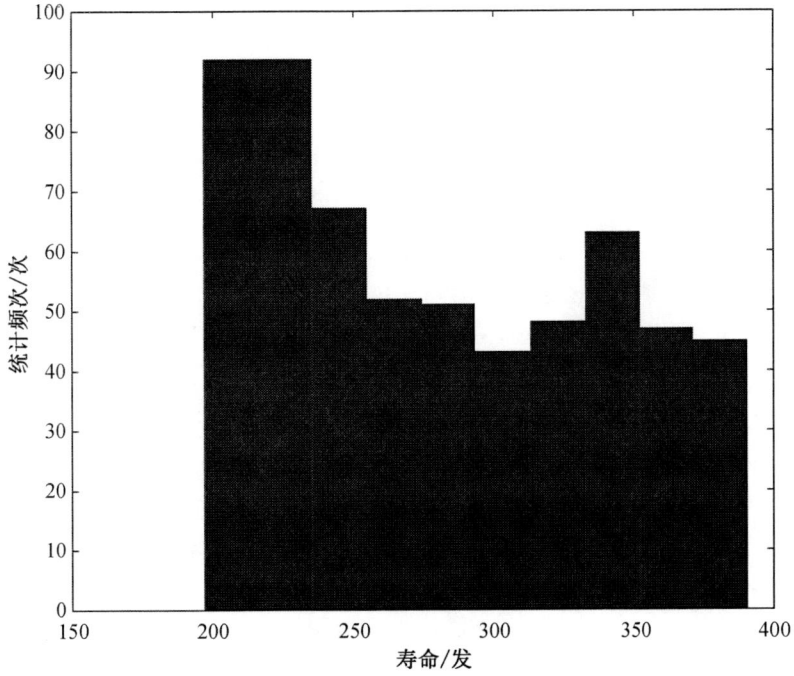

**图 C-4　寿命分布模型图(20 dm)**

经计算,当关重件长度为 20 dm 时,平均寿命为 282 发。

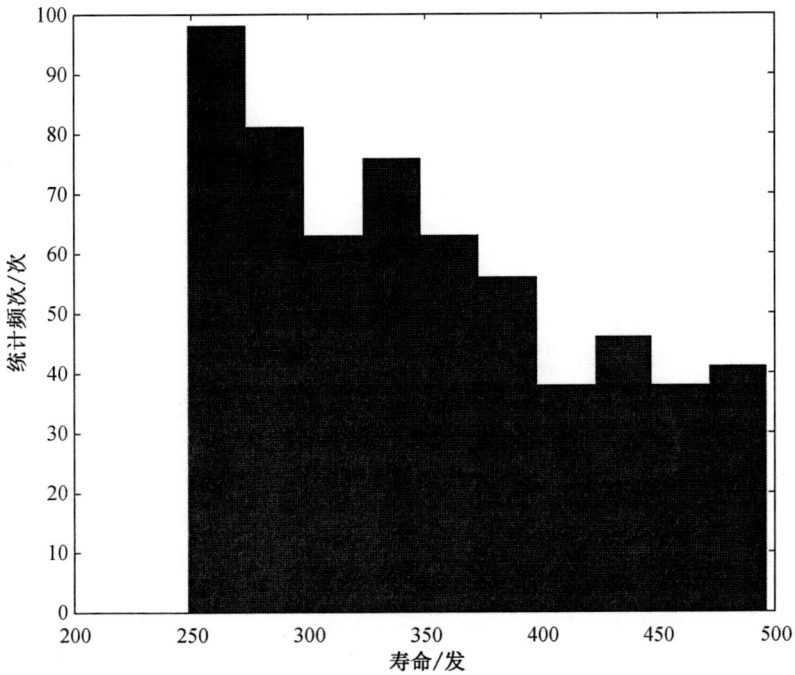

**图 C-5　寿命分布模型图(18 dm)**

经计算,当关重件长度为 18 dm 时,平均寿命为 351 发。

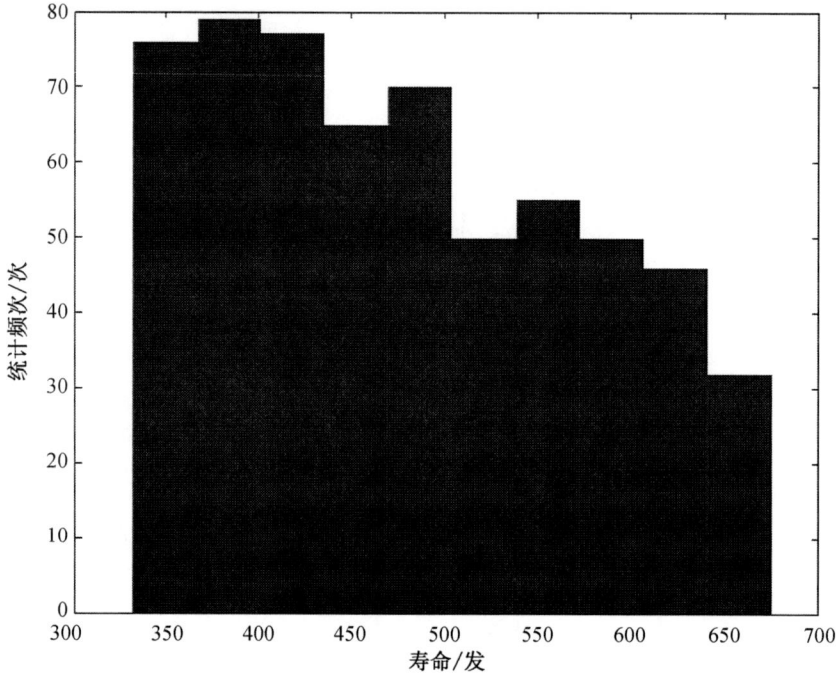

图 C-6　寿命分布模型图(16 dm)

　　经计算,当关重件长度为 16 dm 时,平均寿命为 477 发。

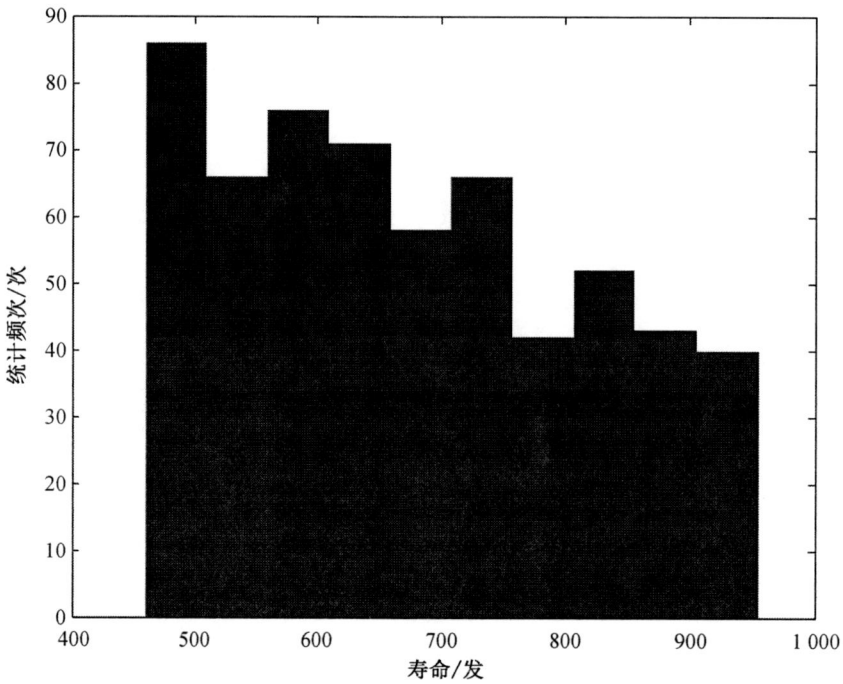

图 C-7　寿命分布模型图(14 dm)

　　经计算,当关重件长度为 14 dm 时,平均寿命为 676 发。

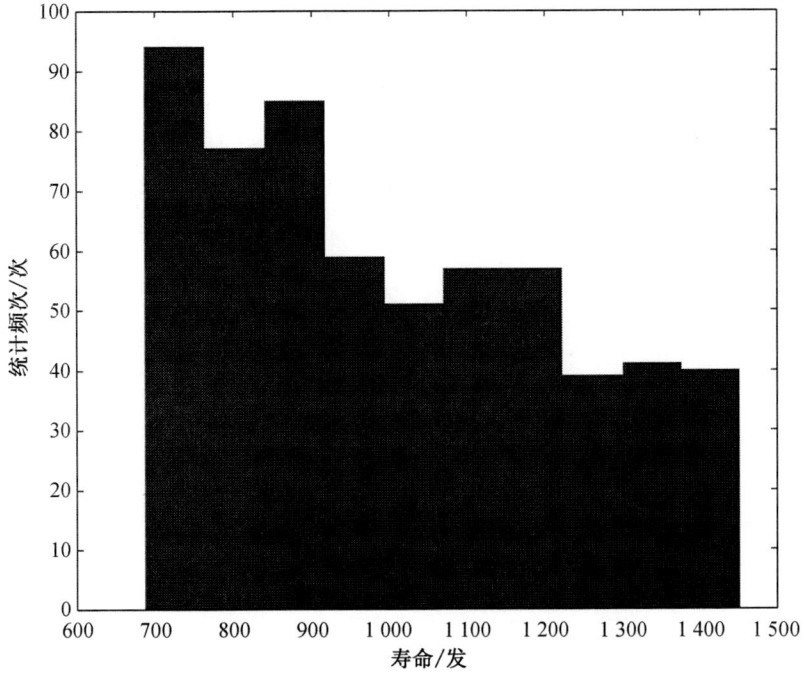

图 C-8　寿命分布模型图( 12 dm )

经计算,当关重件长度为 12 dm 时,平均寿命为 1 007 发。

# 以履带销牵引力为变量时寿命分布模型图

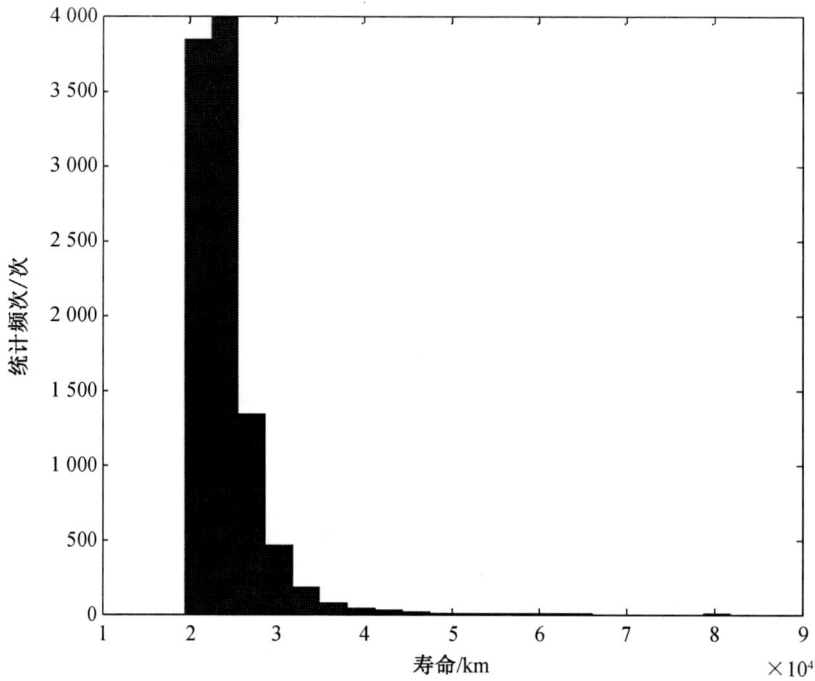

**图 D-1　寿命分布模型图(85 000 N)**

经计算,当在履带销牵引力为 85 000 N 时,平均最大行驶里程为 23 716 km。

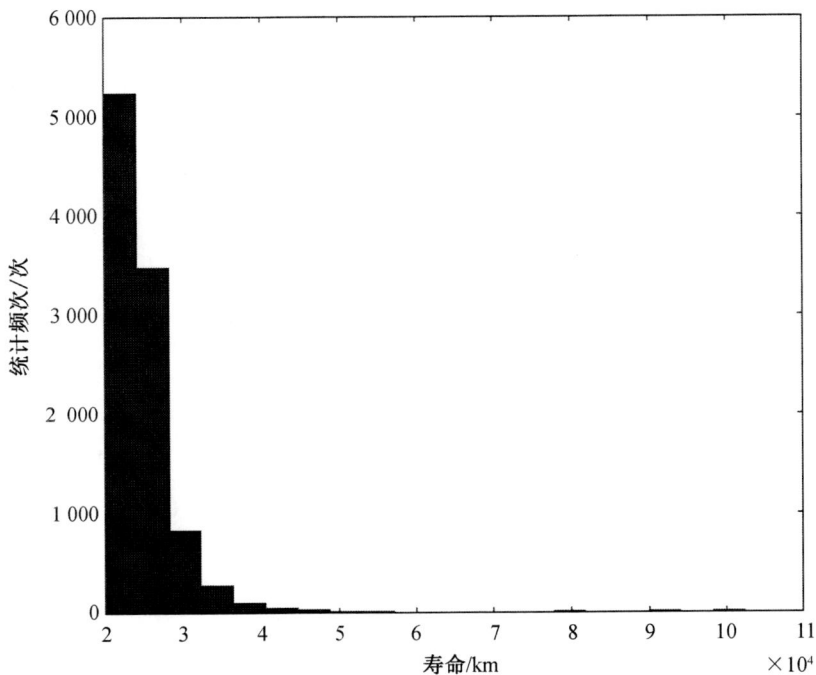

**图 D-2　寿命分布模型图(80 000 N)**

经计算,当履带销牵引力为 80 000 N 时,平均最大行驶里程为 24 476 km。

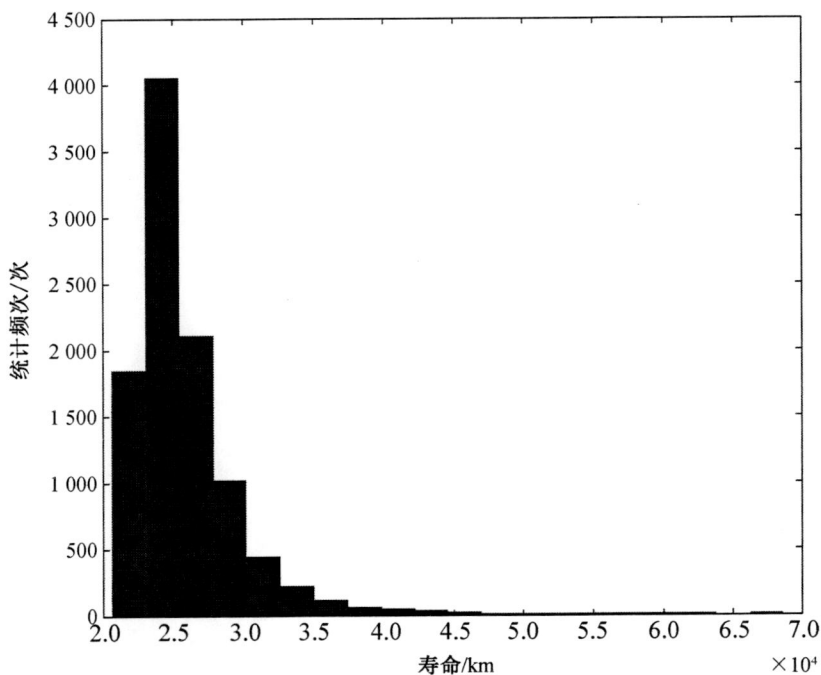

**图 D-3　寿命分布模型图(75 000 N)**

经计算,当履带销牵引力为 75 000 N 时,平均最大行驶里程为 25 313 km。

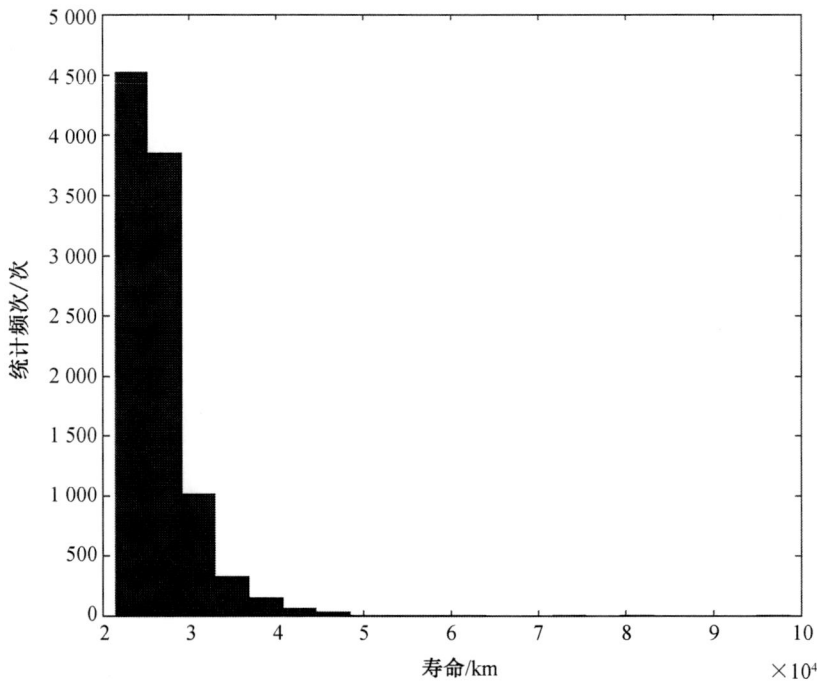

图 D-4　寿命分布模型图(70 000 N)

经计算,当履带销牵引力为 70 000 N 时,平均最大行驶里程为 25 997 km。

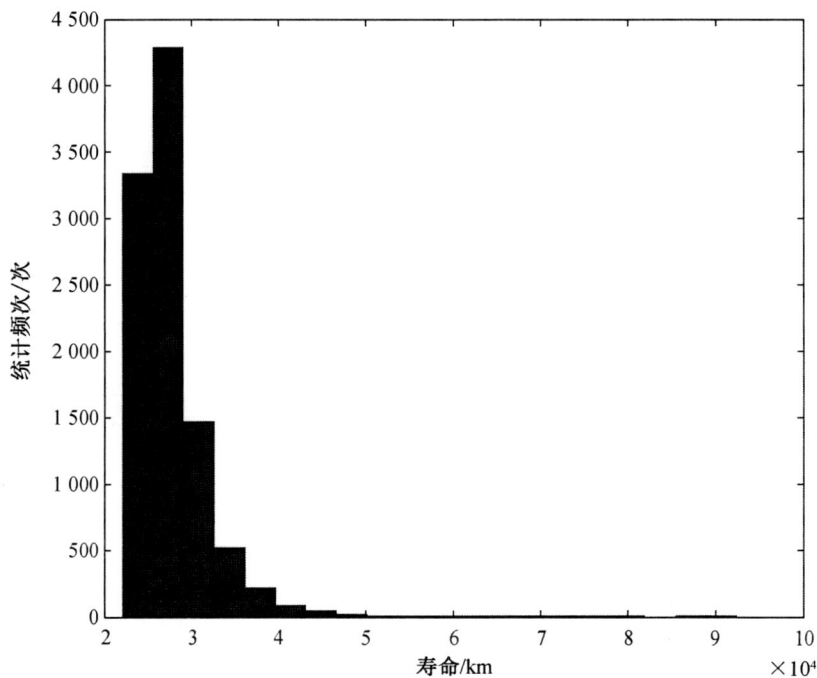

图 D-5　寿命分布模型图(65 000 N)

经计算,当履带销牵引力为 65 000 N 时,平均最大行驶里程为 27 045 km。

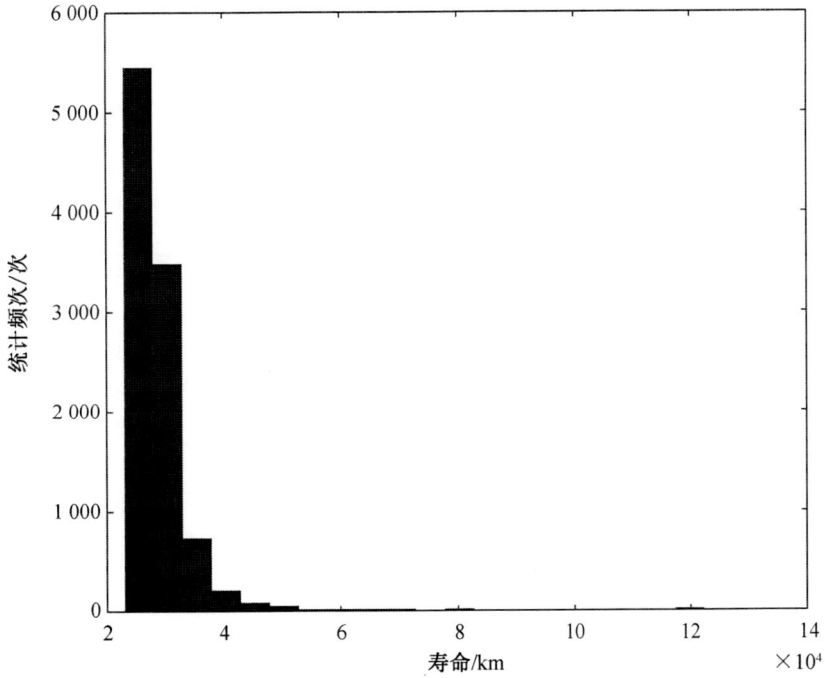

**图 D-6　寿命分布模型图(60 000 N)**

经计算,当履带销牵引力为 60 000 N 时,平均最大行驶里程为 28 001 km。

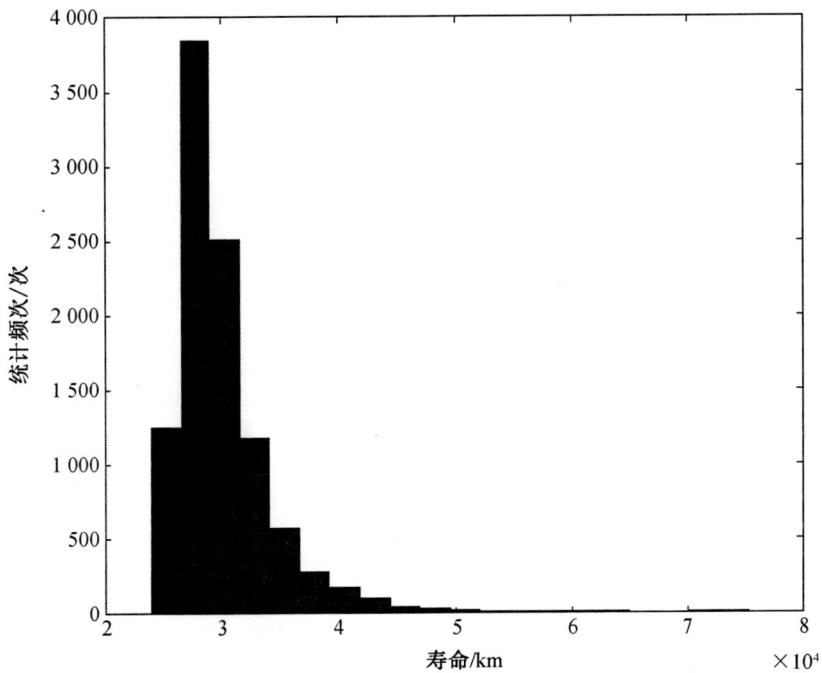

**图 D-7　寿命分布模型图(55 000 N)**

经计算,当履带销牵引力为 55 000 N 时,平均最大行驶里程为 29 539 km。

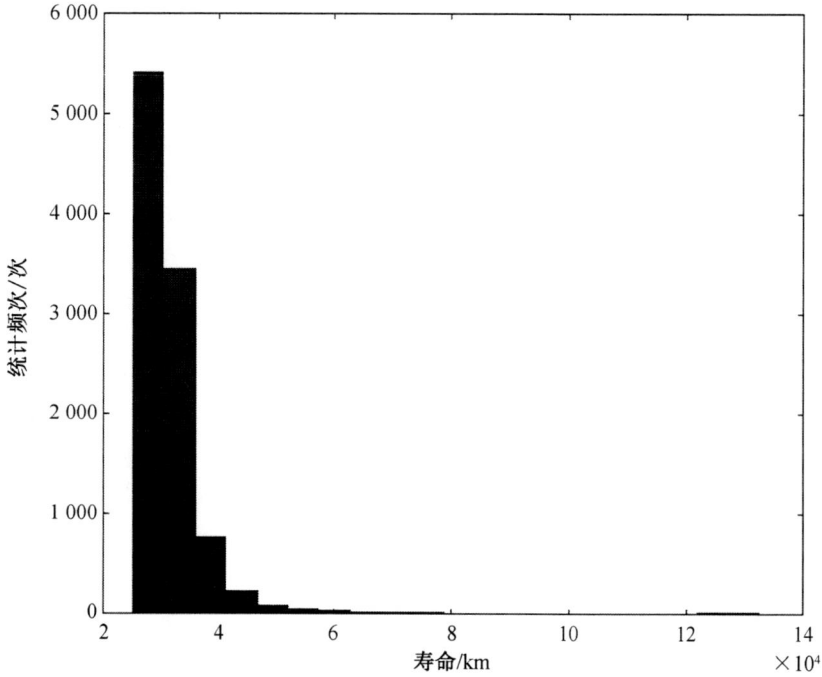

图 D-8　寿命分布模型图( 50 000 N)

经计算,当履带销牵引力为 50 000 N 时,平均最大行驶里程为 30 584 km。

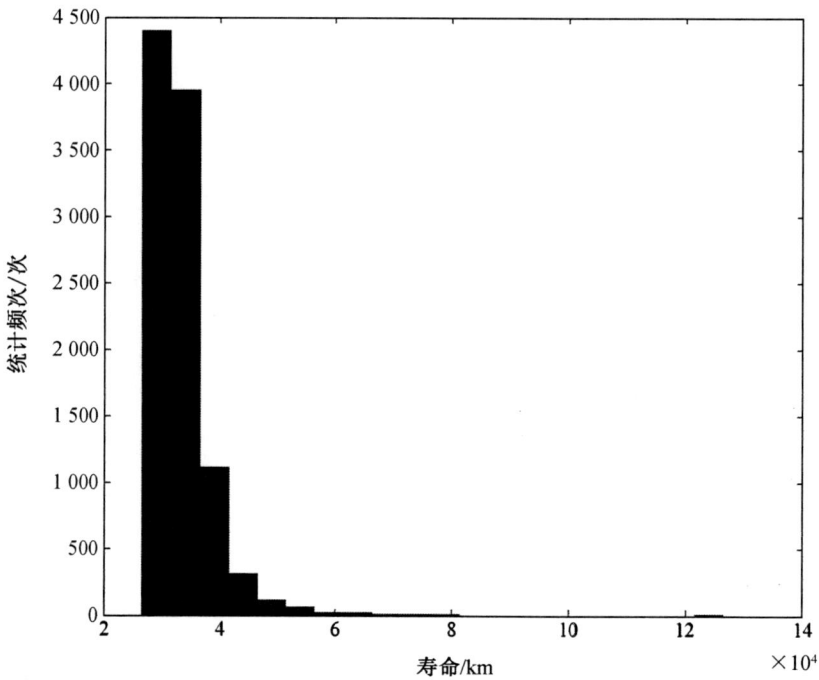

图 D-9　寿命分布模型图( 45 000 N)

经计算,当履带销牵引力为 45 000 N 时,平均最大行驶里程为 32 367 km。

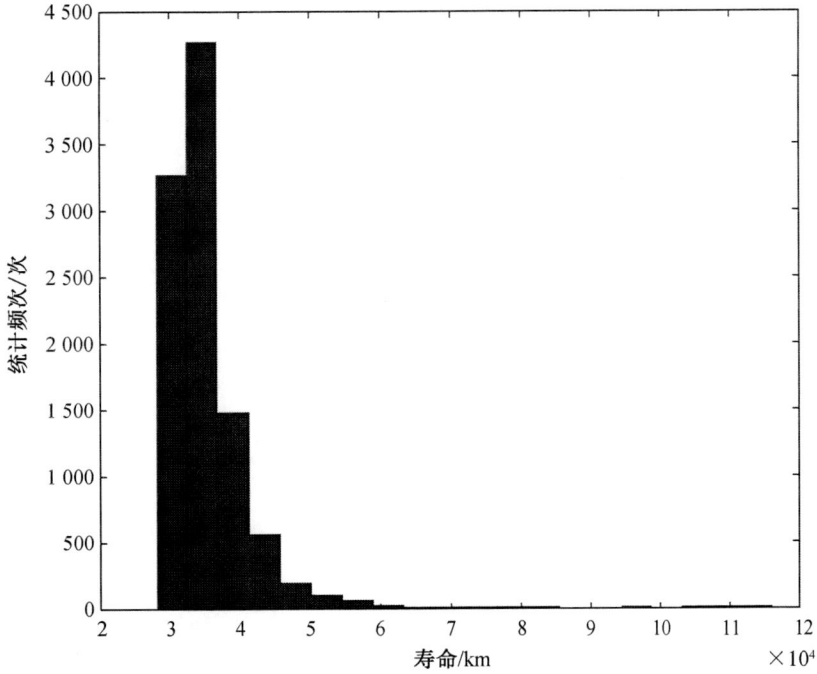

图 D-10　寿命分布模型图(40 000 N)

经计算,当履带销牵引力为 40 000 N 时,平均最大行驶里程为 34 500 km。

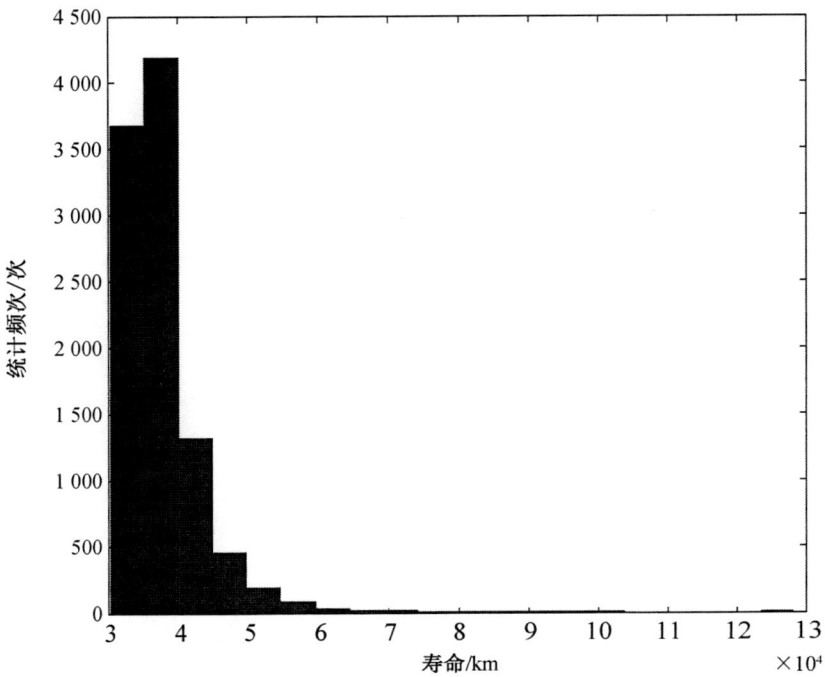

图 D-11　寿命分布模型图(35 000 N)

经计算,当履带销牵引力为 35 000 N 时,平均最大行驶里程为 36 910 km。

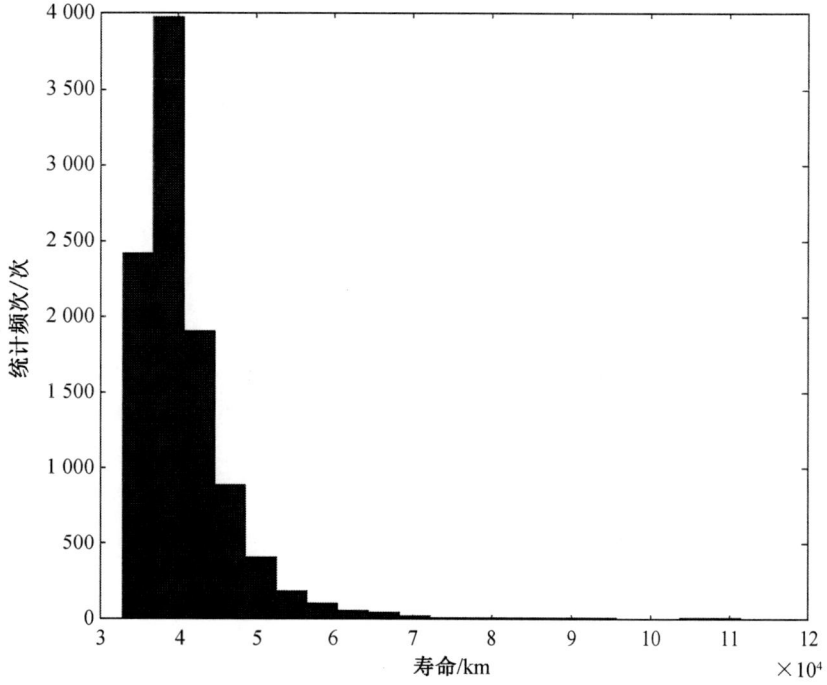

图 D-12　寿命分布模型图(30 000 N)

经计算,当履带销牵引力为 30 000 N 时,平均最大行驶里程为 39 939 km。

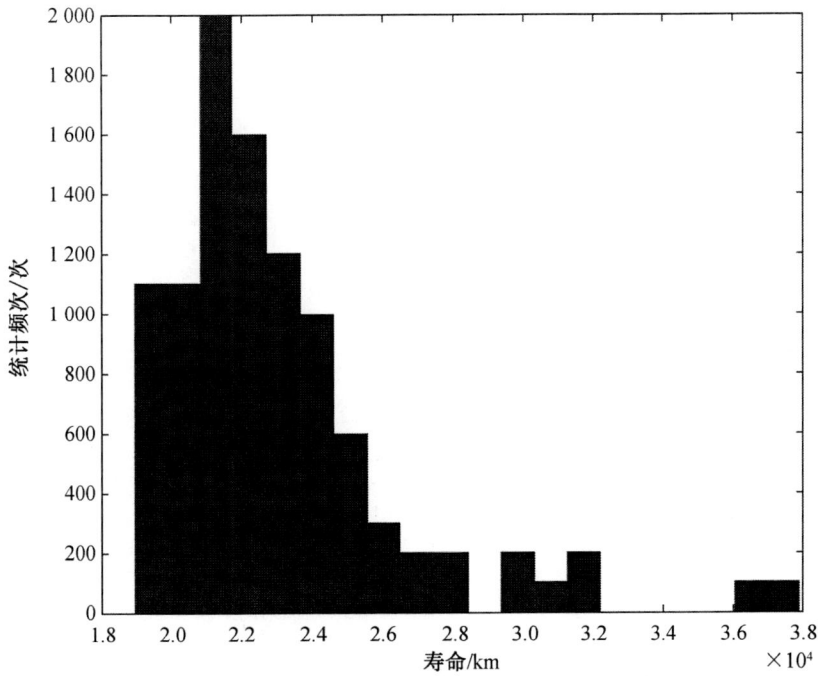

**图 E-1 寿命分布模型图(10 km/h)**

经计算,当车速为 10 km/h 时,平均最大行驶里程为 22 482 km。

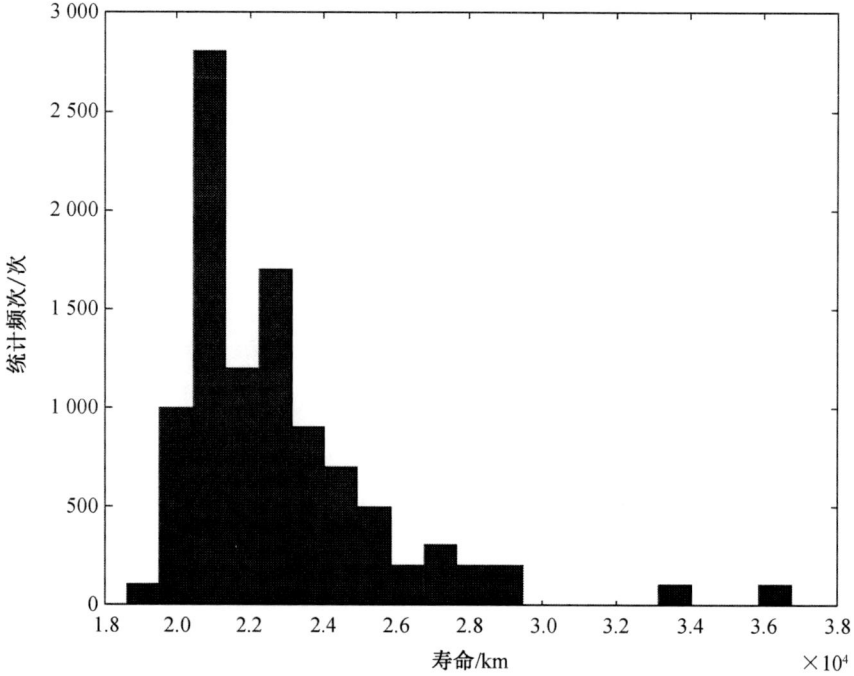

图 E-2　寿命分布模型图(15 km/h)

经计算,当车速为 15 km/h 时,平均最大行驶里程为 22 327 km。

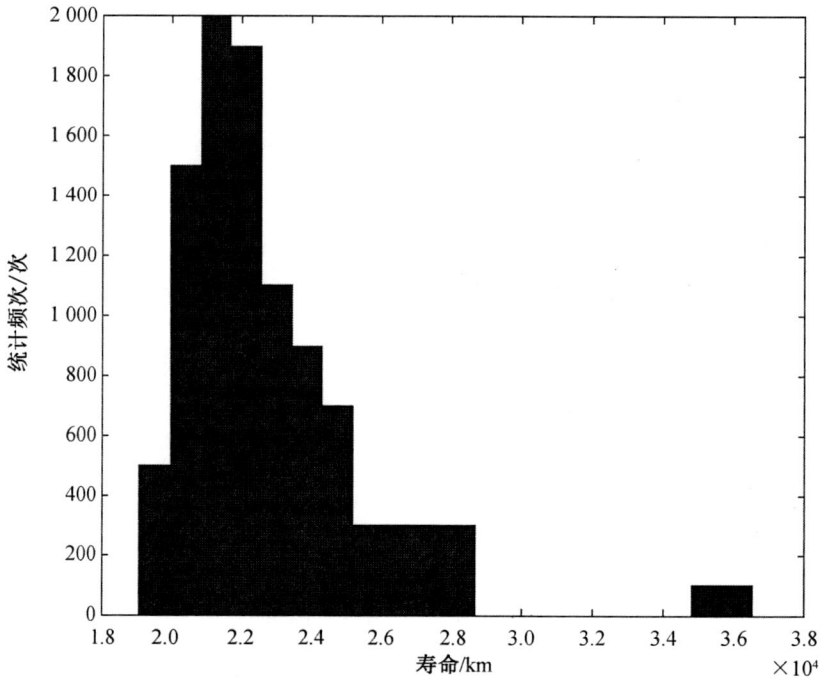

图 E-3　寿命分布模型图(20 km/h)

经计算,当车速为 20 km/h 时,平均最大行驶里程为 22 483 km。

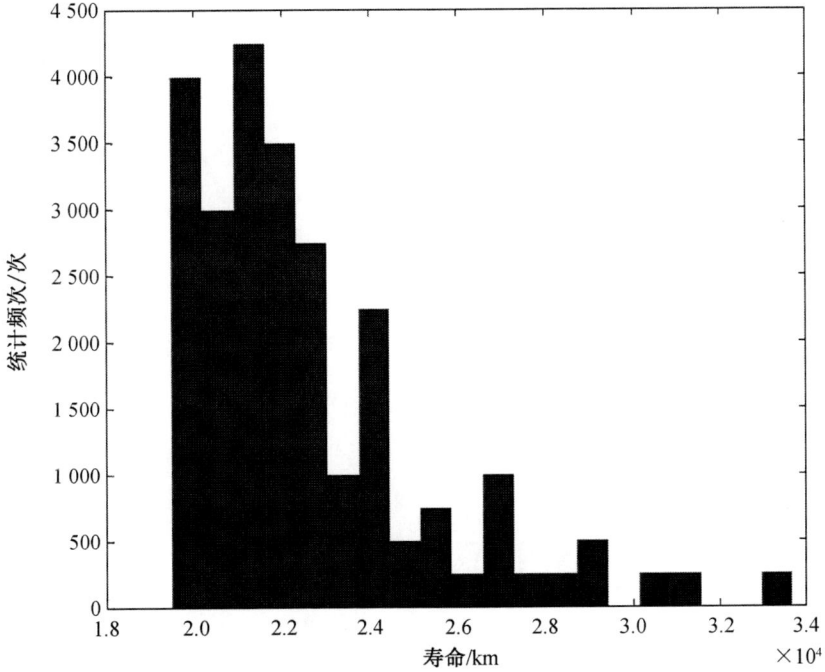

图 E-4  寿命分布模型图(25 km/h)

经计算,当车速为 25 km/h 时,平均最大行驶里程为 22 471 km。

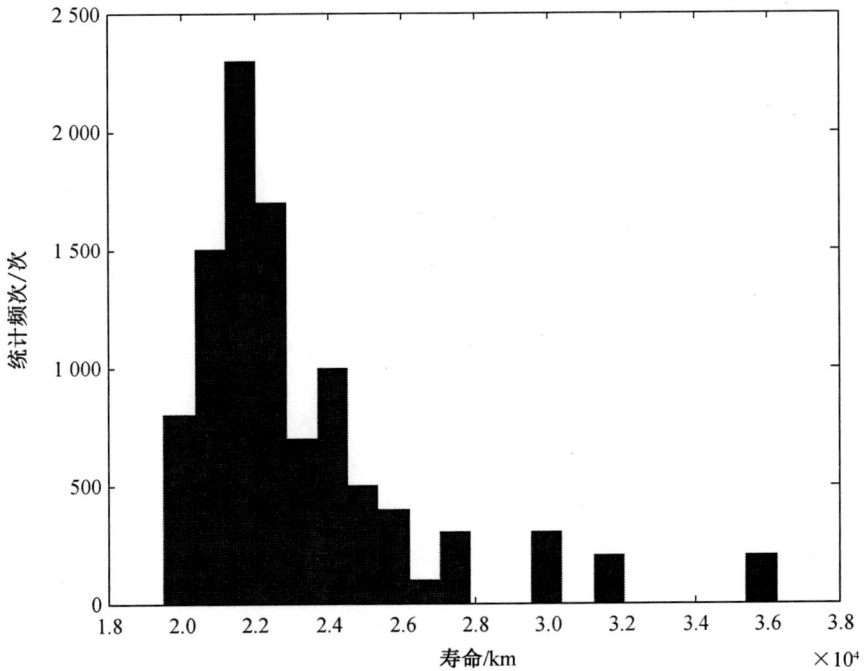

图 E-5  寿命分布模型图(30 km/h)

经计算,当车速为 30 km/h 时平均最大行驶里程为 22 346 km。

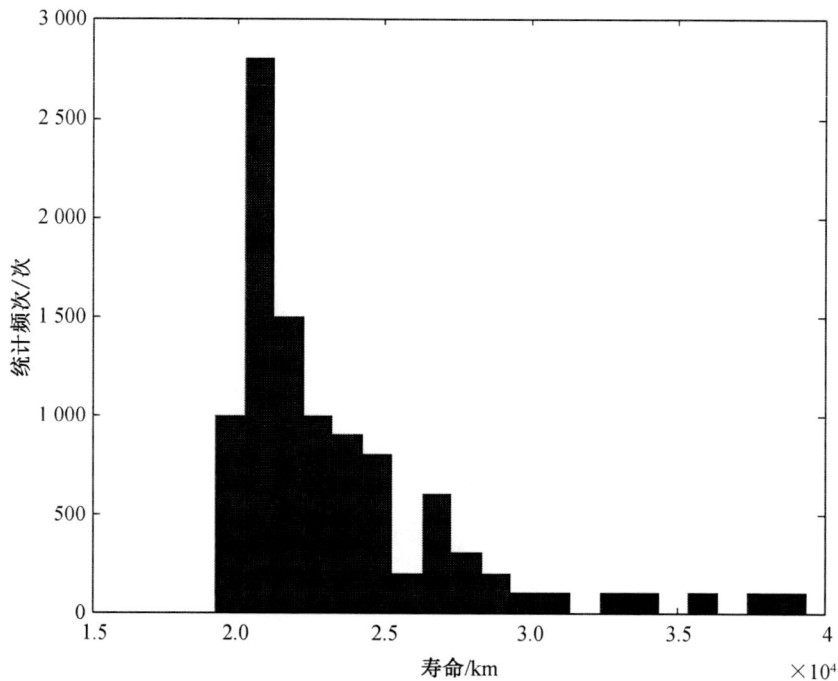

图 E-6　寿命分布模型图(35 km/h)

经计算,当车速为 35 km/h 时,平均最大行驶里程为 22 165 km。

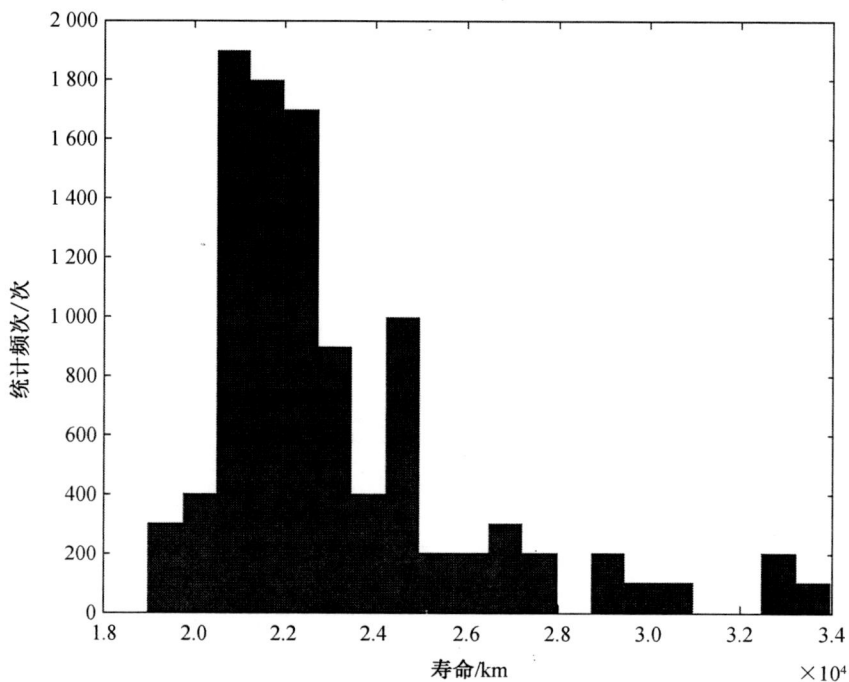

图 E-7　寿命分布模型图(40 km/h)

经计算,当车速为 40 km/h 时,平均最大行驶里程为 22 163 km。

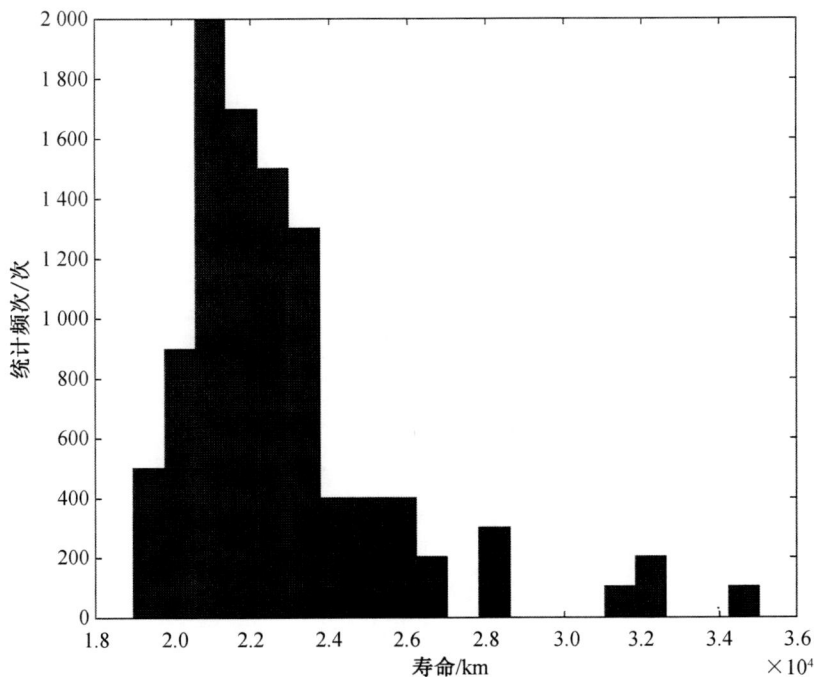

图 E-8 寿命分布模型图(45 km/h)

经计算,当车速为 45 km/h 时,平均最大行驶里程为 22 449 km。

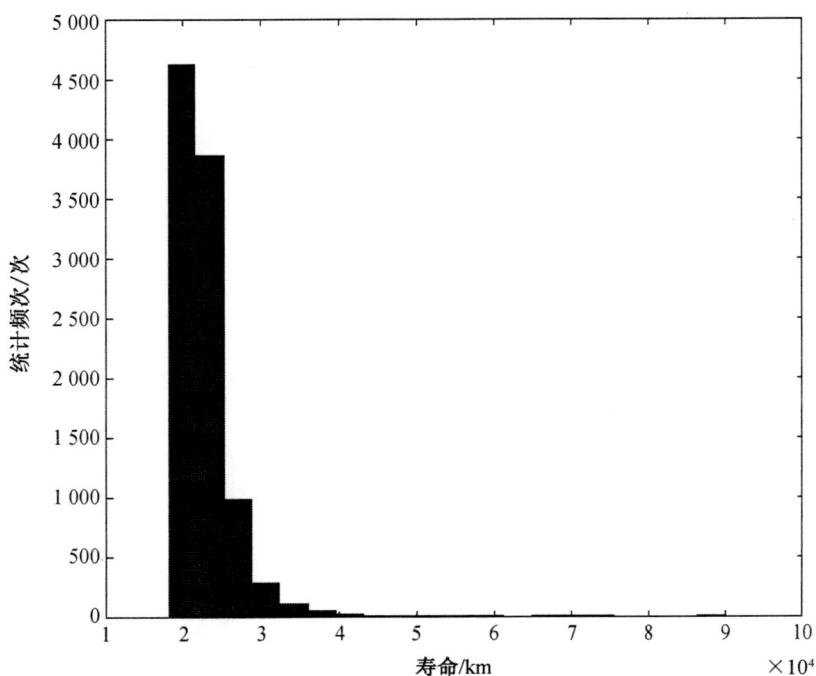

图 E-9 寿命分布模型图(50 km/h)

经计算,当车速为 50 km/h 时平均最大行驶里程为 22 390 km。

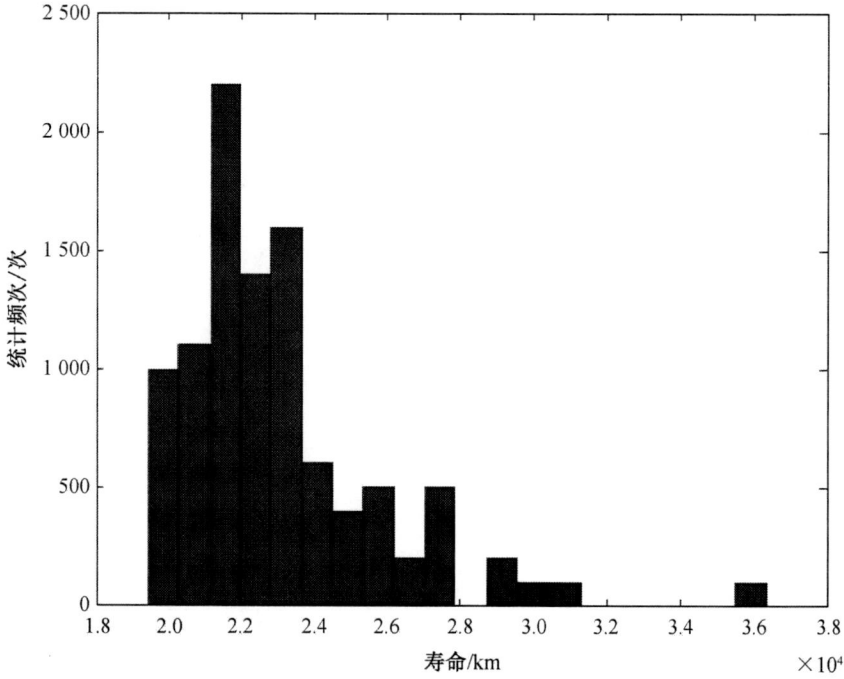

图 E-10　寿命分布模型图(55 km/h)

经计算,当车速为 55 km/h 时,平均最大行驶里程为 22 135 km。

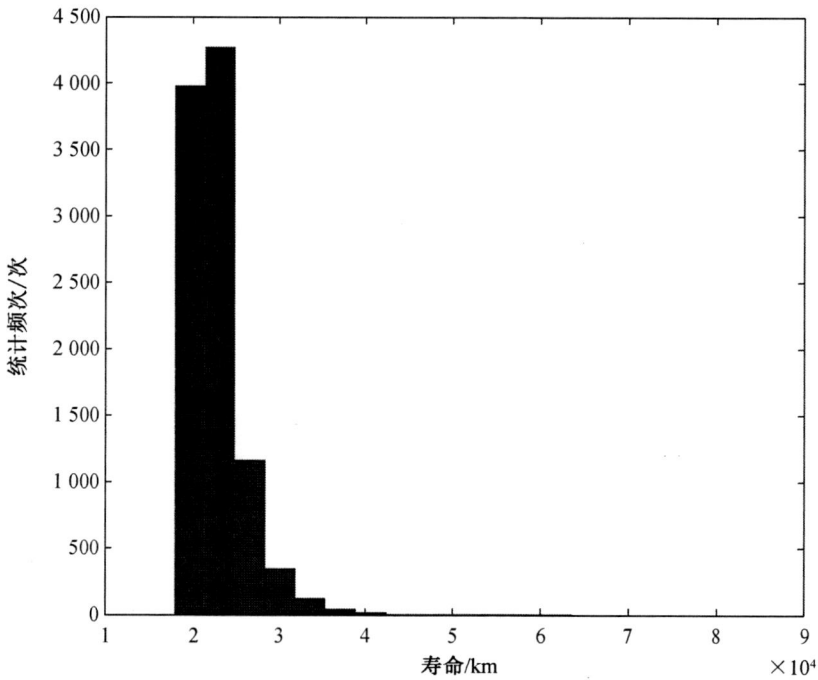

图 E-11　寿命分布模型图(60 km/h)

经计算,当车速为 60 km/h 时,平均最大行驶里程为 22 308 km。

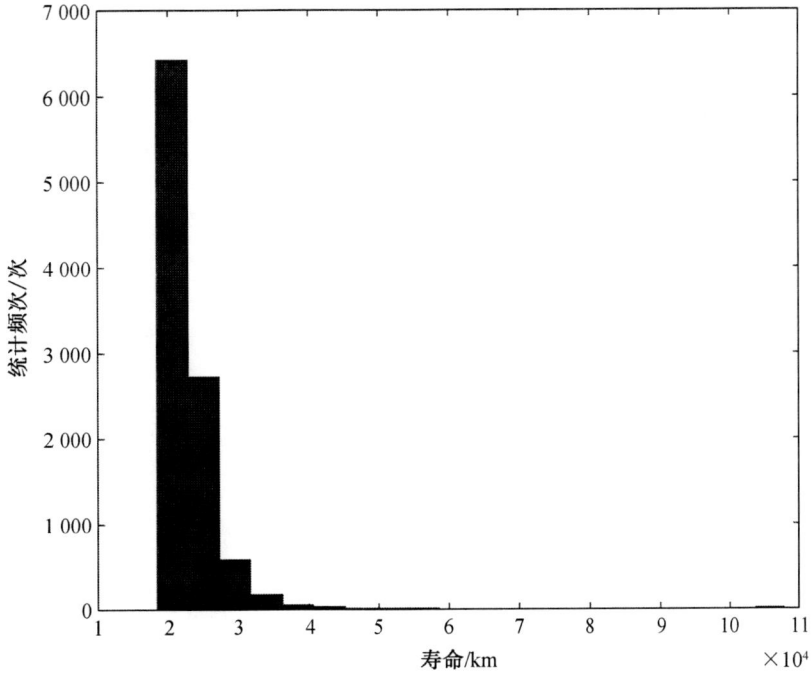

**图 E-12　寿命分布模型图(65 km/h)**

经计算,当车速为 65 km/h 时,平均最大行驶里程为 22 390 km。

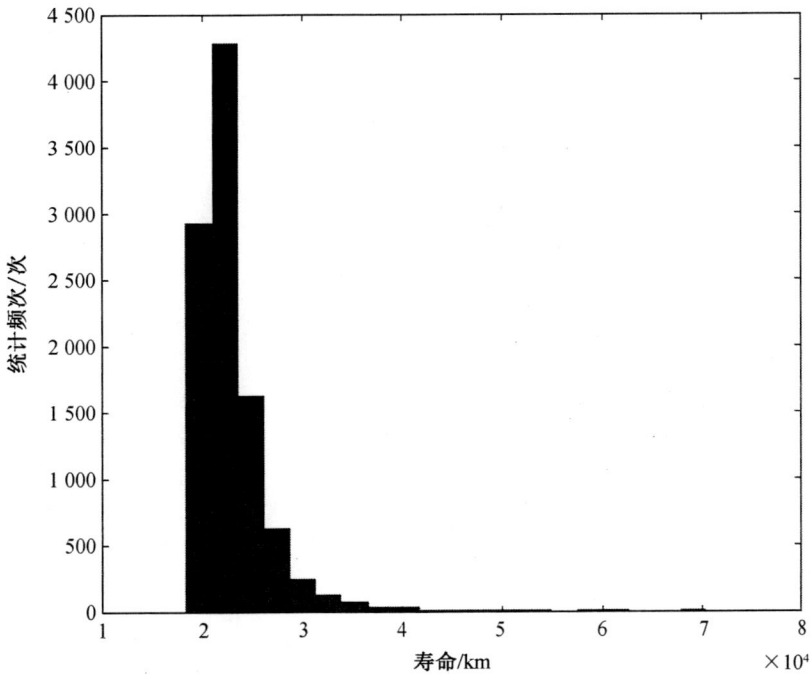

**图 E-13　寿命分布模型图(70 km/h)**

经计算,当车速为 70 km/h 时,平均最大行驶里程为 22 403 km。

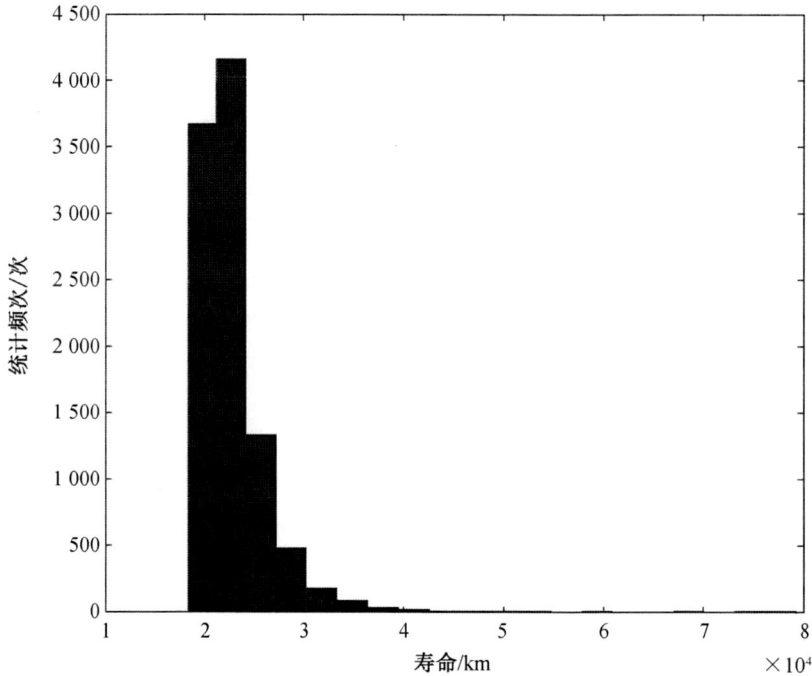

图 E-14　寿命分布模型图(75 km/h)

经计算,当车速为 75 km/h 时,平均最大行驶里程为 22 298 km。

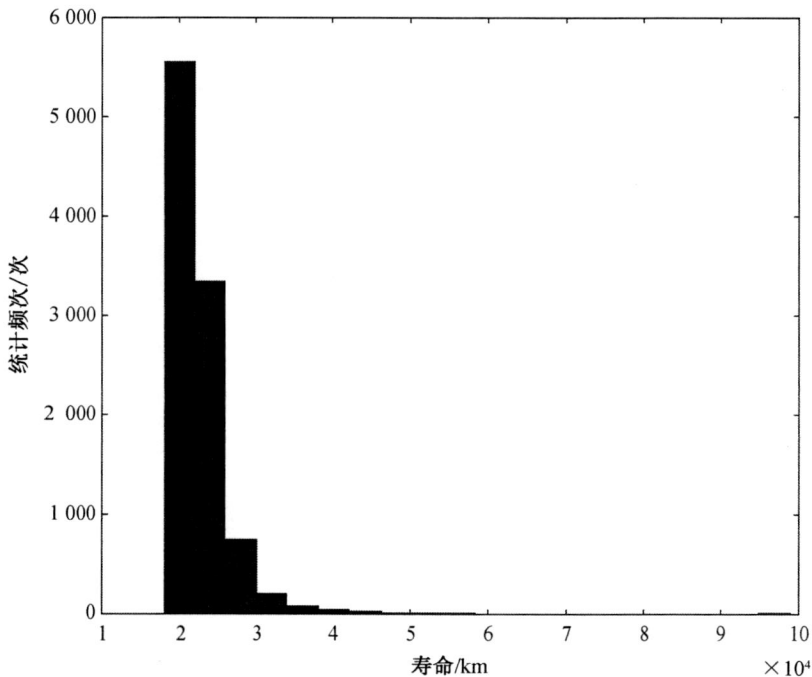

图 E-15　寿命分布模型图(80 km/h)

经计算,当车速为 80 km/h 时,平均最大行驶里程为 22 407 km。

# 附录F

# 以屈服强度为变量时寿命分布模型图

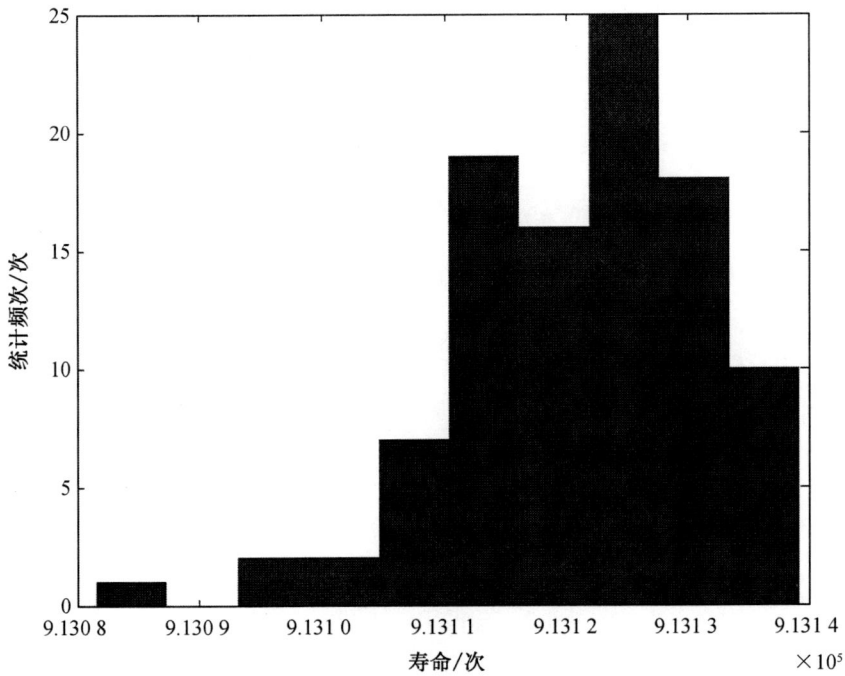

图 F-1　寿命分布模型图（196 MPa）

经计算,当屈服强度为 196 MPa 时,平均寿命为 9.131 1×10⁵ 次。

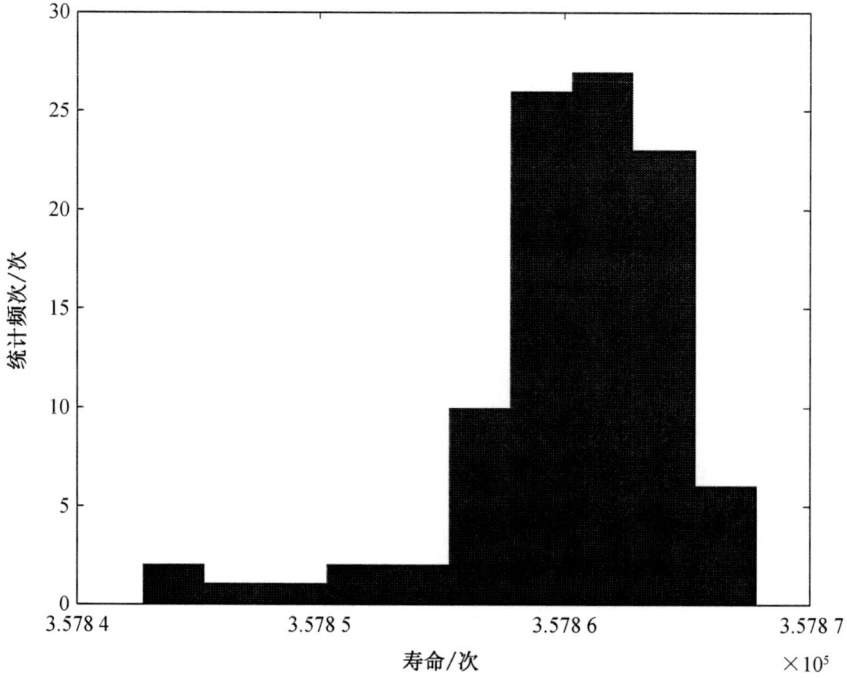

图 F-2　寿命分布模型图(198 MPa)

经计算,当屈服强度为 198 MPa 时,平均寿命为 3.578 6×10⁵ 次。

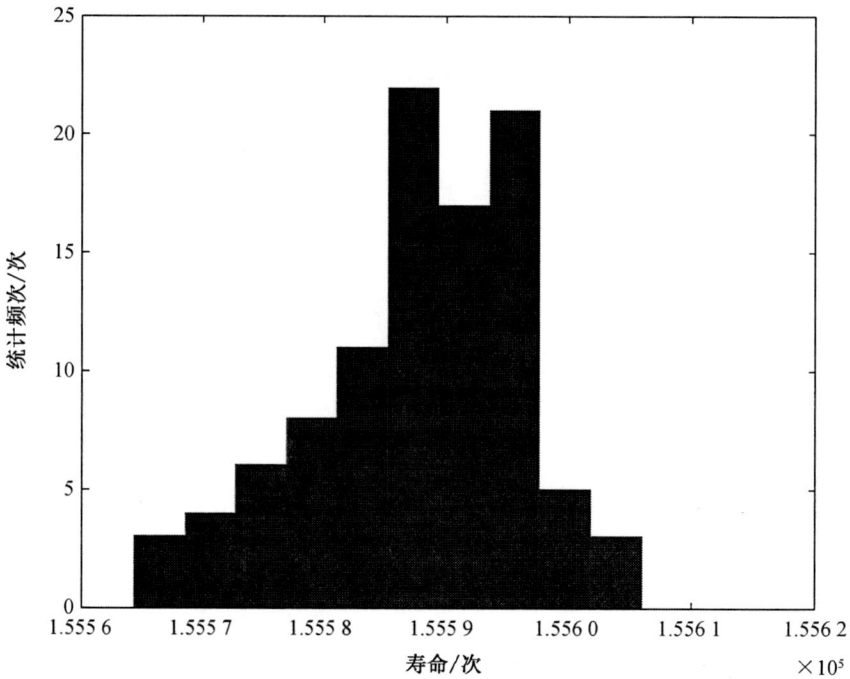

图 F-3　寿命分布模型图(200 MPa)

经计算,当屈服强度为 200 MPa 时,平均寿命为 1.555 9×10⁵ 次。

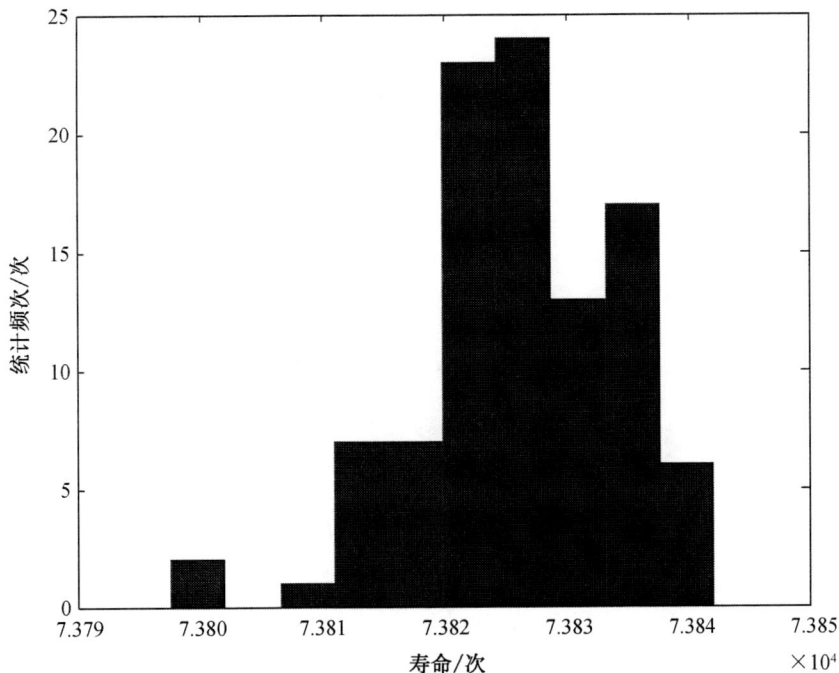

**图 F-4  寿命分布模型图(202 MPa)**

经计算,当屈服强度为 202 MPa 时,平均寿命为 $7.382\ 2\times10^4$ 次。

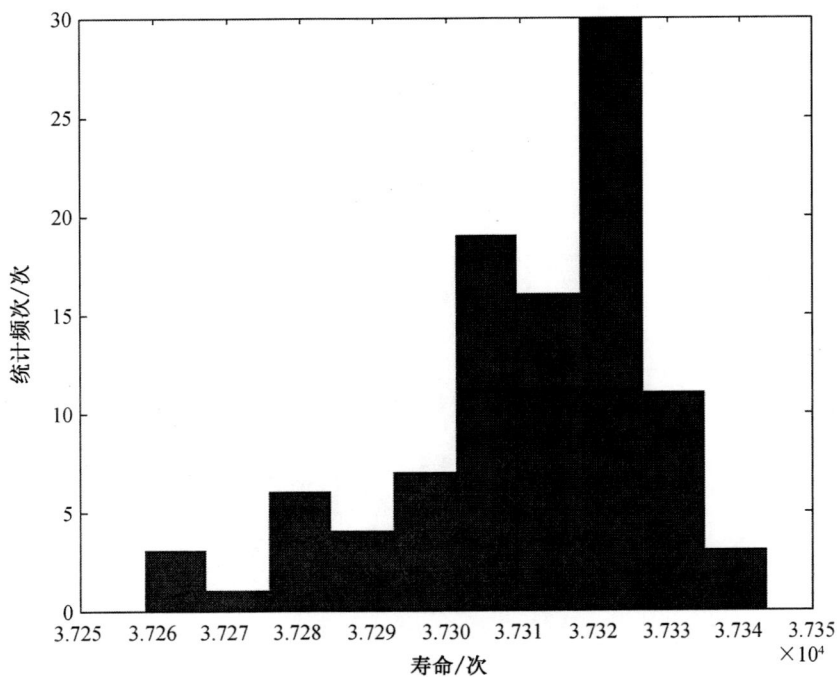

**图 F-5  寿命分布模型图(204 MPa)**

经计算,当屈服强度为 204 MPa 时,平均寿命为 $3.730\ 0\times10^4$ 次。

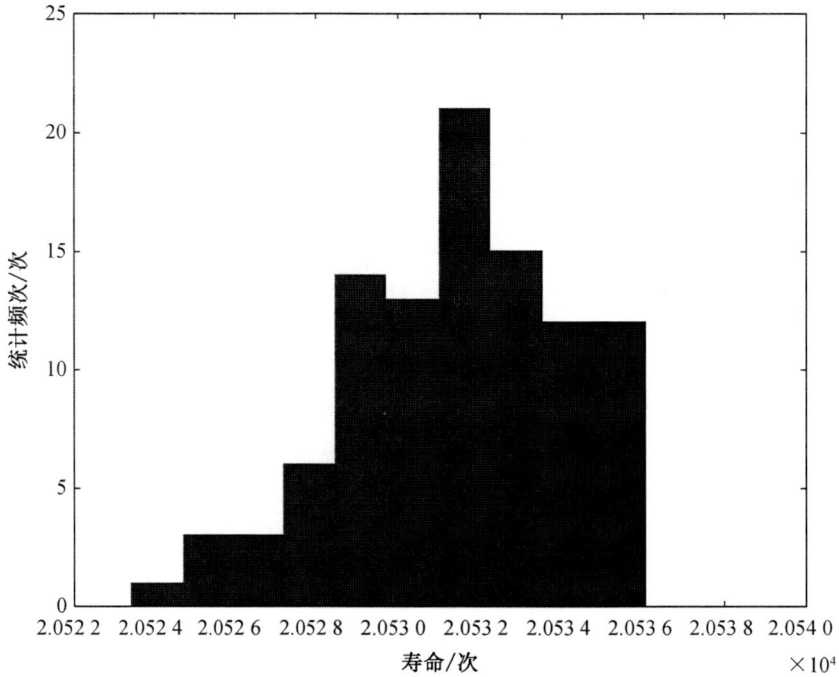

图 F-6 寿命分布模型图(206 MPa)

经计算,当屈服强度为 206 MPa 时,平均寿命为 2.053 4×10⁴ 次。

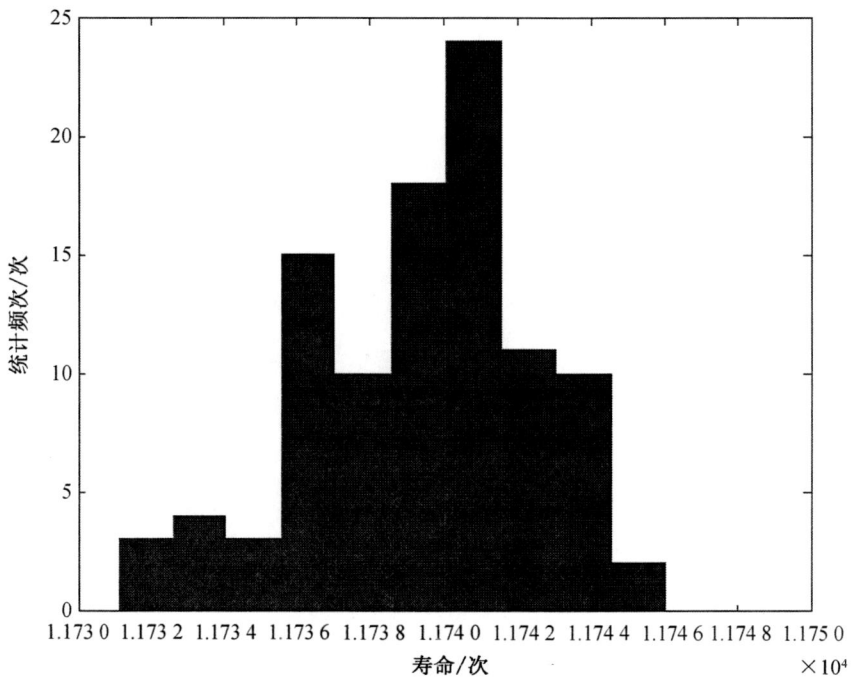

图 F-7 寿命分布模型图(208 MPa)

经计算,当屈服强度为 208 MPa 时,平均寿命为 1.174 2×10⁴ 次。

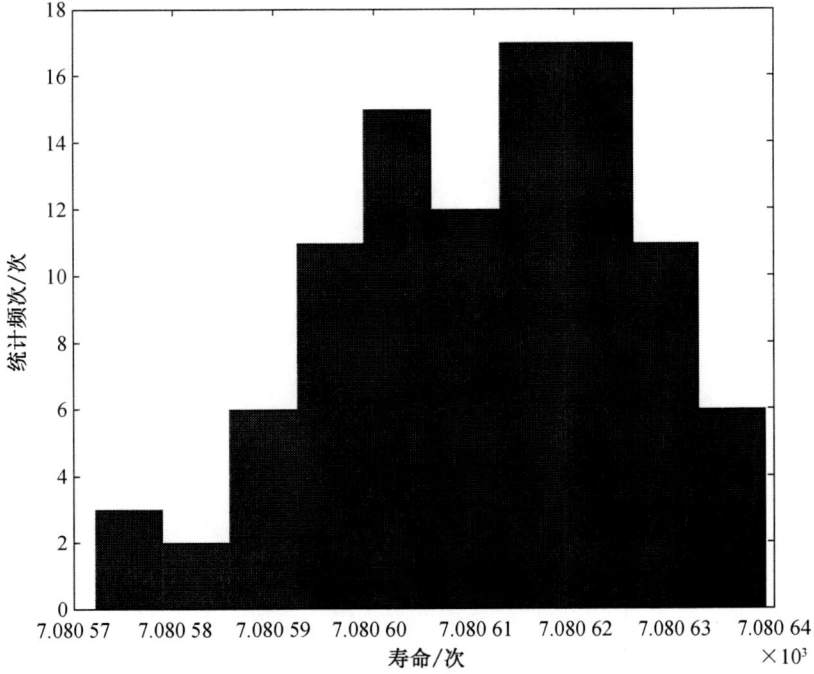

图 F-8 寿命分布模型图(210 MPa)

经计算,当屈服强度为 210 MPa 时,平均寿命为 $7.0806 \times 10^3$ 次。

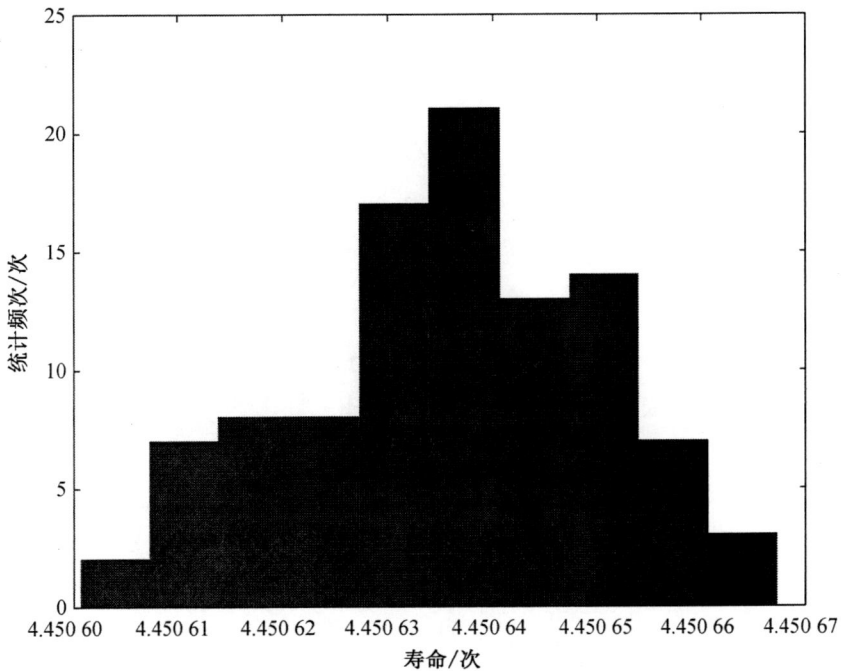

图 F-9 寿命分布模型图(212 MPa)

经计算,当屈服强度为 212 MPa 时,平均寿命为 $4.4506 \times 10^3$ 次。

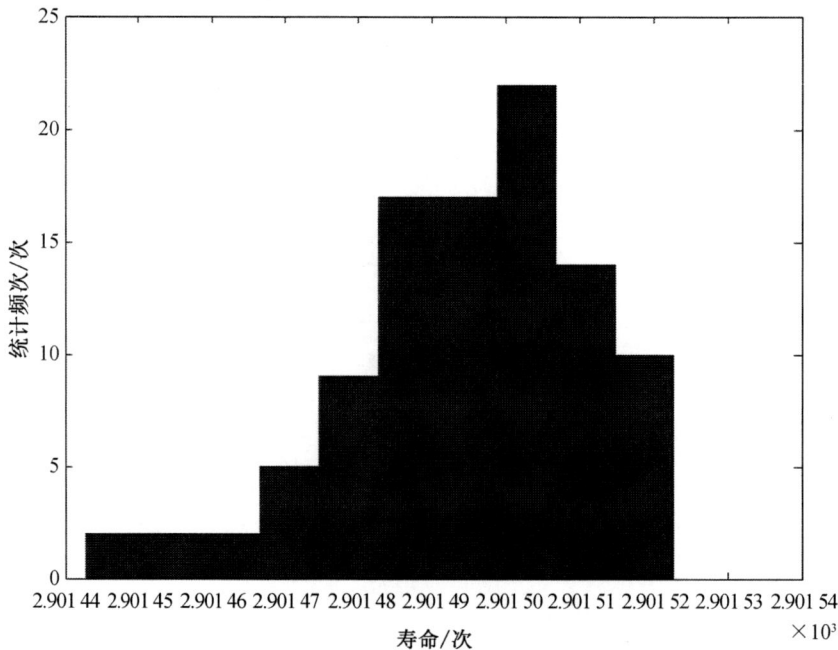

图 F-10  寿命分布模型图(214 MPa)

经计算,当屈服强度为 214 MPa 时,平均寿命为 2.901 5×10³ 次。

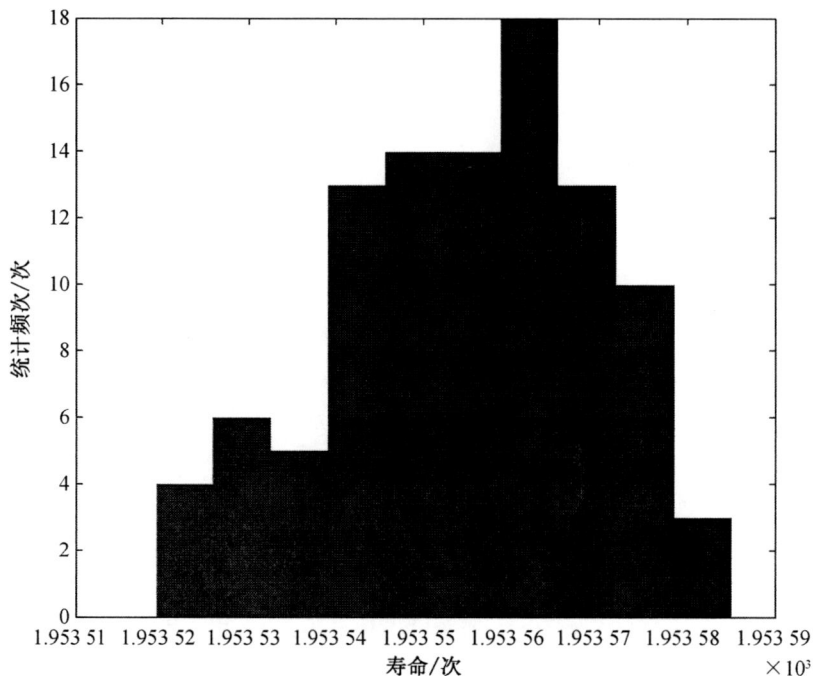

图 F-11  寿命分布模型图(216 MPa)

经计算,当屈服强度为 216 MPa 时,平均寿命为 1.953 6×10³ 次。

# 附录G

# 以拉伸极限为变量时寿命分布模型图

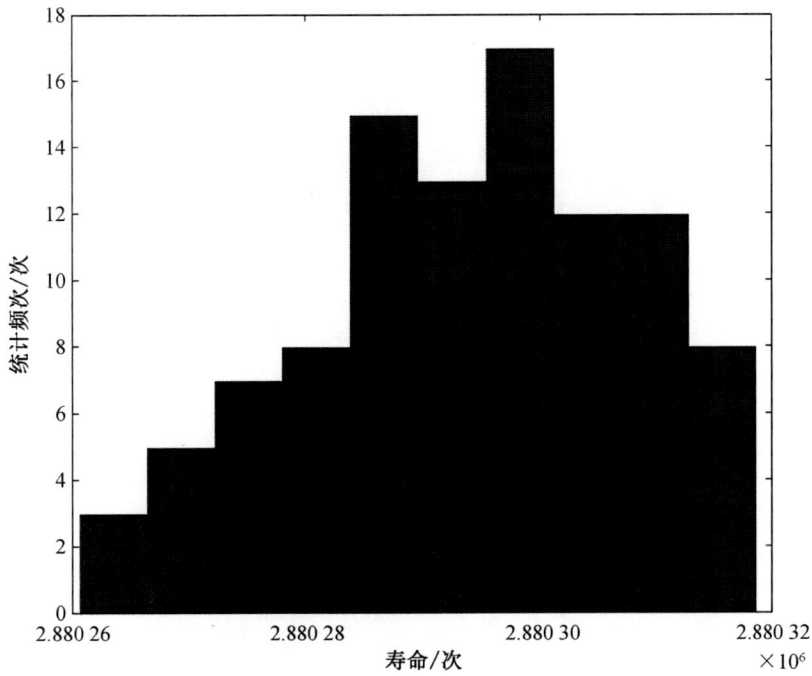

**图 G-1   寿命分布模型图(480 MPa)**

经计算,当拉伸极限为 480 MPa 时,平均寿命为 2.880 3×10⁶ 次。

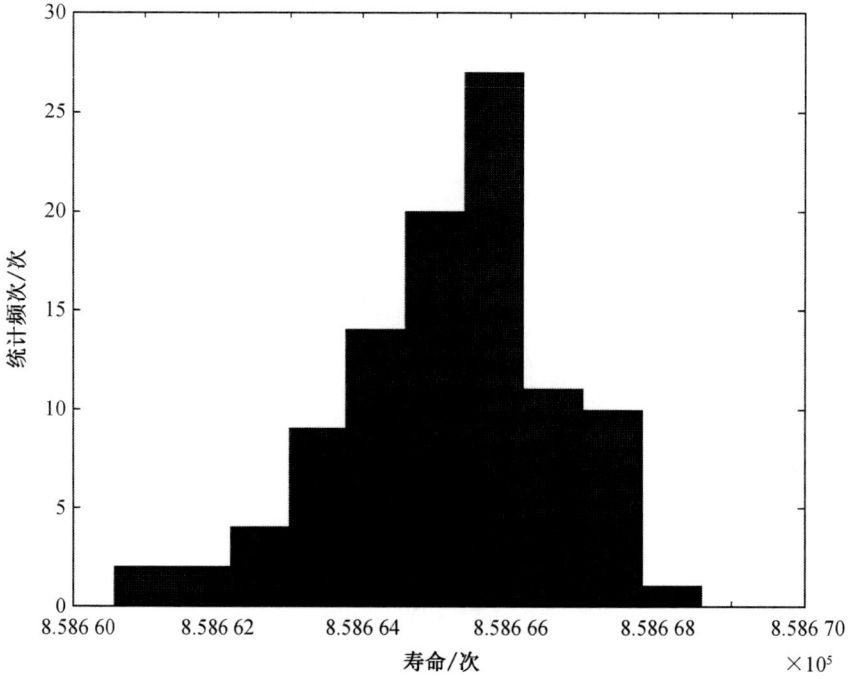

图 G-2 寿命分布模型图(475 MPa)

经计算,当拉伸极限为 475 MPa 时,平均寿命为 $8.586\ 6 \times 10^5$ 次。

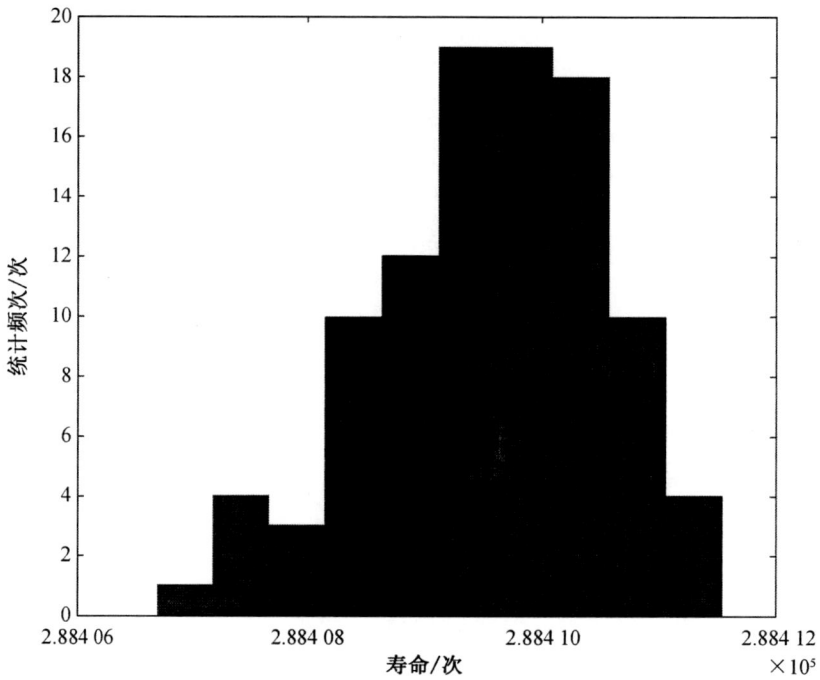

图 G-3 寿命分布模型图(470 MPa)

经计算,当拉伸极限为 470 MPa 时,平均寿命为 $2.884\ 1 \times 10^5$ 次。

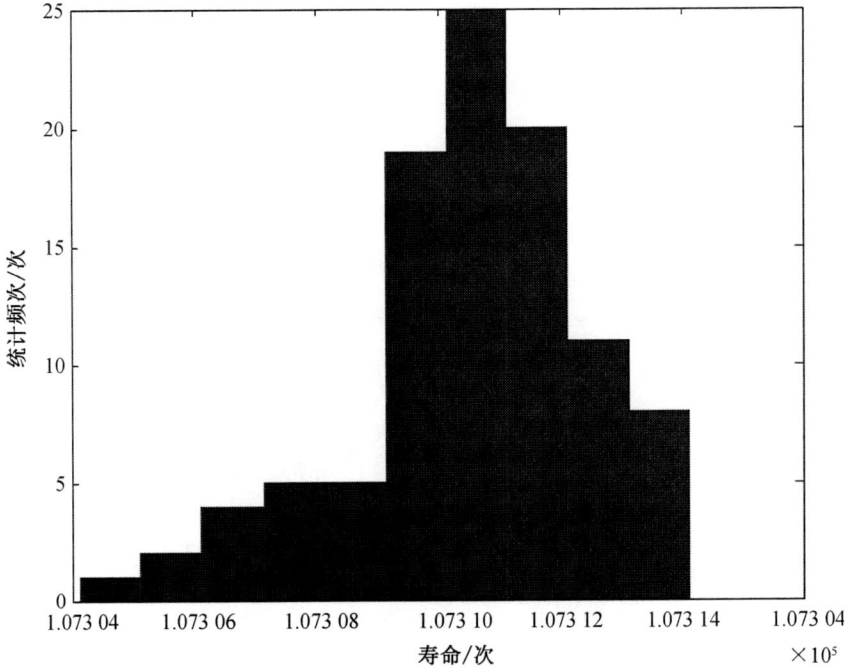

**图 G-4 寿命分布模型图(465 MPa)**

经计算,当拉伸极限为 465 MPa 时,平均寿命为 $1.073\ 1\times10^5$ 次。

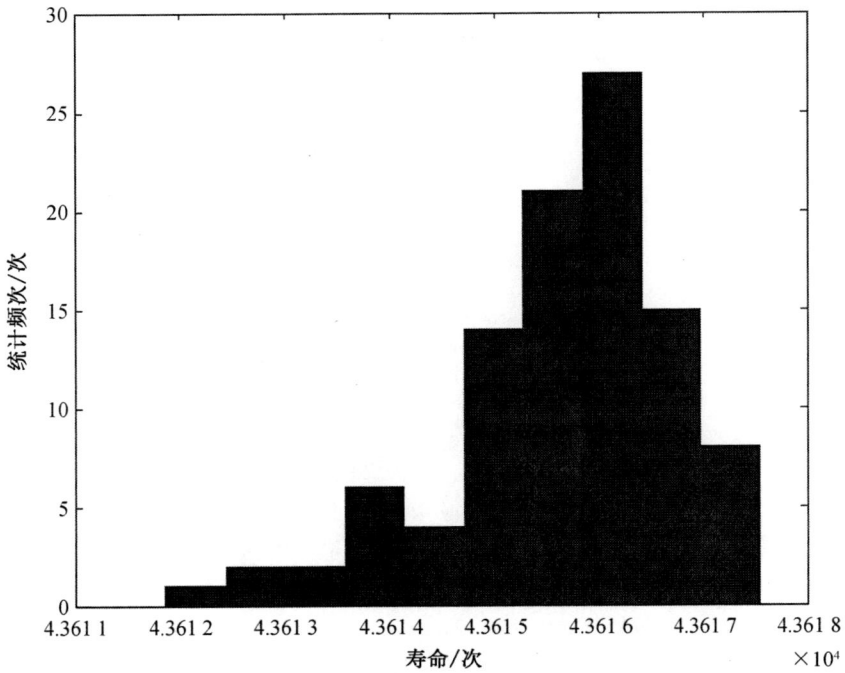

**图 G-5 寿命分布模型图(460 MPa)**

经计算,当拉伸极限为 460 MPa 时,平均寿命为 $4.362\ 5\times10^4$ 次。

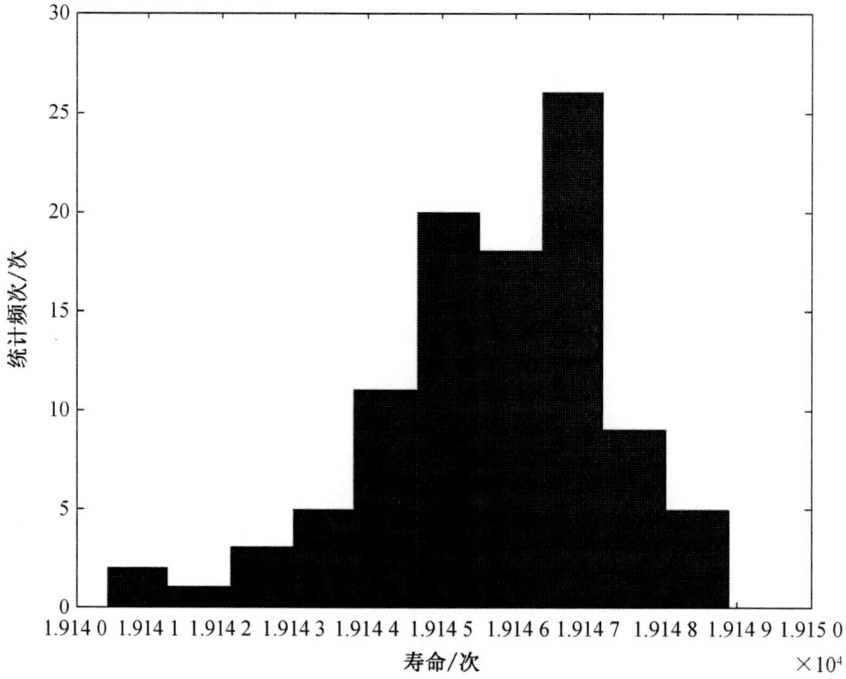

图 G-6　寿命分布模型图(455 MPa)

经计算,当拉伸极限为 455 MPa 时,平均寿命为 $1.914\,4\times10^4$ 次。

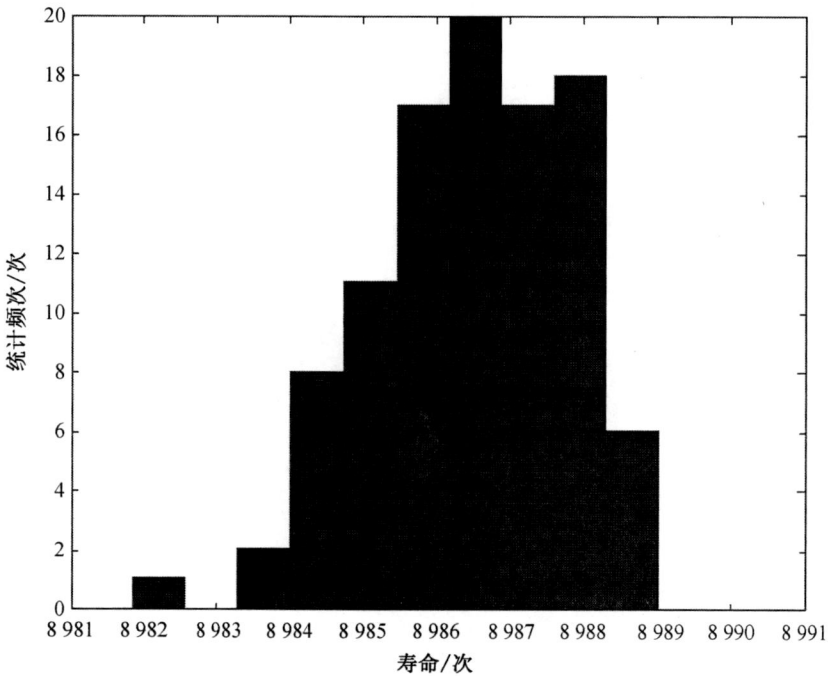

图 G-7　寿命分布模型图(450 MPa)

经计算,当拉伸极限为 450 MPa 时,平均寿命为 8 986 次。

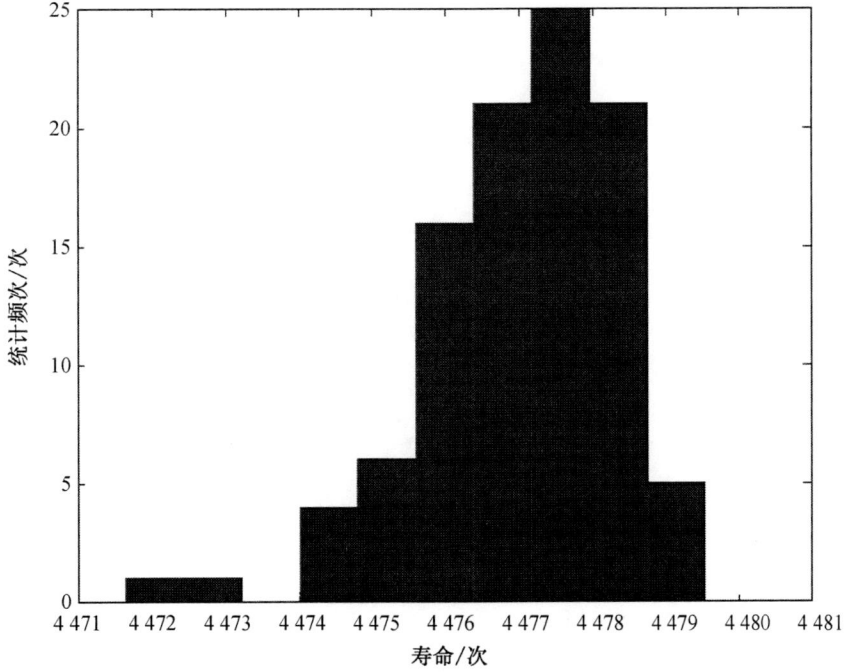

图 **G-8**　寿命分布模型图(**445 MPa**)

经计算,当拉伸极限为 445 MPa 时,平均寿命为 4 477 次。

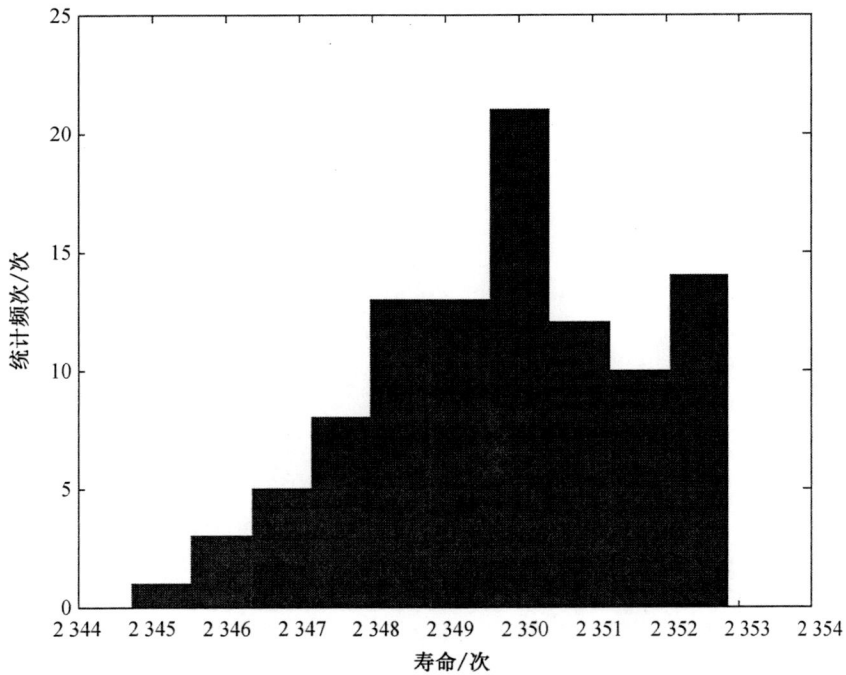

图 **G-9**　寿命分布模型图(**440 MPa**)

经计算,当拉伸极限为 440 MPa 时,平均寿命为 2 350 次。

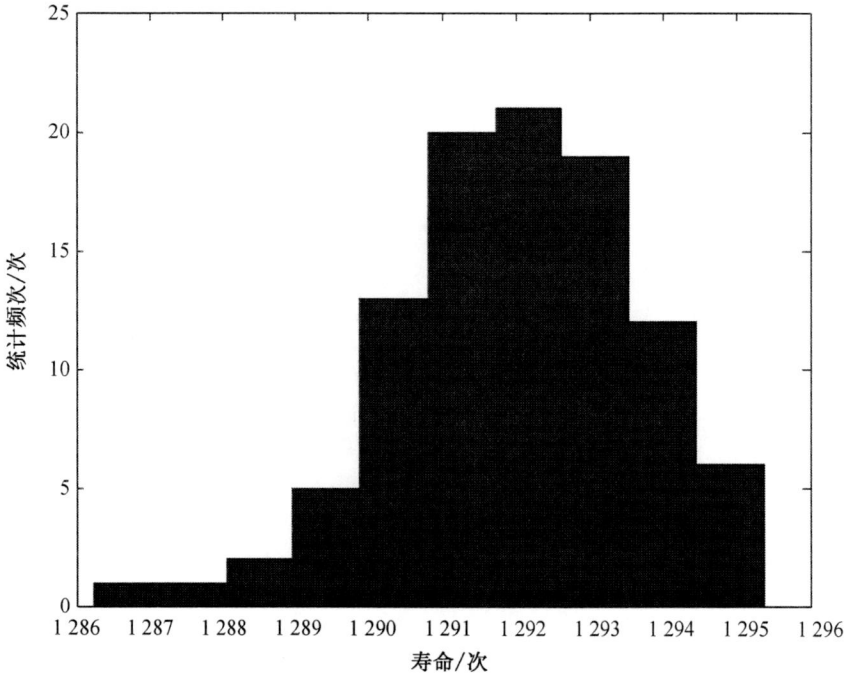

图 G-10　寿命分布模型图(435 MPa)

经计算,当拉伸极限为 435 MPa 时,平均寿命为 1 292 次。

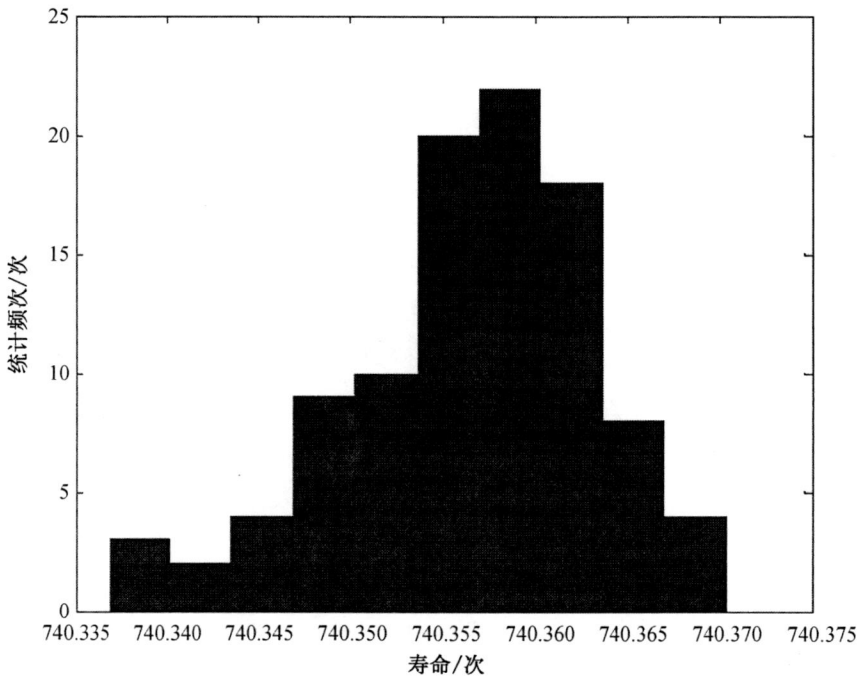

图 G-11　寿命分布模型图(430 MPa)

经计算,当拉伸极限为 430 MPa 时,平均寿命为 740 次。

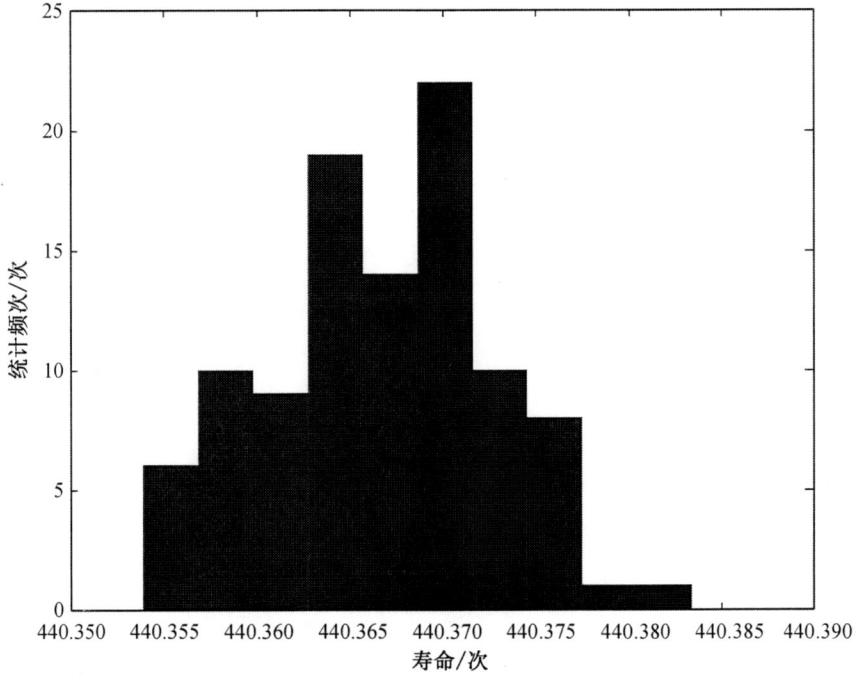

**图 G-12　寿命分布模型图(425 MPa)**

经计算,当拉伸极限为 425 MPa 时,平均寿命为 440 次。

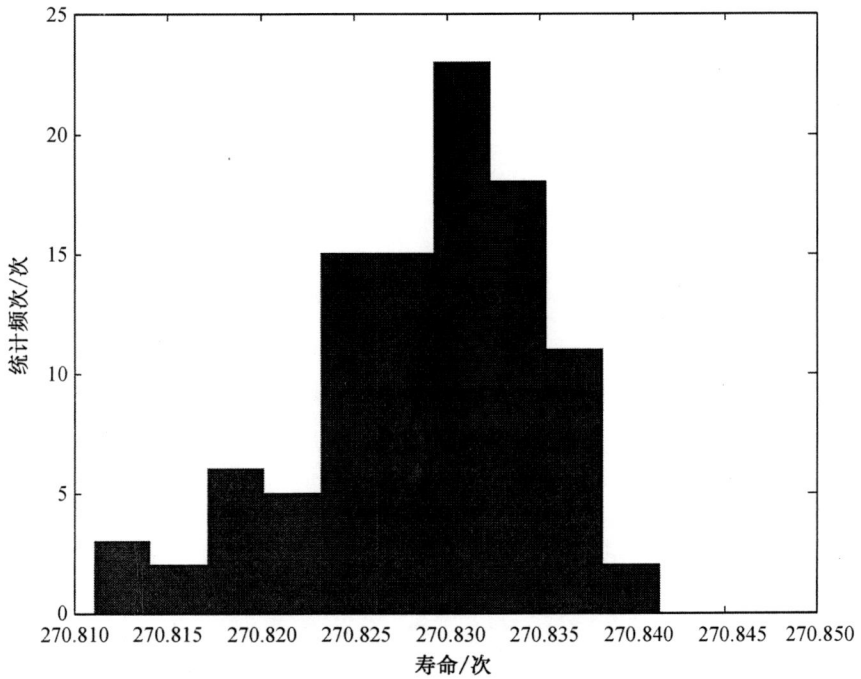

**图 G-13　寿命分布模型图(420 MPa)**

经计算,当拉伸极限为 420 MPa 时,平均寿命为 271 次。